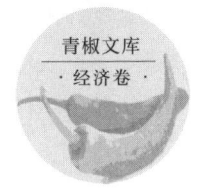

分形市场下基金投资风格漂移及其风险测度研究

许林◎著

·广州·

图书在版编目（CIP）数据

分形市场下基金投资风格漂移及其风险测度研究/许林著. —广州：华南理工大学出版社，2018.12
ISBN 978-7-5623-5855-8

Ⅰ.①分… Ⅱ.①许… Ⅲ.①基金-投资-风险管理-研究 Ⅳ.①F830.59

中国版本图书馆 CIP 数据核字（2018）第 278257 号

Fenxing Shichang Xia Jijin Touzi Fengge Piaoyi Jiqi Fengxian Cedu Yanjiu
分形市场下基金投资风格漂移及其风险测度研究
许 林 著

出 版 人：卢家明
出版发行：华南理工大学出版社
（广州五山华南理工大学17号楼，邮编510640）
http：//www.scutpress.com.cn E-mail：scutc13@scut.edu.cn
营销部电话：020-87113487 87111048（传真）
责任编辑：陈 尤 王 磊
印 刷 者：广州市新怡印务有限公司
开   本：787mm×960mm 1/16 印张：17 字数：340 千
版   次：2018 年 12 月第 1 版 2018 年 12 月第 1 次印刷
定   价：68.00 元

版权所有 盗版必究　　印装差错 负责调换

序

  基金业起源于英国，发展于美国，我国基金业起步较晚，从1998年3月首批封闭式基金金泰、开元的设立，到2001年9月首只开放式基金华安创新基金的创立，期间，受政府政策和市场需求的推动，特别是2012年大资管时代、2013年6月新基金法的实施，以及2018年4月资管新规的出台，均有利于基金产品的大量创新发行，国内基金业取得了超常规的发展。截至2018年6月底，我国124家基金公司共发行基金产品5104只，基金业有望成为我国资本市场中一道亮丽风景线。作为中国年轻资本市场的重要组成部分，基金业在20年中伴随中国资本市场风雨兼程、不断发展、逐渐成熟，见证了中国资本市场不足30年发展的重要时刻，经历了中国资本市场的最低潮，也分享了中国股市最辉煌的狂飙期。在基金业量的发展同时，如何把握质的飞跃？基金作为主要的机构投资者，能否真正起到维稳市场的作用，产品之间是否具有明显的差异化？大量理论与实证研究表明我国基金在投资过程中投资风格趋同，表现出严重的产品同质化现象，像2007年、2015年的股市异常波动现象频发，表明基金不但没有维稳市场，反而加剧了股市波动。这些均反映出我国基金业在发展初期所面临的各种问题，背后折射出的投资风格漂移效应及其风险问题值得业界与学术界的普遍关注。因此，如何规范基金产品发行，监管基金经理行为，倡导价值投资理念，保护投资者利益，培养出能够维稳市场的机构投资者，一直是政府监管部门所迫切追求的，而其中关键的一步是规范与定位好基金投资风格，及时对投资风格漂移现象加大监管与惩罚力度。这种业界的迫切需求与理论研究滞后之间的矛盾需要学术界加大该领域的系统深入研究，以期能够形成"学界指导业界发展，业界反哺学界完善"的循环。而要达到此目的，离不开基金界、高校与科研机构的思想碰撞与学术交流，本专著出版的意义正在于此。

  许林博士的这部学术专著首次引入分形理论来系统探讨我国开放式股票型基金投资风格漂移及其风险测度问题，取得了丰富的科研成果，相关成果发表在国家基金委A类期刊，其中两篇论文获得广东省金融学会优秀科研成果三等奖。该专著是一部微观金融投资领域内较为前沿、规范的学术专著，其研究成果具有较高的学术价值和现实意义，对于我国基金业的创新设计与基金投资风格的市场定位、风格漂移监管和风险管理具有较好的现实参考意义。作为许林的导师，我乐意为本专著作序，将这一部兼具较高理论价值与投资实践意义的学术专著，推荐给基金业的同仁，这也是继我的博士郭文伟之后，在基金投资风格领域的第二部学术专著，希望此专著的出版能够引发广大基金业界与学界引入分形理论对基金投资风格领域做进一步深入研究的兴趣。

该专著具有以下特点：首先，专著在对基金投资风格相关理论和文献进行梳理的基础上，从多个角度对基金投资风格漂移及其风险测度问题展开研究。其次，专著采用了大量的计量模型对基金投资风格漂移识别及其对股市波动性效应进行探讨，并通过引入分形理论，构建了基金投资风格理论的分形分析框架，对投资风格漂移识别、风险测度及其有效性进行了系统研究，符合资本市场呈分形特征的典型事实。专著取得了一些创新性研究成果，做出了较大的成绩，主要体现在以下几个方面：

(1) 通过引入非线性科学中的分形理论构建了分形市场现实背景下的基金投资风格理论分析框架，实证检验了我国股市风格资产存在长记忆性、标度不变性等分形特征。

(2) 针对传统 Sharpe 模型的缺陷，提出了基于岭回归、EGARCH – M、TGARCH – M 风格漂移识别模型；然后在我国资本市场呈分形特征的基础上，提出了基于盒子分形维的基金投资风格识别方法与基于弹性分形维的基金投资风格漂移分析法，无论哪种模型都能得出我国基金普遍存在风格漂移现象的结论，该结论也符合分形市场的现实背景。

(3) 运用滑动窗口 MF – DFA 方法对我国开放式基金投资风格漂移收益进行了多重分形分析，得出基金投资风格漂移收益具有多重分形的特征，进一步得出我国基金市场是非完全有效的，呈一定的分形特征，这为基金发生投资风格漂移提供了现实可行性。

(4) 基金投资风格漂移是把双刃剑，在获取短期超额收益的同时，其背后也折射出巨大的风格漂移风险。作者首先构建了计量模型实证检验投资风格漂移对股市波动性的影响，引出投资风格漂移风险防控的重要性；接着构建了 GARCH 族投资风格漂移风险测度模型；最后通过构建周内多重分形波动率 MF – VaR 测度模型对基金投资风格漂移风险进行了测度，结果得出我国开放式基金普遍存在较大的风格漂移风险，这为监管部门进一步控制较严重的风格漂移现象、规范基金产品发行与投资行为提供理论支持。

今年恰逢改革开放 40 周年，作为他的导师，我非常高兴看到这部凝结着他博士期间及参加工作后研究成果的著作即将付梓出版。研究无止境，中国基金业投资风格漂移领域的理论完善还有很长的路要走，因此，希望他能继续发挥博士生学习期间的钻研精神，在以后的教学科研工作中，沿着分形投资理论和基金投资实践相互促进的道路，不断取得更多的科研成果，勇攀学术高峰，为中国基金业健康持续发展贡献一分力量。

华南理工大学　工商管理学院
教授、博士生导师
2018 年 9 月于汕头校友楼

前　言

正值2008年美国次贷危机10周年之际，全球金融业发生了巨大变化，美国金融全球霸主地位开始动摇，以亚洲为中心的新兴资本市场迅速崛起。亚洲最大的新兴资本市场也发生了深刻变化：2010年，股指期货、融资融券等做空机制的推出增加了市场深度；2012年大资管时代来临、2013年6月新基金法的实施、2018年4月资管新规的出台，均有利于基金产品的大量创新发行，增加了市场广度，为基金业的发展打开了创新空间，有望成为我国基金业发展中的一道亮丽风景线。在当今欧美资本市场，基金投资风格与风格投资等理念已完全被接受，并深入人心。未来我国基金业的发展该如何从量变到质变，在产品设计与投资风格理念上走向世界前列？

国外对基金投资风格漂移研究始于20世纪90年代初，特别是在基金投资风格识别、投资风格漂移的影响因素及其对基金业绩的影响等方面取得了丰硕成果，但都是基于有效市场理论线性范式下开展研究的，在分形市场理论非线性范式下的基金投资风格漂移及其风险测度问题研究至今仍是空白。本书通过引入分形理论构建出一套科学的投资风格漂移识别方法及风险测度模型，以期为我国基金业的未来繁荣发展提供理论指导，同时为基金投资风格漂移风险量化及防控提供方法基础。

全书共分9章，具体各章节的内容安排如下：

第1章绪论。介绍本书的研究背景、研究意义、研究目的、基本概念，并对研究结论、主要创新点进行归纳总结。

第2章理论基础与文献综述。介绍基金投资风格形成的理论基础，包括：市场异象、两基金分离定理、资本资产定价模型、Fama–French 三（五）因素模型、Gruber 四因素模型、Carhart 四因素模型、Volkman 五因素模型等；基金投资风格漂移成因的理论基础，包括积极型投资组合理论、分形市场理论、信息不对称理论、行为金融理论、委托代理理论等；详细介绍了两种主流的投资风格识别方法——基于收益的风格识别和基于组合的风格识别及其思想；分别从投资风格识别方法的比较、投资风格漂移的成因、投资风格漂移对基金业绩的影响及风险分析三方面进行文献述评。

第3章研究样本与研究方法。由于我国开放式基金推出较晚，大多在2005年以后发行，多数没有经历牛市、熊市与震荡市等完整的股市周期行情。考虑基金的样本数量及检验时间长度的有效性（国外常用2～4年），本书主要选取2005年6月底之前成立且已过封闭期的79只开放式基金作为研究样本，风格资产指数选择中信标普公司推出的6种纯风格资产指数，包括：大盘纯成长指数（LPG）、大盘纯价值指数（LPV）、中盘纯成长指数（MPG）、中盘纯价值指数（MPV）、小盘纯成长指数（SPG）及小盘纯价值指数（SPV）。研究期间包含大幅上涨、快速下跌和小幅回调的完整周期行情，具有较好的代表性。在实证研究方面：综合运用分形市场理论、GARCH族高级计量模型与VaR风险测度理论相结合来对我国开放式股票型基金投资风格漂移及其风险测度进行系统研究。

第4章股市风格资产分形特征研究。运用不同时间标度R/S分析法来研究我国股市风格资产的长记忆性，平均循环周期等分形特征；运用ARFIMA-HYGARCH模型研究风格资产收益与波动序列的双长记忆性；最后，运用多重分形理论中的改进MF-DFA方法对风格资产收益序列进行了多重分形分析。综合得出我国股市风格资产具有标度不变性、平均循环周期、双长记忆性、多重分形等特征的结论，为下面的实证章节打下基础。

第5章基金投资风格漂移识别方法研究。首先，通过比较目前两种主流的投资风格识别方法，针对传统Sharpe模型存在的缺陷，提出了基于岭回归、EGARCH-M、TGARCH-M风格识别模型；然后考虑到我国股市风格资产收益序列呈分形特征的现实背景，提出了基于盒子分形维的基金投资风格识别方法FDSR与投资风格漂移程度量化指标CIS，并对其进行实证研究。最后，基于弹性分形维研究了基金投资风格漂移现象，运用经济价格弹性概念，推导出了基金投资风格漂移的价格弹性分形维计算公式，并研究了基金投资风格漂移的阈值。

第6章基金投资风格漂移对股市波动性的影响研究。首先采用Fama-French三因素模型实证研究股票型基金投资风格的分布及其在不同股市行情下的风格漂移情况；然后采用EGARCH模型来探讨投资风格漂移与股市波动性两者之间的关系，推导出基金因投资风格漂移会对其所持仓的股票产生波动性效应，从而进一步影响股市的波动性。

第7章基金投资风格漂移收益长记忆及多重分形谱研究。运用ARFIMA-HYGARCH模型研究投资风格漂移收益与波动序列的双长记忆性；运用滑动窗口MF-DFA方法对基金投资风格漂移收益序列进行多重分形及其谱参数分析，挖掘出风格漂移收益序列中的波动特征，构建多重分形波动率测度，以为基金投资风格漂移风险测度提供有价值的信息。

第8章基金投资风格漂移风险测度研究。基金投资风格漂移使得基金经理与投资者面临的风格漂移风险随着资本市场环境的日益加剧越来越大，如何加强风格漂移风险管理，把投资风格漂移风险控制在可接受的范围之内，越来越受到基金经理与投资者的迫切关注，而其基础与核心问题就在于对风格漂移风险进行准确测度。本章综合运用多重分形理论、高级计量模型与 VaR 风险测度理论构建了基金投资风格漂移风险 MF – VaR 测度模型，并对 VaR 风险测度模型进行了回测检验。

第9章结论与展望。通过以上各章内容研究得出本书的主要结论，并根据研究结论提出未来展望。比如投资风格漂移的分解（正漂移与负漂移）、投资风格漂移风险控制与基于多重分形理论的基金适度风格漂移量化投资策略构建、基金公司的分形管理等。

目录

第1章 绪 论 / 1
1.1 研究背景 / 1
- 1.1.1 现实背景 / 1
- 1.1.2 理论背景 / 4

1.2 问题的提出 / 6
1.3 研究意义 / 8
- 1.3.1 现实意义 / 8
- 1.3.2 理论意义 / 10

1.4 基本概念界定 / 12
- 1.4.1 投资风格 / 12
- 1.4.2 投资风格漂移 / 15
- 1.4.3 风格漂移风险 / 16
- 1.4.4 风险测度 / 17

1.5 研究路线与研究内容 / 17
- 1.5.1 研究路线 / 17
- 1.5.2 研究内容 / 17

1.6 本书创新之处 / 19

第2章 理论基础与文献综述 / 20
2.1 基金投资风格形成的理论基础 / 20
- 2.1.1 市场异象——基金投资风格形成的现实基础 / 20
- 2.1.2 两基金分离定理——风格资产配置策略的理论依据 / 23
- 2.1.3 资本资产定价模型——基金投资风格形成的经典模型 / 24
- 2.1.4 Sharpe 风格资产因子模型——基金投资风格识别的奠基模型 / 24
- 2.1.5 Fama – French 三(五)因素模型——基金投资风格识别的经典模型 / 25
- 2.1.6 Gruber、Carhart 四因素模型——基金投资风格识别的扩展模型 / 25
- 2.1.7 Volkman 五因素模型——基金投资风格识别模型的进一步扩展 / 26

2.2 基金投资风格漂移成因的理论基础 / 26
- 2.2.1 积极型投资组合理论——基金投资风格漂移有效性的理论根源 / 26

目录

    2.2.2　分形市场理论——基金投资风格漂移的理论基础 / 28
    2.2.3　信息不对称理论——基金投资风格漂移的现实基础 / 30
    2.2.4　行为金融理论——基金投资风格漂移成因解释的新视角 / 31
    2.2.5　委托代理理论——基金投资风格漂移成因解释的新视角 / 32
  2.3　两种主流基金投资风格识别方法的研究综述 / 32
    2.3.1　基于组合的投资风格识别研究综述 / 33
    2.3.2　基于收益的投资风格识别研究综述 / 34
    2.3.3　两种投资风格识别方法的比较分析 / 36
  2.4　基金投资风格漂移的相关文献述评 / 38
    2.4.1　基金投资风格漂移的成因分析 / 38
    2.4.2　投资风格漂移对基金业绩的影响及其风险分析 / 40
  2.5　本章小结 / 41

第3章　研究样本与研究方法 / 42

  3.1　样本选择与数据收集 / 42
    3.1.1　研究样本 / 42
    3.1.2　数据收集 / 46
  3.2　数据处理与研究设计 / 46
    3.2.1　研究变量的刻画 / 46
    3.2.2　基金收益率的计算 / 46
    3.2.3　风格资产指数的选取 / 47
    3.2.4　无风险收益率的选取 / 49
    3.2.5　研究设计 / 50
  3.3　研究方法 / 50
    3.3.1　资本市场的三种对称性 / 51
    3.3.2　分形的定义及其特征 / 51
    3.3.3　分形维及其种类 / 52
    3.3.4　多重分形的性质及其谱的测算方法 / 55
    3.3.5　GARCH族高级计量模型 / 58
    3.3.6　VaR风险测度方法 / 60
    3.3.7　模型回测检验方法 / 61

目录

    3.4   本章小结 / 62

第 4 章   股市风格资产分形特征研究 / 63
    4.1   股市风格资产收益序列的基本统计特征检验 / 63
        4.1.1   正态性检验 / 64
        4.1.2   独立同分布与线性相关检验 / 67
    4.2   基于经典与修正 R/S 方法的风格资产收益单一分形分析 / 68
        4.2.1   风格资产分形特征的研究背景 / 68
        4.2.2   经典与修正 R/S 分析法 / 69
        4.2.3   股市风格资产收益分形特征实证研究 / 71
        4.2.4   实证结论 / 74
    4.3   基于 ARFIMA – HYGARCH 模型的风格资产收益双长记忆性分析 / 75
        4.3.1   风格资产收益的双长记忆性研究背景 / 75
        4.3.2   股市长记忆性研究的文献回顾 / 76
        4.3.3   skt 分布下的 ARFIMA – HYGARCH 模型构建 / 77
        4.3.4   风格资产收益的双长记忆性实证研究 / 78
        4.3.5   实证结论 / 82
    4.4   基于传统与改进 MF – DFA 方法的风格资产收益多重分形分析 / 82
        4.4.1   风格资产收益的多重分形特征研究背景 / 83
        4.4.2   股市收益序列多重分形特征研究的文献回顾 / 83
        4.4.3   传统与改进 MF – DFA 的研究方法 / 86
        4.4.4   风格资产收益的多重分形特征实证研究 / 88
        4.4.5   实证结论 / 94
    4.5   本章小结 / 95

第 5 章   基金投资风格漂移识别方法研究 / 96
    5.1   基金投资风格识别的相关文献回顾 / 96
    5.2   基于岭回归的基金投资风格漂移识别研究 / 99
        5.2.1   Sharpe 模型缺陷及其改进 / 99
        5.2.2   岭回归的思路、计算步骤与识别模型构建 / 100
        5.2.3   实证研究 / 101

目录

5.3 基于 EGARCH – M 模型的基金投资风格漂移动态识别 / 106
    5.3.1 样本选择与 EGARCH – M 识别模型构建 / 107
    5.3.2 实证分析与结果讨论 / 109
    5.3.3 实证结论 / 121
5.4 基于 TGARCH – M 模型的基金投资风格漂移动态识别 / 121
    5.4.1 TGARCH – M 识别模型构建 / 122
    5.4.2 样本选择与数据处理 / 124
    5.4.3 实证分析与结果讨论 / 130
    5.4.4 实证结论 / 138
5.5 分形市场理论及基于分形维的投资风格识别思想 / 138
    5.5.1 分形理论在资本市场应用研究中的文献回顾 / 140
    5.5.2 基于分形维的投资风格识别思想 / 141
    5.5.3 盒子分形维数的测算方法 / 142
5.6 基于盒子分形维的基金投资风格识别研究 / 142
    5.6.1 样本选取与数据处理 / 142
    5.6.2 实证分析与结果讨论 / 144
    5.6.3 实证结论 / 148
5.7 基于弹性分形维的基金投资风格漂移研究 / 149
    5.7.1 基金投资风格漂移的价格弹性分形维 / 149
    5.7.2 样本选取与数据处理 / 150
    5.7.3 实证结果与分析 / 152
    5.7.4 实证结论 / 154
5.8 基金投资风格漂移原因分析与监管建议 / 155
5.9 本章小结 / 157

第6章 基金投资风格漂移对股市波动的影响研究 / 159

6.1 基金投资风格漂移对股市波动的影响研究背景 / 159
6.2 基金投资风格漂移与股市波动关系的文献回顾 / 160
    6.2.1 基金投资风格漂移文献回顾 / 160
    6.2.2 股市波动性效应文献回顾 / 160

目录

6.3 基金投资风格漂移及其对股市波动影响的实证研究 / 162
    6.3.1 基金投资风格漂移的实证分析 / 162
    6.3.2 基金投资风格漂移对股市波动性影响的实证分析 / 168
6.4 实证结果讨论 / 170
6.5 本章小结 / 171

第7章 基金投资风格漂移收益长记忆及多重分形谱研究 / 172

7.1 基于 ARFIMA – HYGARCH 模型的投资风格漂移收益长记忆研究 / 172
    7.1.1 基金投资风格漂移收益分形特征的研究背景 / 172
    7.1.2 基金投资风格漂移收益的量化 / 173
    7.1.3 基金投资风格漂移收益的双长记忆性实证研究 / 174
    7.1.4 实证结论 / 178
7.2 基于滑动窗口 MF – DFA 方法的投资风格漂移收益多重分形谱研究 / 179
    7.2.1 基金投资风格漂移收益多重分形特征的研究背景 / 179
    7.2.2 投资风格漂移收益多重分形谱实证分析 / 180
    7.2.3 实证结论 / 184
7.3 本章小结 / 185

第8章 基金投资风格漂移风险测度研究 / 187

8.1 基于 VaR – GARCH 族模型的投资风格漂移风险测度研究 / 187
    8.1.1 基金投资风格漂移风险的研究背景 / 187
    8.1.2 VaR – GARCH 族风险测度模型的文献回顾 / 188
    8.1.3 VaR – GARCH 族模型构建 / 190
    8.1.4 基于 VaR – GARCH 族模型的基金投资风格漂移风险测度实证分析 / 193
    8.1.5 实证结论 / 206
8.2 基于 MF – VaR 模型的投资风格漂移风险测度研究 / 207
    8.2.1 问题的提出 / 207
    8.2.2 分形理论应用研究的文献回顾 / 208
    8.2.3 基于日收益率的周内多重分形波动率测度构建及测算方法 / 210
    8.2.4 各种模型的投资风格漂移风险测度比较实证研究 / 213
    8.2.5 基于 MF – VaR 模型的基金投资风格漂移风险测度实证分析 / 223

目录

  8.2.6 我国开放式基金的未来发展模式与投资风格监管 / 224
 8.3 本章小结 / 226

第 9 章 结论与展望 / 228
 9.1 结论与启示 / 228
  9.1.1 研究结论 / 228
  9.1.2 政策启示 / 229
 9.2 不足之处与研究展望 / 232
  9.2.1 不足之处 / 232
  9.2.2 研究展望 / 233

参考文献 / 235
附 录 / 239
后 记 / 255

第1章

绪　论

本章在阐述现实与理论研究背景的基础上，提出了本书的研究问题，并阐明了其研究意义，接着对几个相关概念进行了界定，介绍了研究技术路线、研究内容与全文结构安排，最后对本书主要创新之处进行了提炼。

1.1 研究背景

与美国基金市场相比，我国基金市场发展历史较短，从 1998 年 3 月首批封闭式基金金泰、开元的成立至今恰好 20 年，且我国资本市场的成长不到 30 年，还处于新兴的起步阶段，投机氛围浓厚，羊群效应显著，其关键原因是我国基金市场的深度与广度不足、基金产品发展不够规范、投资风格理念不够成熟与缺乏鲜明一致性等。由于基金的投资风格是产品发行时在招募说明书中向投资者事先宣称好的，一般来说，除非得到投资者同意，否则基金经理不得随意改变基金的投资风格。那么在我国分形市场的现实背景下，开放式基金的投资风格呈现什么特征？若发生了风格漂移现象，其背后折射出的风险又该如何去度量？基于此，通过引入非线性科学中的分形理论，对我国开放式股票型基金的投资风格漂移及其风险测度问题做系统研究。

1.1.1 现实背景

证券投资基金最初起源于英国，世界上第一只封闭式基金于 1868 年在英国伦敦成立；第一只开放式基金于 1924 年在美国波士顿成立；香港作为重要的国际金融中心，融合了许多国家的基金发展优势，1960 年也出现了基金。开放式基金自产生起就表现出强大的生命力，并且在世界范围内迅速发展，根据 2017Q3 全球开放式基金报告：截至 2017 年 9 月底，全球开放式基金（不包括

FOF 基金）资产规模约为 47.34 万亿美元。我国自 2001 年 9 月 21 日"华安创新股票"首只开放式基金发行以来，经过近 20 年的发展，特别是 2012 年大资管时代以及 2013 年 6 月新基金法的实施，开放式基金产品数量和规模呈快速增加，且已成为基金公司的主流产品。截至 2018 年 6 月底，我国已成立了 124 家基金管理公司，共管理基金产品 5104 只，管理基金资产规模达 12.7 万亿元，其中，开放式基金占 4950 只，开放式基金数量占到基金总数量的 96.98%。近年来，随着开放式基金不断大量创新发行，已发展为个人与家庭理财的首选，开始在我国资本市场上发挥着越来越重要的作用，已成为推动资本市场发展的中坚力量。2018 年 4 月 27 日，一行两会一局联合发布《关于规范金融机构资产管理业务的指导意见》（以下简称《意见》），《意见》打破刚性兑付，加强了对公募基金期限错配的流动性风险管理。基金作为资产管理业务的主要金融机构之一，其在市场中的影响力、重要性及发展潜质受到各方重视。2003 年以来，在 QFII 加入国内机构投资者队伍并具有规模之后，昔日盛行的坐庄模式日渐式微，证券市场逐步进入机构投资者的博弈时代，机构投资者需要一种新的投资模式，风格投资正是在国内特定环境下逐步形成并推广的。基金投资风格的形成是投资者参与并选择的结果，面对激烈的竞争市场，基金公司不得不对投资者群体作出细分，明确旗下基金的投资风格，以吸引特定的投资者群体，投资风格的差异体现出不同风格基金的设立是为了吸引特定的投资者群体，如华夏基金在 2009 年末推出了首只主动型基金产品——华夏盛世精选基金，该基金紧密跟踪中国经济动向，把握中国经济的长期发展趋势和周期变动特征，挖掘不同发展阶段下的优势资产及行业投资机会，更好地与中国经济发展同步，分享经济增长所带来的好处，追求基金资产的长期、持续增值。基金公司追求基金产品的差异性，有利于吸引不同风格的投资者。宣称自身崇尚的投资风格，既可为投资者提供某种偏好的个性化基金产品，合理配置风格资产，同时，投资者一旦形成对某种风格基金的信任，也会进一步追加投资，从而使基金的整体实力得到提高。换句话说，如果基金公司不开发投资风格鲜明的基金产品，则有可能在激烈的竞争市场中失去基金份额。投资者若能选择一个适合自身风险容忍度的特定风格基金来帮自己理财将是一个不错的选择。基金业"受人之托，代人理财"的特性决定了诚信是基金业的立业之本，而维护诚信的关键就是要遵守并兑现承诺，但大量基金发生风格漂移现象及频频曝光的一些基金黑幕反映出基金业发展过程中存在各种异象及严重的道德风险。

2008 年 12 月 11 日，美国华尔街传奇人物、纳斯达克股票市场公司前董事会主席麦道夫（Bernard Madoff）因涉嫌证券欺诈而被警方逮捕。检察人员控告麦道夫因操纵一只对冲基金给基民带来了 500 多亿美元的损失。2005 年，据美国证监会揭露，麦道夫的投资基金生意逐渐变成了一个新的"庞氏骗局"，所有返还给投资者的收益都是来源于越来越多新加入的投资者。直到 2008 年 1 月，麦道夫的基金一共管理着 171 亿美元的资金。虽然受金融危机的影响，但麦道夫依然在向投资者宣称仍有 10%～15% 的年增长率，跟标普平均增长下降 37.7% 相比，这肯定是一个令人印象深刻的数字业绩。

在表面看来，麦道夫的基金是一项风险很低的投资行为。他的庞大基金有着稳定的收益率，一个月中可能达到 1%～2% 的增长率。增长背后的原因是该基金向外宣称在不断购买大盘增长型基金和定额认股权等投资产品，坚守了一定的投资风格，这种特定的投资风格一直被投资者认为可以产生稳定的投资收益。而实际上，该基金只是打着坚守能带来巨大收益的某种特定投资风格的幌子，并没有真正坚守该投资风格，发生了严重的投资风格漂移，带来的漂移风险是灾难性的，给投资者带来了不可估量的损失。因此，2009 年 6 月 29 日，麦道夫被纽约南区联邦法院判处 150 年监禁，并处罚款 1700 亿美金。时年 71 岁的麦道夫将在监狱里度过他的余生。

在国内，基金经理离职现象非常普遍，2010 年 7 月，明星基金经理王亚伟递交辞职申请，把半年多来的大批基金经理离职现象推向了高潮。2010 年上半年，已有 59 家基金公司旗下管理的 227 只基金出现基金经理变更，而这个数据已经接近 2009 年的全年水平。管理一只基金超过 5 年的基金经理凤毛麟角，不同的基金经理有不同的投资风格，基金经理离职率偏高与投资风格漂移有很大的正相关关系。事实证明投资风格稳健的基金经理能带来长期业绩，以宏利精选股票基金为例，该基金成立以来一直由刘青山管理，其投资风格稳健，对市场的判断以及行业把握都较好。截至 2010 年 6 月 11 日，该基金的年均收益率达 38.34%，同期在 20 只股票型基金中排名居首；年初以来净值下跌 6.75%，在同类基金中表现较为抗跌。在投资组合构建过程中所体现出来的投资风格较稳健的基金经理还有华夏大盘精选的王亚伟、国泰中小盘股票的张玮和富国天益价值的陈戈等，但这三人的投资风格不尽相同：如华夏大盘精选和国泰中小盘股票历史上以中小盘股票投资为主，且持有的股票并非基金行业的重仓股；而富国天益价值的股票多以大盘蓝筹股为主，其历史的投资风格也沿袭了大盘风格。三只基金的相同点是基金的投资风格都深深打上了基金经理的烙印，且基金经理的稳定性对基金投资风格的稳定性以及基金业绩的持续性帮助较大，即投资风格稳健的基金经理带来长期业绩。牛丽静（2006）认为基金普遍存在追求短期收益的行为，2009 年二季度基金遭遇大规模赎回，主要原因就是投资风格漂移，导致对其资产的安全性和流动性带来极大隐患。高清海（2007）认为牛市中投资风格漂移有助于提升基金业绩，在上升周期中，策略调整成功的可能性较大，能够为投资者带来更多的收益；在熊市中，投资风格漂移提高了股票的配置比例，由此导致风险放大，收益率下降，并认为这样的配置策略主要取决于基金经理的独特投资风格研究能力。南方基金公司数量策略投资小组组长兼风控策略部总监刘治平（2009）指出基金公司的风险控制主要体现在非指数型基金品种上，而非指数型基金主要的风险有投资风格漂移、持股集中度过高等，但最大的风险还是投资风格漂移。

至今，国内外学者大多都集中在基金业绩评价研究，对基金投资风格及漂移的研究较少，关于基金投资风格的形成、成因与风格漂移成为近年来基金投资研究的热点问题，但已有的研究在基金投资风格识别、投资风格漂移的影响因素及其对基金业绩的影响等方面较多，且都是基于有效市场理论线性研究范式下开展的，在分形市场理论非线性研究范式下的基金投资风格漂移及其风险测度研究至今仍是空白。

1.1.2 理论背景

自从 Sharpe（1992）投资风格研究的奠基之作问世以来，随着计算机的快速发展，复杂的定量分析亦被广泛应用，与此同时形成了大量独特鲜明的投资风格，市场异象信息被充分萃取，与这些市场异象相对应的风格投资组合应运而生。组合投资的实践也因此发生了改变，被动式组合投资从跟踪市场指数或其代表指数转向了针对各种风格指数或其线性组合指数；主动式组合投资也相应转变为以战胜某一市场风格指数为目标，而不再只是针对单一的市场指数。动量与市净率分析是 20 世纪 90 年代最重要的发现，并以此形成了风格投资策略。一些学者也一直致力于研究股票市场上的各种异象，其直接结果是发展了一系列从被动基准投资策略到模拟主动投资策略的理论。如 Sharpe（1992）投资风格识别模型、Fama – French（1993）三因素模型、Gruber（1996）包含了债券收益的四因素模型、Carhart（1997）包含了动量变量的四因素模型、Volkman（1999）包含了市场收益二次项的五因素模型、Fama – French（2015）五因素模型等。其中 Sharpe 模型最为典型，并因其计算方便与形式简洁而被广泛应用于基金投资风格的识别和基于投资风格的业绩评价中。

目前，投资风格在西方发达资本市场是倍受人们关注的事情，特别是在证券投资基金领域，投资风格对基金业绩起着很大的贡献作用。在过去的 20 多年里，投资风格已逐渐成为投资组合管理的一个有机部分。机构与个人投资者现在不仅仅要决定如何分配投资于不同国家、不同行业以及股票或债券等不同资产的投资权重，还必须进一步细分股票资产类别中的增长型股票、收入型股票、价值型股票、大盘股、小盘股等风格资产的投资权重。与此同时，越来越多的理财顾问对投资风格的研究及相关建议，也使得基金经理对股市板块轮动和投资风格给予更多的关注。另外，随着基金业规模的不断壮大和基金产品的不断丰富，基金业内竞争加剧，这种竞争促进了具有独特鲜明投资风格的基金业发展，这些基金一般仅仅投资于特定的市场异象领域或遵循特定的投资风格。在如今的欧美发达资本市场中，基金投资风格与风格投资等投资理念已逐渐被完全接受。各种繁多的风格资产指数和基于这些风格资产指数的诸多期货和期权合约,也足以显示基金投资风格的理念已经深入人心。由于不同基金经理对不同风格资产的投资偏好,形成了特定投资者群体追捧特定投资风格的坚持者——明星基金经理的现象。

理论上,资本市场中既存在线性关系又存在非线性关系。线性关系具有可以叠加的数学关系,体现出变量之间按比例变化的特征,反映了部分与整体之间的可加性,这种市场中两个原因的合并作用等于它们各自作用的简单和。但在现实资本市场中,非线性关系才是普遍存在的,资产价格波动的复杂性恰恰是非线性相互作用所导致的。资产价格序列的高度自相关性清楚地表现为非线性关系,非线性关系使得因果关系失衡。因此,无论从理论上还是从实践上,要正确认识市场异象,就不能回避非线性问题,都应该高度重视运用非线性科学来解决实际问题,这也正是非线性科学得以迅速发展的重要原因。有效市场理论(EMT)是许多经典投资理论的重要基石,是基于线性研究范式下建立的,具体指理性投资者以线性方式对信息作出反应,也就是说,他们在接到信息时作出反应,而不是以累积的方式对一个事件作出反应。线性研究范式暗含了资产收益率应该服从或近似服从独立正态分布,但随着资本市场的不断发展,大量实证研究表明:资产收益率大多呈现出尖峰、厚尾与有偏等分形特征,认为资产收益序列中可能存在着非线性动态系统。因此,该理论难以准确地揭示资本市场复杂的波动特性,这就对有效市场理论提出了巨大挑战,即有必要引入非线性研究范式下的分形理论来进行修正探索研究,分形理论对于描述因资本市场中量变所引发的质变特别是突变具有重大的方法论意义。资本市场本质上是一个具有不确定性、动态的非线性复杂系统,尤其对我国还很不成熟的基金市场更是如此。在我国的基金市场,为什么会有如此多的基金频繁发生投资风格漂移现象,其根本原因:一方面是基金产品发行的不成熟和不规范行为;另一方面是基金对我国资本市场非有效、不完善和个人投资者的投资理念不成熟(表现在片面追求基金超额收益,忽视价值投资等)这些现实条件的一种非线性的主动性适应行为。

自从 Mandelbrot(1999)指出相对于单分形过程,多重分形理论是一种更好的定量刻画资本市场各种复杂波动特征的有力工具,具有更强的实用性,从此掀起了国内外学者运用多重分形理论对不同类型资本市场上的波动特征进行应用研究的一股热潮。Barkoulas,Baum 和 Travlos(2000)以希腊这个新兴的股票市场为研究对象,实证结果表明该股指具有长记忆性等分形特征,且得出规模较小的、发展较晚的股票市场具有更明显的长记忆性特征的结论。Lim Kian - Ping 和 Venus Khim - Sen Liew(2007)以亚洲股市为研究对象,发现其指数收益序列具有明显的非线性特征。在金融投资领域,Matteo(2007)进一步指出多重分形是资本市场所具有的继混沌与单分形之后又一重要的非线性复杂特征,无论是成熟资本市场还是新兴资本市场，资产价格（收益）波动具有厚尾性，厚尾分布符合幂律关系，即分形的规律，并呈现明显的多重分形特征。我国资本市场的出现至今不到 30 年，还是一个新兴的市场，呈现分形特征，对于投资风格研究更是处于起步阶段，对分形理论在基金投资风格的应用与实证研究鲜有学者涉及。虽然我国开放式基金自 2001 年以来经历着超常规发展，在数量、规模、品种和业绩表现上都逐步走向成熟，但在分形市场下的基金投资风格漂移及其风险测度方面，有很多问题值得深入思考。

第一，"没有衡量就没有管理"，目前市场上没有一个统一规范的基金分类体系，尤其是在基金投资风格的划分方面没有一个统一标准，基金产品的投资风格也没有鲜明的一致性特点，导致投资者无法选择合适的比较基准风格指数来客观、准确地评价基金业绩，监管部门与基金公司也无法对基金投资风格漂移现象进行规范管理。

第二，投资风格仅作为基金销售中的标签、基金经理在投资组合构建过程中并没有把投资风格作为资产配置考虑的重要因素，投资风格随市场漂移，缺乏稳健性和鲜明性。

第三，基金在构建投资组合时出现投资风格趋同导致风格漂移现象，这表明基金总体风险将有集中的趋势，基金抵御系统风险的能力大大削弱，不同基金之间没有显著差异性，投资风格缺乏鲜明一致性。在这种现实背景下，投资者无法选择合适的基金品种，因此，基金在产品设计与发行时，该如何合理有效地对基金投资风格进行市场定位？

1.2 问题的提出

2008 年美国次贷危机及 2010 年欧洲债务危机均反映了经济系统的不确定性与非线性动力学机制。分形金融学，也称非线性金融学（non-linear finance），是 20 世纪 80 年代兴起的一门新兴学科，是指运用非线性理论来解释现实经济问题，在经济建模中充分考虑经济活动的非线性作用机理，在经济模型的分析中充分运用非线性动力学中的分形理论等学科交叉方法，以期产生新的经济概念、新的经济思想、新的经济分析方法，得到新的经济规律的一门新兴交叉学科。随着人们对证券市场中各种现象的观察和深入研究，发现市场中出现很多无法被有效市场理论解释的异象，比如"黑色星期一"现象（1987 年）、一月效应、数字 8 效应、中国概念股效应、中字头股效应、低市盈率效应、小公司效应、时间序列的长、短记忆性、双长记忆性等。因此，建立在有效市场理论基础之上的资本市场理论受到了不同程度上的质疑和挑战，究其原因是有效市场理论过分严格的假设条件，因此，需引入一种崭新的非线性理论来解释证券市场中异常复杂的波动特征。麦道夫"庞氏骗局"事件使得开放式基金宣称的投资风格备受质疑，投资者对基金的投资风格及长期存在的风格漂移现象如何准确识别充满激烈争议，国内学者大量实证研究也发现：我国开放式基金大多呈现投资风格趋同导致发生风格漂移现象，基金之间没有鲜明独特的投资风格。且已有文献只是在投资风格漂移存在性及其对基金业绩的影响等方面做了大量实证，均没有考虑到基金投资风格漂移究竟带来了什么。在给基金带来短期超额收益的同时，其背后必伴随着风格漂移风险问题，至今鲜有文献涉及股票型基金投资风格漂移所带来的风险及其测度方面的研究，基于此，本书通过引入分形理论对该问题进行探索研究，以达到抛砖引玉的目的。

然而随着对证券市场分形特征研究的进一步加深，也引发了一些问题：一个分形维数能否很好地描述市场的分形结构？股市风格资产收益（基金投资风格漂移收益）时间序列的记忆性及其在时间轴上的分布是否一致？要想回答这些问题必须对分形局部结构进行更细致的研究。若分形结构是均匀一致的，则用一个分形维数就能描述其整体的不规则性；若分形结构是非均匀的，仅用一个分形维数就只能刻画风格资产收益波动的宏观概貌，无法对局部进行精细切割，从而缺乏对局部奇异性的细致分析，即不能完整、全面描述收益序列波动的复杂性。对此，有必要引入多重分形或多标度分形（multifractal）来对局部数据进行更细致的分析。由此引发如下的系列问题：在分形市场的现实背景下，我国股市风格资产是否也存在分形特征呢？如果存在的话，那该如何对基金投资风格进行准确性识别？一个分形维数能否对基金投资风格漂移收益进行全面刻画？基金因投资风格发生漂移所带来的风险又该如何去测度呢？这些问题均构成了本书研究的主题。具体主要有以下 5 个研究主题：

（1）我国股市风格资产分形特征的存在性检验：主要通过选取具有典型代表性的股市风格资产指数，运用三种研究方法从不同的层面对我国股市风格资产分形特征的存在性进行实证检验，为下面 4 个研究主题提供现实基础。

（2）首先在通过比较分析现有两种主流的投资风格识别方法存在缺陷的基础上，针对传统 Sharpe 模型的缺陷，提出基于岭回归、EGARCH – M、TGARCH – M 投资风格漂移识别模型；接着基于分形市场的现实背景，研究如何构建出一种分形市场条件下的基金投资风格识别方法，以便达到对基金投资风格的客观性与准确性识别；最后，基于价格弹性分形维的基金投资风格漂移的量化，价格弹性分形维的含义，由此推导出基金投资风格漂移的阈值，从而得到风格漂移的衡量标准，以达到对投资风格漂移进行有效控制的目的。

（3）基金投资风格漂移效应问题研究，主要研究基金投资风格漂移对股市波动性的影响，探讨基金作为主要的机构投资者能否起到维稳市场的作用。

（4）基金投资风格漂移收益的长记忆及多重分形谱研究：主要对基金投资风格漂移所带来的收益进行量化，运用 ARFIMA – HYGARCH 模型研究其双长记忆性，据此提出研究假设，推导出风格漂移收益的计算公式，并对投资风格漂移收益序列的多重分形特征进行研究，挖掘出其中有用的统计信息，以便为测度投资风格漂移风险提供理论基础。

（5）基金投资风格漂移风险测度研究：在对基金投资风格漂移收益序列进行多重分形分析的基础上，提炼出多重分形波动率测度，以此构建基金投资风格漂移所带来的风险 MF-VaR 测度模型，并与最新的 GARCH 族高级计量模型进行比较实证分析，目的在于构建出一种更有效的投资风格漂移风险测度模型。

1.3 研究意义

投资风格所代表的资产配置策略决定基金业绩的好坏，其重要性日益被理论及实践所证实，但基金经理在实际投资中经常发生风格漂移现象，从而可能带来不可预期的风险。根据 Wind 数据显示，自 2001 年以来公募基金为投资者创造收益合计达 2.2 万亿元，从基金公司看，华夏基金所管基金创造的利润最高，超过 2000 亿元，嘉实基金和易方达基金分列第 2 位和第 3 位，分别为 1519 亿元和 1298 亿元。在各类型基金 2017 年度利润中，排名前三位的是货币型基金、混合型基金和股票型基金，货币型基金凭借低风险、稳定收益和高流动性，受到市场青睐。货币基金受宠主要有两方面原因：一是在金融去杠杆背景下货币环境总体偏紧，提升了货币基金的收益吸引力；二是在债市低迷、股市分化的市场背景下，货币基金成为基金公司全年力推的主要业务方向，也进一步助推了机构和个人资金对货币基金的配置兴趣。另外，债券型基金投资风格比较稳健，而股票型基金投资风格容易发生漂移。投资风格漂移其实是把双刃剑，在追求短期超额收益的同时，其背后也折射出风格漂移风险。因此对我国开放式股票型基金投资风格漂移及其风险测度研究就具有重要的理论与现实意义，也显得尤为迫切与重要。我国基金市场还是一个新兴的市场，随着与外围资本市场联动性的增强，会导致加大研究我国开放式基金投资风格漂移的重要性及复杂性。国内学者大量理论与实证研究也表明：我国资本市场呈现一定的分形结构，这为基金投资风格漂移提供了市场现实基础。因此，本书在考虑我国基金市场呈分形特征的现实背景下，引入非线性科学中的分形理论对现有基金投资风格理论体系进行修正探索，将分形理论、高级计量经济学、VaR 风险测度理论成果与我国基金业发展实际情况相结合来构建一套基于分形理论非线性研究范式下的基金投资风格理论分析框架，无疑对丰富基金投资风格理论体系具有重大的理论意义，是一个值得探索和研究的前沿课题。

1.3.1 现实意义

伴随着开放式基金产品的大量创新发行，基金业的竞争也将日益激烈，大量基金经常发生投资风格漂移现象，如何保持发行时宣称的投资风格的一致性并有效控制风格漂移风险，且能通过适度风格漂移策略来获取短期超额收益成了在基金业竞争中脱颖而出的制胜法宝。鲜明一致的投资风格有利于基金公司和投资者评价基金经理的投资业绩，保持投资风格的一致性对于控制投资风格漂移风险、保护投资者利益至关重要。但基金在实际投资过程中并不一定完全按照宣称的投资风格进行投资，大部分基金随着市场环境的变化而不断改变投资风格。基金投资风格漂移误导了投资者，使得投资者有可能做出错误判断，不能按照预期控制投资风险获得投资收益甚至带来巨大的投资损失，对基金公司来说会面临基金赎回风险，在竞争市场中失去基金市场份额。

基金投资风格漂移风险量化系统主要有两大功能：投资风格漂移风险量化与风格漂移风险控制。基金业绩的压力使得容易发生投资风格漂移，导致面临风格漂移风险，因此，对基金投资风格漂移及其风险测度进行系统研究主要有以下三点现实意义：

（1）有利于基金公司提高核心竞争力与选拔优秀的基金经理。

对基金公司来说，一方面，能够根据基金投资风格的判定对相关风格资产进行调整，以使自己的基金产品风格特点更加鲜明，更易得到投资者的关注和认同，并能选出风格稳健的优秀基金经理。在市场竞争日益激烈的条件下，客户已经成为各基金公司争夺的对象，如何进一步细分市场，不断推出风格各异且独具特色的基金产品来满足不同投资者的多样化需求，吸引更多投资者进行追加投资，进一步拓展市场空间已成为各基金公司发展壮大的必由之路。另一方面，考虑投资风格因素后，能对基金经理的投资业绩进行更为客观合理的评价及管理。投资者倾向于将资金交给近年来投资业绩优异的基金经理，这种选拔方式存在一定的缺陷。由于风格资产的收益具有周期性，因此基金经理的风格投资业绩也具有一定的周期性。实际上是风格资产选择而不是板块、个股选择对基金组合业绩起决定性的作用。当一种风格资产业绩优异时，几乎秉承该种风格的所有基金经理都有较好的投资业绩。因此仅以历史业绩作为评估基金经理的基础，具有较差选股能力的基金经理可能仅因其风格倾向恰好处于业绩高点而获得奖励；相反，具有较强选股能力的基金经理可能因为其风格倾向暂时处于业绩低谷而被解雇。在选拔基金经理时考虑到风格表现的周期性、投资风格的稳健性及其对基金业绩的决定性作用，可以确保选拔出并留住最优秀的基金经理，并减少频繁变更基金经理所发生的额外费用。

（2）有利于基金投资者选择适合自身的基金产品。

随着我国开放式基金品种的不断增多，投资者面对如此繁多的基金，如何选择合适的基金品种是个很困惑的难题，尤其是普通投资者对基金产品的特性、自身的财务需求和风险承受能力并无清晰的认识，那么投资风格也就成了投资者选择基金品种的第一要素。但大多基金不从整个证券市场稳定和监管层面考虑，表现出投资风格趋同导致发生背离基金契约的风格漂移，且已成为一种常态，基金有意宣称高额收益而忽略向投资者提示风险，进一步加剧了基金的委托代理倾向，难以保护中小投资者利益，从而导致投资者更难选择所要投资的基金品种。对投资者来说，如何正确地识别基金真正的投资风格、认识基金投资风格漂移所带来的收益与风险关系成为当务之急。规范、鲜明、一致的投资风格不仅有助于筛选合适的基金品种，还能促进其深入了解基金经理的投资策略，及时把握市场风格轮换时机，并根据投资风格漂移所带来的风险进行有效控制不同风格基金的投资比重，或选择合适的 FOF 基金，因 FOF 产品具有稳健的投资风格，借助机构的专业实力投资绩优基金，可以分散投资单只基金发生投资风格漂移的风险。

(3) 有利于监管部门加强对基金公司的监管，规范基金产品发行，提高资本市场效率。

2009 年 6 月 29 日，美国最大金融诈骗案制造者麦道夫被纽约南区联邦法院判处 150 年监禁，罚款 1700 亿美金，71 岁的他将在监狱里度过余生。该骗局虽尘埃落定，受害者的苦难却仍未终结，麦道夫诈骗案暴露出巨大的监管漏洞，麦道夫的庞氏骗局提醒着中国要加强证券监管。从资本市场监管的角度来规范基金经理投资行为，倡导价值投资理念，培养长期机构投资者，从而使基金成为稳定市场发展的机构投资者而非加大市场波动的助推器，最终使资本市场获得长期平稳发展。这些一直是政府及相关监管机构的长期使命，而其中关键的是要进一步规范、明确基金投资风格的市场定位，避免各基金产品投资风格的交叉越位，并把握基金投资风格的轮换时变特征，是监管基金投资风格的目的所在。通过对基金投资风格漂移及其风险测度进行研究，有利于监管部门掌握基金的实际运作特点和表现特征，更好地进行监管和政策引导，促进资本市场效率的提高。

1.3.2 理论意义

Sharpe（1992）发现投资风格对投资组合的收益起决定性的贡献作用，并对 1985—1989 年美国证券市场的共同基金的年、月、季度数据进行了系统分析，将股票分成四种风格：小市值价值型股票、小市值成长型股票、大市值价值型股票、大市值成长型股票。结果发现：基金收益大约 90% 都来自于某种投资风格，而只有 10% 的收益来自个股选择，即尽管基金所持有的个股不同，但具有类似风格的基金在一段时间内的收益差别不大，投资风格对基金业绩的贡献最大。此后，对基金投资风格的研究一直是基金投资组合理论关注的焦点问题之一。作为投资组合理论的一个新分支，风格投资由于其对资产配置和风险管理的指导作用及对基金业绩评价的客观性而备受投资界和学术界的关注。我国基金投资者一般根据历史业绩与基金发行宣称的风格来选择基金产品进行投资，这种投资策略有效的前提是基金投资风格具有鲜明一致性，可根据历史业绩对基金未来业绩进行预测。但是，在基金实际投资过程中，经常发生所谓的风格漂移现象，即基金投资风格在风险收益风格上发生了变化，如从风险较低的债券型基金漂移成了风险较高的股票型基金。如果因为某种原因导致基金投资风格发生漂移，这种投资策略未必有效并有可能给投资者带来巨大的不可预期漂移风险。基金投资风格理论研究的发展与现代金融投资理论的研究和发展有着密切的联系，作为现代金融投资组合理论运用的一个分支，基金投资风格研究受到现代金融投资组合理论的深刻影响；相应地，基金投资风格的实证研究成果也进一步检验并丰富了现代金融投资组合理论。

证券市场是一个多层次、多目标、多变量的复杂非线性系统，它在时间上具有不可逆性，在线路上具有多重因果反馈性及不确定性，导致基于线性研究范式下的有效市场理论无法准确刻画资本市场的复杂性。因此，运用非线性理论更能揭示证券市场的本质特征，也为证券市场的研究开辟了一个新视野。分形理论和混沌理论分别是非线性科学的一个分支，分别从几何学和动力学角度探索系统的非线性复杂特征。分形侧重于研究结构；混沌侧重于研究过程的行为特征。从理论上讲，局部与整体的相似性结构即为分形。将分形理论引入到基金投资风格漂移领域的研究，无疑具有重大的理论意义。我国开放式基金于2001年正式发行，至今不到20年的时间，对基金投资风格的研究还处于起步阶段，尤其在投资风格漂移方面鲜有学者涉及，且已有研究没有考虑到我国基金市场呈分形特征的现实背景，在对股市风格资产分形特征的检验、投资风格漂移所带来的风险及其测度等方面至今仍是空白，本书主要有以下三点理论意义：

（1）从20世纪90年代开始，国外学者不断发现了西方资本市场中越来越多的市场异象，且市场有效性程度随着时间推移而改变。伴随着对有效市场理论的质疑，极大地推动了基金投资风格的形成，并为其进一步发展奠定了理论基础。本书通过引入分形市场理论，并结合高级计量模型，立足于我国证券市场呈分形特征的现实背景，在实证检验我国风格资产指数收益序列存在着分形特征的基础上，对开放式基金投资风格漂移及其风险测度进行系统研究，从线性研究范式推广到非线性研究范式，进一步修正与拓展了基金投资风格理论体系，使之成为现代投资组合理论的一个新分支，同时为基金界带来了全新的投资理念与为证券市场的进一步发展提供了理论基础。研究宗旨在于将非线性复杂科学中的分形理论引入到基金投资管理领域，进一步拓宽了基金投资管理学的研究范畴与研究思路，将基金投资风格管理问题推向了一个新的研究高度，促进了基金投资管理学和非线性学科的交叉与融合。

（2）考虑风格资产收益存在着有偏的尖峰厚尾特征，通过引入skt分布刻画；有关收益波动率的局部测度，提出多重分形波动率测度，再结合高级计量模型构建风格漂移风险测度模型；并创新性提出一种适度风格漂移策略，在一定程度上丰富与改进了投资风格理论，使之更为准确和系统，从而规范基金产品设计与发行，促进基金市场成熟发展。

（3）作为一种新的理财产品，FOF 是一种专门投资于其他投资基金的基金，号称"基金中的基金"，具有分散投资风险和稳健投资风格的优势，在海外已取得迅猛发展。所以对投资风格的研究还有利于 FOF 配置不同风格的基金，提高基金产品配置效率，避免所投资的基金同质化，丰富了基金产品的创新发展、设计和投资理念。

1.4　基本概念界定

1.4.1　投资风格

大量实证研究中出现一些资本资产定价模型（CAPM）所不能解释的资本市场异象，这些市场异象促使投资风格的形成，并使 CAPM 模型定价的有效性面临着严峻挑战。所谓投资风格，一般指按照具有某种共同属性的证券组合而非单个证券来进行资产配置的投资方法；或指在各种不同属性证券之间进行资产配置的投资理念或投资策略；也可认为是基金经理将投资组合限制在与某一市场异常相对应的子市场中的一种新生投资哲学与方法。从这个定义可知，投资风格跟证券具有的某种共同属性有密切关系，不同的属性具有不同的风格，而属性的定义具有较大的随意性与想象空间，导致国内外学者对投资风格的定义至今还未达成一致。Christopherson（1995）认为投资风格体现在资产组合管理过程中，将其定义为投资于某一类具有共同特征或共同价格的股票，比如投资于市盈率较高的公司股票；该定义体现出一种买入并持有的长期投资策略；Bemstein（1995）从市场分割或市场异质性的视角来进行定义，指投资于特定分割市场或子市场以获得超额收益的特定投资策略，该定义体现出市场分割属性。Siegel（1998）认为投资风格就是风行于华尔街的一种投资方式，即基金经理通过在大、小盘股和价值、成长股之间进行轮换投资的方法，该定义则体现出一种基于风格的动态轮换投资策略。易知，Christopherson 和 Siegel 对投资风格的定义侧重于股票本身，而 Bemstein 的定义侧重于市场细分，均属于一种狭义的投资风格定义。此后，Sharpe（1999）进一步给出了投资风格的广义定义，认为基金经理在资产管理过程中采用的某一特定方式或者某一特定投资目标都可称为投资风格。基金经理的投资风格体现在风格资产组合构建过程中，即证券分析、证券选择、板块选择、资产配置和市场择时中都可能显示出组合投资在投资方法与投资目标方面的投资风格，该投资风格定义涵盖范围较广，不仅包括了对股票本身，更强调了基金经理的投资行为特征，这大大拓展了投资风格的研究范围。之后，学者们根据特定的研究目的给出各种投资风格定义，如 Schwob（2000）从身份性、归因性、规律性、预测性、行业独立性等方面给出了投资风格的一般性定义。

由于我国基金 1998 年才开始发行，1999 年开始暗示投资风格，于 2004 年 7 月才开始对外披露基金投资组合，这样使得国内学者对有关基金投资风格的研究历史较短，对投资风格的定义大多与国外类似，即将具有相似属性和收益特征的股票称为风格，将按照风格属性而非单个证券配置资产的投资组合管理方法称为风格投资。国内较早研究的学者戴志敏（2003）主要根据投资目标确定基金投资风格，并依据投资目标的不同将基金分为成长型、收益型和平衡型三类，并从收益分配、净值变动等两方面对我国最早发行的 3 只开放式基金进行实证分析，研究发现投资风格具有趋同性现象。刘朝晖（2003）认为开放式基金产品的投资风格设计一般是根据股票的财务指标、流动性、价值创造模式和投资策略等与风险收益密切相关的几个特性来进行。杨朝军（2005）认为投资风格是指基金经理（或公司）将股票投资组合限制在与某一市场异常相对应的子市场中的一种新生投资哲学与方法。叶莉和刘巍（2006）将投资风格定义为基金在投资组合构建过程中所体现出来的风格，并从风险控制角度将基金风格划分为积极型和消极型风格基金；从投资价格取向角度将基金分为成长型、价值型和混合型风格基金。郭文伟（2010）认为投资风格是指基金投资理念的具体化，其外在表现为基金的择时和选股特征。

综合以上国外学者有关投资风格的定义都是基于西方发达的证券市场，而我国的证券市场成立至今不到 30 年，发展历史较短，市场的成熟度与规范程度远不如西方发达市场，再加上我国经济还处于"新兴+转轨"的时期，这就注定了我国证券市场必然呈现出复杂而独特的非线性特征，导致我国开放式股票型基金投资风格经常发生漂移与风格趋同等市场异象，因此有必要对投资风格的定义进行重新界定，以符合我国证券市场的分形背景。在分形市场条件下，基金的投资风格可以概括为两个方面：一是基金的股票（风格资产）仓位及股票所属行业的选择，可以大致反映基金经理的风格和行业偏好及其对未来市场走势的一种预期；二是基金所持股票的集中度，反映基金经理实际操作对市场预期的细微变化。本书认为投资风格是指基金管理人基于投资理念的基金产品市场定位选择行为特征，主要有三层含义：①基金公司设计一种基金产品，其理念必须与不同潜在投资者的风险特征相对应，按照投资者的风格爱好设计产品的投资风格，以适应具有不同风险特征投资者的个性需求；②基金经理采用一种投资风格是因为他们有信念它将会带来收益；③一类投资者选择该风格基金，是因为他们分享这一信念并坚守这种信念可以带来投资收益。三者之间的共同作用促使它形成了一种投资风格，这种投资风格将导致一系列共有的风格驱动因素和特定风格资产组合特征。投资风格形成的概念示意图见图 1-1，把国内外学者关于投资风格的典型定义与本书的概念厘定为表 1-1。

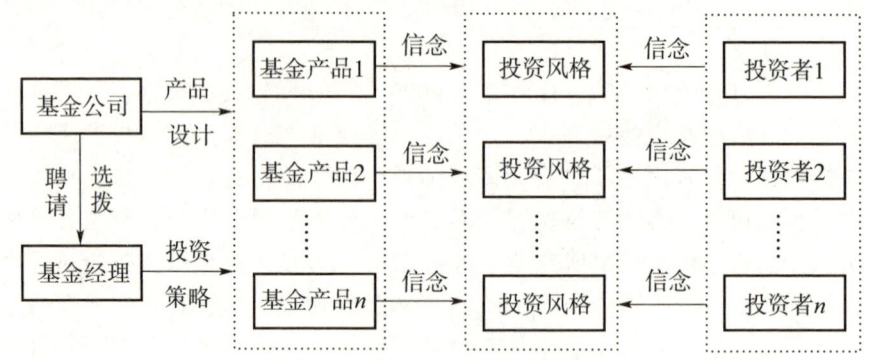

图 1-1　投资风格形成的概念示意图

表 1-1　基金投资风格定义的历史演进与厘定

国内外学者的典型定义	特点	评价
Christopherson（1995）：投资风格体现在资产组合管理过程中，其定义为投资于某一类具有共同特征或共同价格的股票	体现出一种买入并长期持有的投资策略	国内外学者对投资风格的定义由于受到研究目的的影响，往往局限于某一方面，不是局限于股市的异象就是局限于基金的投资组合特征，或者局限于基金的投资行为特征。这些都无法系统地揭露基金投资风格的系统成因及其变迁规律
Siegel（1998）：投资风格就是风行于华尔街的一种投资方法，即基金经理通过在大盘、小盘、价值与成长股之间进行轮换投资的策略	体现出一种基于风格的动态轮换投资策略	
Sharpe（1999）：基金经理在资产管理过程中采用的某一特定方式或特定投资目标都可以称为投资风格。基金经理的投资风格体现在资产组合管理过程中，即证券分析、证券选择、板块选择、资产配置和市场时机选择中都可能显示出组合投资在投资方法与投资目标方面的投资风格	涵盖范围较广，不仅包括了对股票本身，更强调了基金经理的投资行为特征，这也大大拓展了投资风格的研究范围	
杨朝军（2005）：投资风格是指基金经理（公司）将股票投资组合限制在与某一市场异像相对应的子市场中的一种新生投资哲学与方法	局限于股票市场的异常现象	

续上表

国内外学者的典型定义	特点	评价
郭文伟（2010）：投资风格是指基金投资理念的具体化，其外在表现为基金的市场择时和选股特征	基金经理个人投资理念是决定基金投资风格的内因，而股票风格资产表现及投资者的情绪波动是影响基金投资风格的外因，外因要通过内因起作用	投资风格是基金公司投资能力的外在表现，受到股票市场、基金经理人和投资者偏好的影响；而股票市场表现风格及投资者的投资偏好又通过基金投资组合的投资风格表现出来，该定义强调投资风格的内涵及系统成因，具有整体与动态特征
本书定义：投资风格是指基金管理人基于投资理念的基金产品市场定位选择行为特征，主要有三层含义：①基金公司设计一种基金产品，其理念必须与不同潜在投资者的风险特征相对应，按照投资者的风格爱好形成产品的投资风格，以适应具有不同风险特征投资者的个性需求；②基金经理采用一种投资风格是因为他们有信念它将会带来投资收益；③投资者选择该风格基金，是因为他们分享这一信念并坚守这种信念可以带来投资收益	投资风格是基金公司为了击败竞争对手所采取的产品市场定位选择行为特征，一类风格基金吸引一类投资者，投资风格一旦形成，可适度漂移，但不可轮换甚至改变	投资风格是一种投资理念与投资策略，基金在发行时宣称自己独特的投资风格是为了吸引一类投资者群体。鲜明一致的投资风格是基金公司击败竞争对手的核心竞争力，是评价基金经理的关键指标，对选拔优秀基金经理具有客观的判断，基金公司创新设计基金产品时最关键的就是要对投资风格进行市场定位

资料来源：本书对文献自行整理。

1.4.2 投资风格漂移

所谓投资风格漂移，是指对于某一特定研究时期，基金在风格资产组合构建过程中所体现出来的实际投资风格偏离基金招募说明书中宣称的投资风格的一种现象，比如发行宣称时标榜的是小盘成长型基金，买的却多是大盘股和各种概念题材股，这种"挂羊头卖狗肉"的现象。国内一些学者研究发现我国开放式基金普遍存在投资风格漂移现象，但至今还没有学者对这种风格漂移现象进行深入研究，可能原因在于我国开放式基金对自身的投资风格一直没有给出一个明确的市场定位，导致研究投资风格漂移缺乏可衡量的比较基准风格指数，由此造成量化上的困难。如何衡量各基金投资风格漂移以及在基金成长的不同阶段其风格的稳健性如何？戴志敏（2003）通过设计基金净值偏离度指数来分析基金净值变动与大盘指数变动的离差，以此来量化投资风格漂移，研究结果表明：三只基金在 0.01 显著性水平下具有投资风格趋同性。Idzorek 和 Bertsch（2004）在 Sharpe（1992）风格识别模型回归系数的基础上提出了 SDS 指标来量化基金在一定时期内的投资风格漂移程度，SDS 值越大，表明发生风格漂移程度越大，风格越不稳健。这些量化方法采用的风格基准指数都是基于大盘、中盘、小盘、价值和成长等仅有的几种风格基准指数，不具备完备性，而且难以反映基金实际的投资风格，缺乏可操作性。

笔者通过研读大量基金招募说明书发现：每只基金在发行时不但会标榜自身的投资风格，还会向投资者在招募说明书中宣称本基金的业绩比较基准风格指数，比如华安创新股票基金（040001）宣称的业绩比较基准风格指数为：75%×中信标普300指数收益率+25%×中信国债指数收益率。这意味着向投资者暗示了该基金在未来构建投资组合策略时的风格是跟随宣称时的比较基准风格指数。这表明如果基金没有发生投资风格漂移的话，那么该基金的业绩应该和比较基准风格指数的业绩没有显著性差异甚至一样，所以本书可根据宣称的业绩比较基准风格指数与基金的收益率偏离度来刻画投资风格漂移。

1.4.3 风格漂移风险

在国外成熟资本市场，基金经理如果坚守了投资风格，即使因选股、择时能力差而业绩落后，投资者也不会有太多的怨言，毕竟他是按照基金契约办事。但基金经理如果违背了基金发行宣称时的投资风格，那么即使他最后获得超额收益，投资者也仍然可以起诉基金经理。因为他违反了契约精神，没有严格按照基金合同投资，对投资者就是一种欺骗，这就有可能存在因信用带来的道德风险——风格漂移风险。不同的投资风格有着不同的风险收益特征，目的是适合不同风险收益爱好的投资者，不能说这些投资风格孰优孰劣，但基金公司要在产品设计中把这些风险收益特征向投资者充分展现出来，且在具体投资过程中更应该把契约精神体现出来，只有真正按照契约办事，基金公司才能取得投资者的长期信任，留住忠诚客户，避免基金赎回风险的发生。

至今，国内外文献在投资风格漂移风险研究方面鲜有学者涉及。本书根据 VaR 与投资风格漂移的定义尝试性地提出基金投资风格漂移风险的概念及定义，具体是指由于基金经理在投资组合构建过程中所遵循的风格违背了基金招募说明书中宣称的投资风格而导致基金投资过程中遭受的最大损失。由于每只基金在发行时都宣称自身独特的业绩比较基准风格指数，因此本书拟采用偏离基金招募说明书中宣称的业绩比较基准风格指数的收益来刻画基金投资风格漂移风险。

1.4.4 风险测度

测度本来是个数学概念，来源于集合论，最熟悉的长度概念就是一个测度。一个实体或行为的好坏是需要测量的，而测量就需要先建立测量指标体系或模型，然后使用特定测量方法才能进行测量，测度的运用是建立测量方法的依据，也是测量实体或行为好坏的关键。测度简单地说就是把数字和符号分配给现实世界实体的属性，基本上就是赋予实体或行为"大小"的一种方法。运用测度，基民能较好地比较与衡量投资行为的好坏。

风险测度就是各种风险度量指标或模型的总称。本书将基金在每个时期与宣称的比较基准风格指数收益进行比较，来构建一种量化模型测度其投资风格漂移风险。

1.5 研究路线与研究内容

1.5.1 研究路线

根据笔者提出的研究主题与研究问题，归纳出本书的研究路线，如图1-2所示。

1.5.2 研究内容

根据笔者提出的研究主题与研究技术路线，得到本书的主要研究内容如下：

（1）我国股市风格资产的分形特征研究：在考察我国股市风格资产收益序列的基本统计特征的基础上，通过引入分形理论中的方法来对我国股市风格资产分形特征进行探索研究，检验我国股市风格存在的分形现象；

（2）基于分形维的投资风格识别及漂移研究：通过比较现有的两种主流基金投资风格识别方法，指出各自的优缺点及适用范围，提出基于岭回归、EGARCH-M、TGARCH-M的识别模型，然后在考虑股市风格呈分形特征的基础上，提出基于分形维的基金投资风格识别方法，达到对基金投资风格的准确性识别；借鉴分形维与经济弹性概念，推导出了基金投资风格漂移收益价格弹

性分形维计算公式,并给出了投资风格漂移的阈值,为控制较严重的基金投资风格漂移提供决策依据;

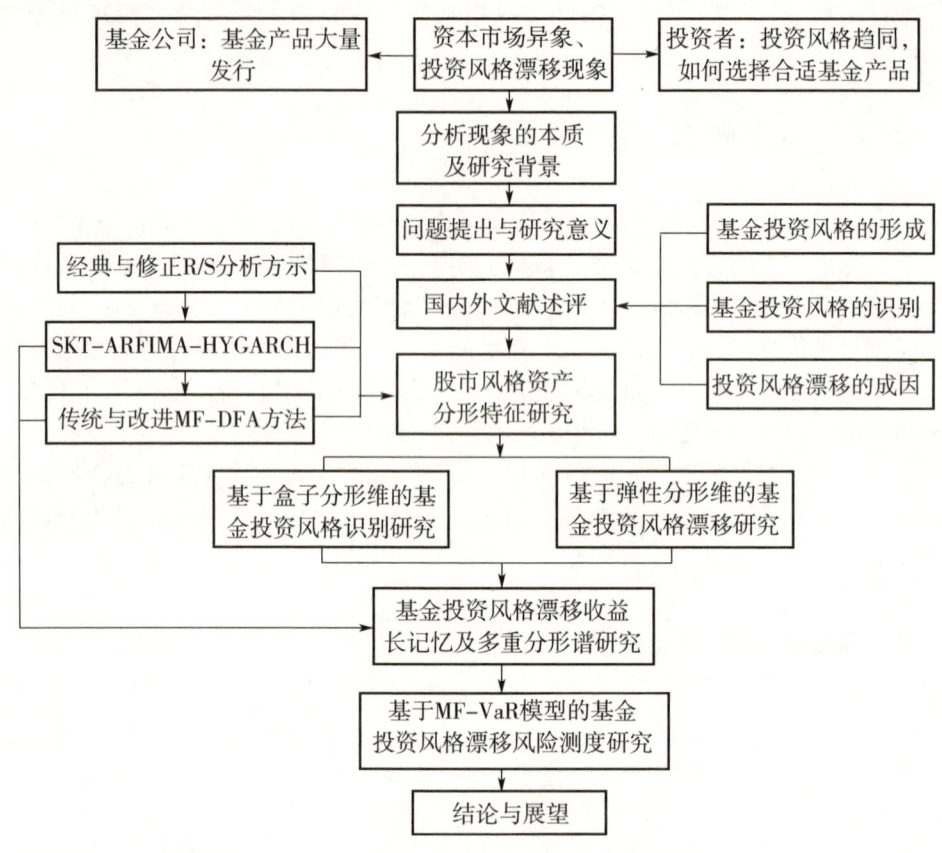

图1-2 本书的研究路线

(3) 基金投资风格漂移效应研究:首先实证检验基金投资风格漂移对股市波动性的影响,接着研究,提出基于滑动窗口 MF-DFA 的基金投资风格漂移收益多重分形方法,并运用改进后的方法对基金投资风格漂移收益序列进行分析,得出投资风格漂移收益波动的分形特征,挖掘出其中波动的有用信息,为测度基金投资风格漂移风险提供有价值的统计信息;

(4) 基于 MF-VaR 模型的基金投资风格漂移风险测度研究:根据滑动窗口 MF-DFA 方法对基金投资风格漂移收益序列进行多重分形分析,通过对多重分形谱提炼出多重分形波动率测度,并据此构建 MF-VaR 模型对投资风格漂移风险进行测度研究,为基金投资风格漂移控制提供量化基础,从而规范基金产品发行与设计、促进资本市场效率提高。

1.6 本书创新之处

通过比较目前有关基金投资风格的研究成果，本书主要创新之处有以下五点：

（1）引入非线性科学中的分形理论来对基金投资风格领域做了探索性研究，构建了基金投资风格理论的分形分析框架，实证了我国股市风格资产的长记忆性、标度不变性等分形特征，进一步验证了我国基金市场的非完全有效性。

（2）在比较两种主流投资风格识别方法的基础上，针对传统 Sharpe 模型存在的缺陷，提出基于岭回归、EGARCH – M、TGARCH – M 的识别模型；然后结合我国资本市场的分形特征，提出了基于盒子分形维的投资风格识别方法 FDSR 与投资风格漂移程度的量化指标 CIS；最后，提出了基于弹性分形维的基金投资风格漂移分析方法，推导出了弹性分形维的计算公式，通过挖掘出其经济含义给出了投资风格漂移的阈值，为研究基金投资风格漂移提供了一种新范式，这可能成为测度与控制基金投资风格漂移风险的新工具。

（3）基金投资风格漂移对股市波动性的影响研究。针对股票型基金投资风格的分布及其在不同股市行情下的风格漂移情况，采用 EGARCH 模型来探讨投资风格漂移与股市波动性两者之间的关系，导出基金因投资风格漂移会对其所持仓的股票产生波动性效应，从而进一步影响股市的波动性。

（4）对基金投资风格漂移进行了量化，得到了投资风格漂移收益的计算公式。对传统 MF – DFA 的多重分形方法进行了改进，提出了滑动窗口 MF – DFA 的方法，该方法能在数据丢失与序列顺序倒置等方面得到改进，减少了分析结果的误差。并运用改进后的方法对我国开放式股票型基金投资风格漂移收益进行了多重分形分析。

（5）根据多重分形谱的参数与奇异指数提出了多重分形波动率测度，构建了投资风格漂移风险 MF – VaR 测度模型，并运用该模型对我国 79 只开放式基金投资风格漂移风险进行了测度，相比最新的 GARCH 族高级计量模型，具有更高的测度精度与稳健性。

第 2 章

理论基础与文献综述

鉴于现代金融投资研究文献不胜枚举，本章首先介绍了与本研究相关的基金投资风格形成的理论基础，包括市场异象、两基金分离定理、资本资产定价模型、Fama–French 三（五）因素模型、Gruber 四因素模型、Carhart 四因素模型、Volkman 五因素模型等；基金投资风格漂移成因的理论基础，包括积极型投资组合理论、分形市场理论、信息不对称理论、行为金融理论、委托代理理论等；接着详细介绍了目前比较主流的两种投资风格识别方法——基于组合的风格识别和基于收益的风格识别及其思想，并对该两种方法进行了比较分析；最后分别从投资风格漂移的成因、投资风格漂移对基金业绩的影响及其风险分析两个方面进行文献述评。

2.1 基金投资风格形成的理论基础

2.1.1 市场异象——基金投资风格形成的现实基础

有效市场理论是现代投资组合理论的基石，作为一种线性研究范式在过去40多年里一直主宰着数量化投资金融学与金融风险管理方法（VaR）的理论研究。但从 20 世纪 70 年代开始的大量研究表明：系统风险测度 β 系数并不是决定股票预期收益率的唯一因素，其他如市值规模属性、BV/MV 属性和 E/P 属性等也影响着股票的收益率；到 20 世纪 80 年代，证券市场的日历效应得到了广泛研究，比如周一效应、月初效应与月末效应等，这些与现代投资组合理论相违背的现象称为市场异象（market anomalies）①。国内外学者的大量理论与实证研究表明：资本市场中存在着很多种异象（表2-1）；国际上的历史统计数据也表明的确存在一些异象策略能在一定时期内获得巨大的超额收益。

表2-1 市场异象发现的演进

市场异象类型	含义	主要文献
一月效应	一月份平均收益率远超过其他月的平均收益率	Rozeff 和 Kinney（1976）
周末效应	周一的平均收益率是负数，而其他工作日的平均收益率则为正数	French（1980）
月初效应	上一个交易月的最后一个交易日到下一个交易月的前几个交易日之间存在着显著超常收益率	Ariel（1987）
换月效应	从上一个月转至下一个月的四天内的收益率高于全月的平均收益率	Lakonishok 和 Smidt（1988） 赵家敏和严雄（2010）
月末效应	一个月的最后一个交易日的平均收益率高于其他交易日的平均收益率	Jaffe 和 Westerfield（1998）
假日效应	假日前一天的平均收益率远远高于平时工作日的平均收益率	Cadsby 和 Ratner（1992）
市盈率效应	低市盈率股票长期收益超过全部样本股票收益	Sanjoy（1977）
市净率效应	市净率对股票平均收益的变化具有显著解释力	Fama 和 French（1992）
股息效应	派发股息的股票，在公告期后的业绩显著超过市场平均收益	Michaely，Thaler 和 Womack（1995）
市销率效应	用市销率指标选择股票，市销率越低，表明公司股票目前的投资价值越大，可带来超额投资收益	O'Shaughnessy（1998）
加入股指效应	当一种股票加入指数后，其价格往往将长期上涨	Froot 和 Dabora（1999）

---

① 在资本市场中存在着许多无法被CAPM模型等传统金融理论所解释的现象，在研究文献中称之为市场异象。

续上表

市场异象类型	含义	主要贡献文献
规模效应	低市值小盘股显著超过高市值大盘股的收益率	Banz（1981）；Reinganum（1981）；Lamoureux 和 Sanger（1992）
坏天气效应	坏的天气可能会影响投资者情绪，导致股指下跌	Saunders（1993）
好天气效应	好的天气可能带来股票市场上涨	Hirshleifer 和 Shumway（2001）
股名效应	容易记或易读的股票名称往往具有更高的收益	Adam 和 Oppenheimer（2006）
数字8效应	即数字崇拜效应，股票代码尾数为8的股票在短期收益率高，但长期异常收益偏低	赵静梅和吴风云（2009）

资料来源：笔者整理。

市场上这些异象策略包括净值市价比异象（book-to-market anomaly）、规模异象（size anomaly）、益本比异象（earnings-price anomaly）、被忽略的公司异象（neglected-firm anomaly）、日历异象（season effect）以及遵循公司内部人交易等。比如 Basu（1977）研究发现低市盈率投资组合具有较高的投资收益。Banz（1981）发现了市值规模效应，研究表明：股票的市值增加了 β 系数对预期收益率的解释能力，且小市值股票相对大市值股票具有较高系统风险调整收益。Reinganum（1981）、Fama 和 French（1992）的实证研究表明：由小公司构成的投资组合，其平均收益明显高于大公司股票构成的投资组合，即为"公司规模效应"。Stattman 和 Dennis（1980）发现的 BV/MV 效应，研究表明：股票的平均收益与其 BV/MV 具有正相关关系，即当公司的 BV/MV 较大时，该公司股票的预期收益率也较大。Ariel（1987）对 1963—1981 年间的美国股市进行研究，将每个月分为两部分：第一部分是从前一个月的最后一个交易日到本交易月的第九个交易日，第二部分为本月的剩余交易日。实证结果发现正收益率仅来自每一交易月的第一部分，即存在月初效应。Bhandari（1988）发现公司财务杠杆与投资收益具有正相关关系。Aggarwal 和 Rivoli（1989）对香港、新加坡、马来西亚和菲律宾这四个新兴股市的月份效应进行了检验，发现除菲律宾外，在其余三个市场上，一月份的收益明显高于其他月份。Jaffe，Keim 和 Westerfield（1989）研究发现英国、日本、加拿大和澳大利亚股市虽然不存在月初效应，但存在月末效应。Fama 和 French（1992）结合已有研究成果，探讨在 1962—1989 年间纽约证券交易所和美国证券交易所的非上市金融公司，股票系统性风险

(β)、益本比（E/P，市盈率倒数）、公司规模、市净率（BV/MV 效应）、负债比等各指标在横截面分析上对收益的解释能力，结果发现除了 β 不具显著解释能力外，其他个别变量对股票平均收益的变化具有解释能力，且市场价值和市净率两个变量似乎吸收了其他变量的解释能力，具有显著的解释能力，而其中以市净率的解释能力为最高。台湾学者林天中（1997）采用 Fama – French 模型，利用 1986—1998 年横截面及时间序列数据进行回归分析，来检验市场风险 β、公司规模因子和净值市价比因子能否解释台湾股市的收益，研究结果表明：台湾股票市场存在规模异象，但净值市价比对台湾股市的横截面收益不具有解释能力。赵家敏和严雄（2010）采用 ARMA – GARCH 模型对我国沪深股市换月效应的存在性及其成因进行了实证检验，研究结果表明：沪深两市普遍存在换月效应，并认为其主要因素是窗饰假说。窗饰效应的出现一般认为与基金经理有关，基金经理为了提高所管理基金的业绩，有时会在公开报告其业绩前抬高其比重较大的证券价格（也称基金重仓股"末日翘尾"现象）。

在理论上不难得知，以上各种市场异象的存在正是市场非完全有效的一种表现，这些市场异象构成了投资风格理论的产生与形成基础，各种不同的市场异象产生了不同的风格投资。如果一种市场异象在某一个股票市场比较显著，并能产生明显不同于市场指数的投资收益，那么基于该种市场异象产生的风格投资策略便是有效的。

2.1.2 两基金分离定理——风格资产配置策略的理论依据

Tobin（1958）在 Markowitz 投资组合理论的基础上，提出了著名的两基金分离定理，为建立资本资产定价模型奠定了理论基础。该定理认为投资者在决定最优风险资产组合时，不需要考虑该投资者对风险和收益的任何偏好，即将承担多大风险的决策与具体确定持有各种风险资产配置的比例分开，从而使得所选择的投资组合分为风险资产与无风险资产，不同投资者所构建的投资组合中，风险资产部分是相同的，无风险资产部分是不同的。该定理表明了投资者可以通过确定无风险资产与市场投资组合的不同投资权重来满足自己的投资偏好，而无需构建自己的风险资产之间的投资组合。当两基金分离现象发生时，投资者面对所有证券构建的最优投资组合和面对两个分离的基金所构建的最优投资组合是相同的。该定理的发现促进了基金业的蓬勃发展，这样投资者的最优风险资产组合的构建就可由基金公司的专业人员来完成；基金公司对所有投资者提供的投资组合都应该是相同的，不同的是基金投资风格之分，风格资产之间的不同配置比例代表了不同的投资风格，投资者只需根据基金宣称的投资风格来选择投资基金品种。对于基金公司而言，风格投资不仅提供了一种高效的资产配置策略和风险控制的全新视角和理念,而且使业绩评价更加客观,因此,风格投资正日益受到证券投资界的青睐。

2.1.3 资本资产定价模型——基金投资风格形成的经典模型

20世纪60年代,在Markowitz均值-方差投资组合模型框架下,Sharpe(1964)、Lintner(1965)和Mossin(1966)先后提出了著名的资本资产定价模型(CAPM),此后该模型得到了蓬勃发展,成为学术研究及市场投资者衡量期望收益与系统风险的重要依据,该一般均衡模型指出证券资产的期望收益率与其系统风险(β)存在线性关系,且β足以描述横截面期望收益,公式为

$$E(R_i) = R_f + \beta_i [E(R_m) - R_f]$$

其中,R_i是第i个基金的收益率;R_m、R_f分别代表市场收益率无风险收益率,系数β_i代表系统性风险。

常用的夏普指数、特雷纳比率、詹森测度等传统三大基金业绩评价指标均是在CAPM模型基础上建立的。

Ross(1976)运用套利概念重新定义了均衡,假定证券资产收益率与一组指数呈线性相关,提出了著名的套利定价模型(APT)。该模型为:

$$E(R_i) = R_f + \beta_{i1}\lambda_1 + \beta_{i2}\lambda_2 + \beta_{i3}\lambda_3 + \cdots + \beta_{il}\lambda_l$$

该模型对风险的来源进行了更为细致的划分,接下来介绍的Sharpe投资风格识别模型及其扩展模型都是建立在APT模型基础上的。

2.1.4 Sharpe风格资产因子模型——基金投资风格识别的奠基模型

Sharpe(1992)以美国共同基金1985—1989年的月度数据为样本,在多因素模型的基础上,开创性地建立了基于收益的投资风格识别模型,该风格资产因子模型为

$$R_i = b_{i1}F_1 + b_{i2}F_2 + \cdots + b_{in}F_n + e_i$$

$$\text{s.t.} \sum_{j=1}^{n} b_{ij} = 1, b_{ij} \geq 0$$

其中,R_i是第i个基金的收益率;$F_1, F_2, \cdots, F_n$分别代表各种风格资产的收益率;而$b_{i1}, b_{i2}, \cdots, b_{in}$是基金收益率对各种风格资产收益率的敏感度;$e_i$是基金收益率中不能被各风格资产解释的部分,一般认为是基金经理选股与择时能力所得的收益。投资风格识别模型具体分为强式风格识别、半强式风格识别和弱式风格识别等三种:强式风格识别是指风格资产权重之和为1,而且都为正数;

半强式风格识别是指只限制风格资产权重之和为 1；弱式风格识别是指对风格资产没有任何约束的识别方法。在这个识别模型中存在两个约束条件，表示为强式风格识别模型，其中最大的 b_{ij} 所对应的风格资产就是该基金的投资风格。定义 $R^2 = 1 - \text{VaR}(e_i)/\text{VaR}(R_i)$，并认为 R^2 就是投资风格对基金收益的贡献度，$1 - R^2$ 就是基金经理选股能力和择时能力对基金收益率的贡献度。

2.1.5 Fama–French 三（五）因素模型——基金投资风格识别的经典模型

Fama 和 French（1992）在 CAPM 模型中 β 值不能解释不同股票回报率差异的基础上，利用美国 1929—1963 年股票数据，对决定不同股票回报率差异的影响因素研究发现：上市公司的市值、账面市值比、市盈率可以解释股票回报率的差异，并认为上述超额收益是对 CAPM 中 β 未能反映的风险因素的补偿。并于 1993 年采用差分形式建立了三因素（市场收益、规模、价值与成长）风格识别模型，首次提出了用市净率与市盈率指标来刻画价值股与成长股，从而推动了投资风格识别研究的发展，且证明了证券市场中存在着明显的规模溢价与价值溢价。该模型为：

$$R_{i,t} - R_{f,t} = \alpha_i + \beta_{i,1}(R_{m,t} - R_{f,t}) + \beta_{i,2}(R_{s,t} - R_{b,t}) + \beta_{i,3}(R_{G,t} - R_{V,t}) + e_{i,t}$$

Fama 和 French（2015）在三因子模型的基础上，加入了盈利能力因子（robust minus weak，RMW）和投资模式因子（conservative minus aggressive，CMA），从而能够更好地解释股票横截面收益率的差异。引入 RMW 和 CMA 因子后，运用 1963—2013 年美国股市数据实证表明，HML 因子是"多余"的。五因子模型很大程度上吸收了平均回报率模式。该模型为：

$$R_{i,t} - R_{f,t} = a_i + \beta_{i,1}(R_{m,t} - R_{f,t}) + \beta_{i,2}(R_{s,t} - R_{b,t}) + \beta_{i,3}(R_{G,t} - R_{V,t}) + \beta_{i,4}(RMW_{U,t} - RMW_{L,t}) + \beta_{i,5}(CMA_{L,t} - CMA_{U,t}) + e_{i,t}$$

Fama 和 French（2017）进一步运用该五因子模型检验美国、欧洲和亚太地区的平均股票回报率的影响，发现其与账面市值比和盈利能力呈正相关，但与投资模式呈负相关。对于日本股票的平均回报率与账面市值比之间的关系是很强的，但平均回报率与盈利能力或投资模式关系不大。

2.1.6 Gruber、Carhart 四因素模型——基金投资风格识别的扩展模型

Gruber（1996）在 Fama 和 French（1993）三因素模型基础上加入债券收益率因素，使得该模型适用于基于组合的风格识别，且在统计方法上也比较简单。该模型为：

$$R_{i,t} - R_{f,t} = \alpha_i + \beta_{i,1}(R_{m,t} - R_{f,t}) + \beta_{i,2}(R_{s,t} - R_{b,t}) + \beta_{i,3}(R_{G,t} - R_{V,t}) + \beta_{i,4}(R_{B,t} - R_{f,t}) + e_{i,t}$$

Carhart（1997）针对 Fama 和 French（1993）的三因素模型无法解释中期动量效应的缺陷，在此基础上提出了包含动量因素的四因素模型，实证研究表明：证券市场中尽管存在动量效应，但交易费用会抵消采用动量策略所带来的收益，即在考虑交易费用时动量策略效果不显著，从而使得该模型推动了动量投资策略的发展。该模型为

$$R_{i,t} - R_{f,t} = \alpha_i + \beta_{i,1}(R_{m,t} - R_{f,t}) + \beta_{i,2}(R_{s,t} - R_{s,t}) + \beta_{i,3}(R_{G,t} - R_{V,t}) + \beta_{i,4}(R_{u,t} - R_{d,t}) + e_{i,t}$$

2.1.7 Volkman 五因素模型——基金投资风格识别模型的进一步扩展

Volkman（1999）在 Carhart（1997）四因素模型上加入市场收益二次项因素，提出了对基金经理的选股与择时能力进行识别研究的五因素模型。该模型为

$$R_{i,t} - R_{f,t} = \alpha_i + \beta_{i,1}RMRF_t + \beta_{i,2}SMB_t + \beta_{i,3}HML_t + \beta_{i,4}(R_{u,t} - R_{d,t}) + \beta_{i,5}RMRF_t^2 + e_{i,t}$$

需要说明的是：以上几种扩展的投资风格识别模型均是通过对风格资产指数进行横向差分处理，即用成长风格指数减去同期价值风格指数的收益率，小盘风格指数减去同期大盘风格指数的收益率，这样减少了变量间的多重共线性，提高了系数估计的精度。其中，$R_{i,t}$、$R_{m,t}$、$R_{f,t}$、$R_{s,t}$、$R_{b,t}$、$R_{G,t}$、$R_{V,t}$、$R_{B,t}$、$R_{u,t}$、$R_{d,t}$ 分别对应第 t 期的投资组合收益率、市场收益率、无风险收益率、小盘风格指数收益率、大盘风格指数收益率、成长风格指数收益率、价值风格指数收益率、国债指数收益率、持续上涨的风格资产收益率和持续下跌的风格资产收益率；α_i，$\beta_{i,1}$，$\beta_{i,2}$，$\beta_{i,3}$，$\beta_{i,4}$，$\beta_{i,5}$ 分别为回归系数，$e_{i,t}$ 是随机误差项。若 $\alpha > 0$ 表明基金经理选股能力强；$\beta_5 > 0$ 表明基金经理市场择时能力强。

2.2 基金投资风格漂移成因的理论基础

2.2.1 积极型投资组合理论——基金投资风格漂移有效性的理论根源

现代投资组合理论最早是由 Harry. Markowitz（1952）假定证券资产收益是随机变量，利用资产收益的方差来度量投资风险，针对投资组合选择问题提出

了均值——方差模型，开创了度量投资风险的量化研究，并分析了不确定性条件下的投资决策问题，标志着现代投资组合理论的开端。并于1959年出版了同名的著作，进一步系统阐述了他的投资组合理论，并为投资组合管理开列了以下步骤：①区分有效的投资组合和非有效的投资组合；②描绘全部有效的投资组合的方差和预期回报率，也就是求出有效边界；③请投资者在有效边界上选择适合自己的一点；④找到此点的投资组合权重。不同投资组合的风险收益特征成为投资风格划分的理论根源。该模型为

$$\text{Min } \sigma_{R_p}^2 = \sum_{i=1}^{n} \sum_{j=1}^{n} x_i x_j \text{cov}(R_i, R_j)$$

$$\text{s.t.} \begin{cases} E(R_p) = \sum_{i=1}^{n} x_i E(R_i) \\ \sum_{i=1}^{n} x_i = 1, x_i \geq 0 (\text{不允许卖空}) \end{cases}$$

学术界对积极型投资组合管理的观点并未达成一致：一部分人认为市场是非完全有效的；而另一部分人则仍坚定认为市场是有效的，并认为成功的投资者之所以成功不是因为市场有缺陷而是因为具有超凡的个人投资能力。考虑到目前我国证券市场呈分形特征，这点为基金经理进行积极型投资风格管理提供了现实可行性条件，激励基金经理更迅速地收集、挖掘市场有效信息并通过交易充分获得短期超额收益。积极型投资组合管理是希望去发掘市场的失效点，进而根据这些失效点来设计投资策略，该理论的核心是信息挖掘（$\alpha_i > 0$的股票），通过一定的财务和价格指标来挖掘有效信息，以获得低估的证券来进行积极投资组合。把它借用到对风格进行积极型管理，不同的风格资产具有不同的周期，在特定时间内正确判定市场主导风格，采用某种特定的风格资产组合策略可以获得短期超额收益，因此该理论为基金投资风格漂移提供了理论根源。

本书研究的目标是从投资风格角度寻找积极型投资组合管理的本质内涵，在积极投资中如何看待市场的力量，成为能否迈向成功的关键因素。在这一点上，国内外学者大致可以分为三个派别：第一类学者认为成功的积极型投资是不可能的；第二类学者认为积极型投资是很简单的；第三类学者则认为积极型投资是可行的，但绝非易事。对于第一类学者，无论多么有才华都不会进行积极型投资组合，因为他们根本就不相信积极型投资可以击败市场。对于第二类学者，如果进行积极型投资将会面临很大的风险，因为他们根本没有意识到自己对积极型投资知之甚少。第三类学者以谦逊的态度对待积极型投资。本书立志成为第三类中的一员，并将从他们的角度来研究基金投资风格漂移现象，避免发生较大的不可预期风格漂移风险、规范基金经理投资行为与基金产品设计理念。需要牢记的一点是风险管理既是一门科学也是一门艺术，在进行基金投资风格漂移领域的研究时，构建基金投资风格漂移风险测度模型只能让模型为

基金经理提供正确的决策方向,而难以让模型具有激光一样的精度。面临一个变化不断的复杂资本市场,风格投资组合构建实验是不可能重复的。

2.2.2 分形市场理论——基金投资风格漂移的理论基础

有效市场理论是数量化资本市场理论与 VaR 风险测度理论的基石,作为一种线性研究范式在过去 40 多年里一直主宰着数量化投资金融学的理论研究。Samuelson (1965) 最早提出了有效市场理论,表明在一个信息流动的市场上,如果价格的变化能完全反映所有投资者的期望和所拥有的信息,则价格是无法预测的。Fama (1970) 为有效市场理论的形成与完善做出了很大贡献,提出在一个有效的资本市场,资产价格的运动过程可以用鞅来描述,根据资产价格对信息反映程度的不同,可以把市场有效性分为三种形式(图 2 - 1):①弱式有效。表现在价格完全反映了的历史信息,换而言之,一个投资者不能通过了解价格变化的历史信息和用任何技术方法分析他们所得出的结果来提高选择证券的能力;②半强式有效。表现在价格完全反映所考虑公司的公开信息,因此得到和分析这些信息的努力不能期望产生更好的结果;③强式有效。表现在即使拥有特权信息(包括内幕)的投资者也不能经常用它来保证获得超额投资收益。

图 2 - 1 证券市场有效性的分类

但现实的资本市场并非完全有效,呈复杂的非线性分形特征。分形 (fractal)① 一词来源于拉丁语 "fractus",含有 "碎化,分裂" 的意思。分形市场理论 (fractal market theory) 是 Peters (1991,1994) 运用 R/S 分析法对股票市场进行研究时,将 Mandelbrot (1975) 创立的分形思想应用于资本市场所提出的,并分析了有效市场理论在实践中的不足,突破了有效市场理论的独立、线性、正态、随机游走等假定,从非线性角度强调市场信息反映程度和投资时间标度对投资者行为的影响,并认为所有稳定的市场都存在分形结构,是分形几何理论(分形几何与欧氏几何的性质比较见表 2 - 2)在资本市场中的直接应用。该理论认为:资本市场是由大量的具有不同期限结构的投资者组成,信息对各种不同投资者的交易时间有着不同的影响,初始状态会对未来的价格变动产生持续相关的联系,即资产价格的变化不是随机游走,而是具有增强趋势的长记忆性。分形市场理论是建立在非线性动力学机制上的复杂模型,对有效市场理论

---

① 分形一词由分形理论之父 Mandelbrot 于 1975 年创造,并同年用法文出版《分形:机遇、形和维》著作,1977 年同名著作翻译成英文出版,曾于 1994、1996 年两次来到中国介绍分形理论,2010 年 10 月 14 日于美国逝世。

的假设进行了适当放宽，因此它的提出使得理解市场和经济问题变得复杂，更加贴近资本市场的非线性本质统计特征。两者之间的区别与联系见表2-3。

表2-2 欧氏几何与分形几何的性质比较

指标属性	欧氏几何学	分形几何学
研究对象	人类创造的简单的标准物体（连续、可微、可导、规则、光滑）	大自然创造的复杂的真实物体（不连续、不可导、不规则、不光滑）
特征长度	有	无
层次性	无	有（多重分形）
相似性	无	有
表达方式	用数学公式表达	用迭代语言，分形维表达
维数	0及正整数	一般是分数，可以是正整数
维数含义	刻画独立性变量或自由度的个数	不同分形维具有不同的含义

表2-3 有效市场理论与分形市场理论的区别与联系

指标属性	有效市场理论	分形市场理论
市场特性	线性、孤立系统	非线性、开放、耗散系统
均衡状态	均衡	允许非均衡
复杂性	简单	具有分形、混沌等特性
反馈机制	无	正反馈
收益序列	白噪音，独立	分数噪音、长记忆
价格序列	布朗运动（$H=0.5$）	分数布朗运动或有偏随机游走（$H \neq 0.5$）
风险测度方法	有限方差	Hurst指数及其推广
预测性	不可预测	为预测提供了新方法
波动性	随机	呈现一定分形规律
前提假设	（1）投资者是完全理性的；（2）即使投资者是非完全理性，但随机交易行为相互抵消，不至于影响资产价格波动；（3）即使投资者非完全理性并具有相关性，理性套利者将消除对资产价格的影响	（1）投资者是有限理性的；（2）不同期限的投资者对信息的反应程度各异；（3）市场的稳定在于不同期限投资者提供的市场流动性来保持；（4）市场的短期趋势与经济长期趋势之间并无内在一致性；（5）短期来看，资本市场在长期经济循环的基础上，存在分形统计结构
两者之间的联系	有效市场是分形市场在线性条件下的特例，正态分布是分形分布的特殊情况，分形市场放宽了有效市场的假设，使之更能贴近现实的非线性市场并进行准确刻画	

在分形市场理论中,根据研究对象的特殊性以及研究视角的不同,可以把分形按以下四种属性进行分类,具体见表2-4。

表2-4 分形的不同分类

分类属性	分形名称	概念及含义
相似程度	严格分形	局部与整体具有严格意义的自相似
	统计分形	局部与整体只在特定的无标度空间内,或统计水平下的自相似
研究对象	空间分形	研究对象是海岸线、山川与树等空间物体
	时间分形	研究对象是股票价格等时间序列数据
相似性质	自相似分形	在一定的标度空间内,任何一段局部与整体的分形结构都是一致的
	自仿射分形	若相似映射沿各个方向的伸缩比例不完全相同,具有局部自仿射性质
复杂程度	单一分形	整个分形体只需要一个标度,一个分形维
	多重分形	整个分形体需要多个标度,多个分形维

随着对资本市场分形特征的进一步深入研究,也引发了一些值得思考的问题:一个分形维数能否较好刻画资本市场的全部分形结构?资产收益率序列的长记忆性及其在时间标度上的分布是否一致呢?要想完整回答这些问题就必须对市场分形结构的局部特征进行更为详细的分析。若分形结构在每个局部是均匀一致的,则用一个分形维数就能较好刻画其整体的不规则性;若分形结构是非均匀的,则仅用一个分形维数难以刻画其宏观的概貌,无法对局部的子序列进行精细切割,从而缺乏对局部奇异性的深入分析,即无法全面完整地刻画资产价格波动的非线性复杂性。对此,有必要引入多重分形理论来对局部特征进行更细致的分析。笔者结合分形理论与高级计量模型对风格资产指数的长记忆性进行检验,实证我国基金市场存在分形结构,为基金经理构建适度风格漂移投资策略以获得短期超额收益提供现实基础。

2.2.3 信息不对称理论——基金投资风格漂移的现实基础

信息不对称理论(asymmetric information theory)是由美国经济学家约瑟夫·斯蒂格利茨(Joseph Stieglitz)、乔治·阿克尔洛夫(GeorgeA. Akerlof)和迈克尔·斯彭斯(Michael Spence)等人提出,该理论认为:市场中卖方比买方更了解有关商品或服务的各种信息;掌握更多信息的一方可以通过向信息贫乏的一方传递可靠信息而在市场中获利；买卖双方中拥有信息较少的一方会努力从另一方获取信息；市场信号显示在一定程度上可以弥补信息不对称的问题；信息不对称是市场经济的弊病，要想减少信息不对称对经济产生的危害，政府应在市场体系中发挥强有力的作用。信息不对称理论的作用不仅表明了信息的重要性，更表明了市场中的人因获得信息渠道不同、信息量的多寡而承担的不同风险。20 世纪 80 年代以来，该理论为股市沉浮、信贷配给、商品市场占有等很多市场异象提供了解释，并成为现代信息经济学的核心，被广泛应用到证券市场领域。

目前，我国基金信息披露制度规定是以季报、半年报和年报形式对外进行信息披露。信息披露期间投资者无法观测到基金整个交易行为与投资组合分布情况，也就无法判断每一个时点基金投资风格是否坚守了还是发生了风格漂移现象。这种信息不对称为基金经理发生投资风格漂移获得短期超额收益提供了一定的投资空间，这种风格漂移可能会为投资者带来更多投资收益，但却承担了更多无法预期的投资风险。

2.2.4　行为金融理论——基金投资风格漂移成因解释的新视角

行为金融理论认为证券资产价格不仅是由收益贴现所决定，而且受套利成本、套利风险和投资者情绪的影响，认为市场上存在着噪音交易者，且噪音交易者使证券市场成为可能，也使其非完全有效。这些噪音交易者以为自己拥有真正信息并能正确理解，但实际上并没有，他们分别或共同违背了贝叶斯法则，从而导致错误定价的现象。针对这些无法由 EMH 和 CAPM 加以合理解释的市场异象以及股票收益率是否具有可预测性，有效市场理论的基础和实证检验都受到了巨大挑战。到 20 世纪 80 年代之后，面对一系列市场异象，人们开始质疑以 EMH 为核心的传统金融理论，并试图从投资者非理性和市场非完全和非完美的角度来解释它们，这些市场异象的存在性及解释研究被称为行为金融学（behavioral finance）。在 20 世纪 90 年代后，行为金融理论用于解释股市的投资行为得到了迅速发展，不仅能较好解释诸如"封闭式基金折价之谜""股权溢价之谜""过度反应""反应不足""红利之谜"等多种市场异象，还开始对不同的市场异象进行有效整合。行为金融学家 Thaler（1993）将行为金融称为"思路开放式金融研究"，指出所有关注现实世界并考虑到经济系统中的人有可能不是完全理性的金融研究都可纳入行为金融研究的范畴。Shleifer（2000）针对 EMH 的三个假设构建了行为金融研究的三个假设：①有些投资者是有限理性的；②投资者之间具有群体行为；③套利机会是有限的。由于能够较好解释这些市场异象，起初不受重视的行为金融学开始受到越来越多学者的普遍关注。国内学者自从

20 世纪末也开始了行为金融学的研究。

行为金融学给基金投资风格领域的启发，主要是指在研究人的心理和行为基础上，从动量效应、羊群行为与过度自信等方面研究基金经理行为对投资风格的影响，为基金经理发生投资风格漂移提出一种新的理论基础。

2.2.5 委托代理理论——基金投资风格漂移成因解释的新视角

从基金发行与实际运作机制上可以清晰得出：基金经理和投资者拥有不对称的信息，各自追求自身的利益最大化。基金投资者对基金有收益权和剩余索偿权，而基金经理对基金有实质的运作权。当所有权和运作权分离后，一旦缺乏有效监管，代理人（基金经理）很可能会利用自己的信息优势，采取谋求自身利益最大化却可能损害委托人（投资者）利益的机会主义行为。从这点看，基金投资风格漂移本质上是委托代理问题。

契约经济学认为委托代理关系是指委托人授权代理人在一定条件下，以自己的名义从事相应活动、处理有关事物而形成的委托代理人之间的权力和利益分享关系。在基金契约中，Susan，Cohen 和 Starks（1988）很早就指出不完全信息的存在会导致投资者与基金经理之间同样存在委托代理问题，投资者不可能无成本地观察到基金经理的投资行为，特别是投资组合的分布特征。Bolton 和 Harris（2002）指出基于这种委托代理关系的制度合约在理论上存在着一些缺陷：委托和代理人之间存在着严重的信息不对称、委托人和代理人责权不对称、委托人和代理人的目标函数不同等，因此很可能会出现代理人的"逆向选择"和"道德风险"现象，这就是所谓的委托代理问题。基金作为一种金融信托，投资者通过契约的形式委托基金经理将其资金在证券市场上进行投资运作，但投资者和基金经理具有不同的利益目标，彼此信息不对称，且我国基金全是契约式基金，这就意味着不可避免会产生委托代理问题。这为基金经理选择有利于自身利益最大化的投资策略，而不考虑发行宣称时的投资风格，即发生投资风格漂移现象创造了现实条件。

2.3 两种主流基金投资风格识别方法的研究综述

目前，国内外学者已在基金投资风格识别、风格漂移存在性检验及其对基金业绩的影响、风格资产轮换策略等方面做了大量的理论与实证研究。但由于投资风格的定义难以达成一致，导致没出现统一的方法对投资风格进行识别，存在识别方法上的多样化，每种方法都有自身适用范围、各有利弊，在一定程度上存在相互补充的关系。最早且具有代表性的是 Sharpe（1992）在多因素模型的基础上，开创性地建立了基于收益的投资风格识别模型。此后，国内外学者不断提出新的投资风格识别方法，归纳起来，主要有事前识别和事后识别两类风格识别方法：事前识别就是按照基金招募说明书中宣称的投资风格进行确认；事后识别是按照基金实际投资组合来判断其投资风格，这种方法要对基金所实际投资的股票市值大小、P/E、P/B、公司成长性等指标进行分析，然后根据投资组合总特点对基金投资风格进行确认。由于事前识别是根据基金发行时的招募说明书进行判别，如果基金经理不严格遵守基金发行宣称时的约定出现所谓的投资风格漂移现象，那么这种识别对于投资者反而会起误导作用。因此，国内外学者对投资风格的识别研究主要集中在事后识别方法，其主要又分为基于组合的风格识别（portfolio based style analysis，PBSA）和基于收益的风格识别（return based style analysis，RBSA）两种方法。下面将分别对这两种风格识别法的有关研究成果进行综述。

2.3.1 基于组合的投资风格识别研究综述

基于组合的风格识别法的基本思路是：通过计算基金投资组合中的市值规模、市盈率、市净率等指标特征来判断其投资风格。美国晨星公司于1992年最早使用投资风格箱方法（morningstar style box），通过分析基金持股组合特征来对基金风格进行分类，将影响基金业绩的因素主要归纳为基金所持股票的规模和成长性，其中把规模风格分为大盘、中盘和小盘，把成长风格分为价值型、平衡型和成长型，这样就得到晨星投资风格箱的3×3风格矩阵，其横轴描绘股票成长性，分为价值型、平衡性和成长型，纵轴描述股票市值规模，分为大盘、中盘和小盘。Gruber（1996）在 Fama – French（1993）三因素风格识别模型的基础上加入债券收益率因素，构建了基于组合的四因素风格识别模型。Chan，Chen 和 Lakonishok（2002）、Laurens Swinkels 和 Liam Tjong – A – Tjoe（2007）分别运用 Gruber（1996）基于组合的风格识别法，以市值、账面市值比和历史收益率三个指标作为风格划分尺度，对每只基金进行投资风格评分识别。结果发现基金经理能够预测价值动量方向，却难以在大、小盘风格之间进行成功轮换。国内学者赵建明（2001）以市盈率和市净率指标来确定基金持股组合的成长和价值特征，以此对我国开放式基金投资风格进行分类，分为成长型、平衡型、价值型三种。杨朝军、蔡明超和徐慧泉（2004）通过运用晨星风格箱方法和聚类分析法进行研究，结果表明了我国基金存在违背其宣称的投资风格漂移现象，大多数基金都呈现出大盘价值型风格趋同现象。赵宏宇（2005）运用基于组合的风格识别法，对我国6家基金公司管理的30只股票型基金的投资风格进行分析，实证结果发现：基金投资风格集中于大盘，且同一基金公司所管理的基金在相同时点的投资风格具有趋同性，此外也有很多基金发生了风格漂移现象。

欧阳敬东（2007）运用基于组合的风格识别法对我国10只开放式基金投资风格进行分析，实证结果发现：实际投资风格与基金宣称的风格不一致，且缺乏持续性，并呈现风格趋同性从而导致风格漂移现象发生。王敬和刘阳（2007）运用 Chan、Chen 和 Lakonishok（2002）基于组合的风格识别法，以市值、账面市值比和过去收益率三个指标作为风格划分尺度，对每只样本基金进行投资风格评分，并探讨了投资风格类型和业绩对投资风格持续性的影响。虽然这种风格识别法可以得到基金的实际投资风格，但缺点是必须知道当期的基金持股明细。根据我国现行的基金信息披露制度，2004年下半年后才开始通过季报获得前十名的重仓股信息，虽然可通过半年报或年报获得所有持股明细，但信息时间间隔比较长，不便于研究短期内的投资风格漂移现象。因此，由于信息披露的频率限制和时间滞后性，很难获得及时详尽的数据用于风格识别，这也就使得该方法在可操作性推广上受到了很大局限。

2.3.2　基于收益的投资风格识别研究综述

基于收益的风格识别法的基本思路是：认为基金收益会与某种特定风格资产基准指数的收益存在高度相关性，所以可通过检验特定时期内基金收益率与各类风格资产平均收益率的相关性来判断其投资风格，这种方法的实质就是"透过现象看本质"。最早 Sharpe（1992）在多因素模型的基础上，开创性地建立了基于收益的投资风格识别模型。此后，Christopherson（1995）指出基于收益的风格识别方法实质上是根据基金收益与风格资产收益之间的相关关系来划分基金经理风格与基金风格，尽管此方法简单易行且被广泛运用，但会导致对基金经理风格的错误划分，因为选择的风格资产不完备而用历史的相关关系对预测未来的相关关系是一个噪音，而且无法鉴别出那些发生投资风格漂移的基金经理。Lobosco 和 Dibartolomeo（1997）指出基于收益的风格识别回归模型中，可能会因为变量之间存在多重共线性问题，使得参数估计的标准差较大，导致降低参数估计的精度，最极端的情况是当各风格基准指数之间存在完全线性相关时，将导致参数的标准差无穷大而无法估计具体的参数值。Gallo 和 Lockwood（1997）通过比较 3～5 种风格资产指数的 Sharpe 风格识别模型，发现四种风格资产指数（大盘价值、大盘成长、小盘价值和小盘成长）的模型分析效果最佳，具有较高的收益均值和相对较低的标准差，且在 T 统计量上最显著。国内学者李玉刚（2002）运用 Sharpe 模型对我国 12 只封闭式基金投资风格进行分析，发现尽管各基金宣称了不同的投资风格，但实质上都属于成长型基金，即发生了风格漂移。曾晓洁、黄嵩和储国强（2004）运用 Sharpe 模型对我国基金投资风格进行了实证研究，结果发现：无论是事前分析还是事后分析，我国基金投资风格具有明显的趋同现象，因不同基金在发行时均宣称有不同诱人名称的投资风格，从而导致实际投资风格与基金招募说明书中的投资风格相违背。赵坚毅、于泽和李颖俊（2005）基于收益的风格识别法对我国31只封闭式基金的投资风格进行了实证检验，结果发现大部分基金没有保持其投资风格的一致性，发生了风格漂移现象。张津和王卫华（2006）验证了 Sharpe 风格识别法在我国的适用性，结果发现：该模型十分有效，投资风格在2003年以来发生了明显的风格漂移，并归纳出我国基金的投资风格属于偏中盘、大盘成长型，具有风格趋同现象。李学峰和徐华（2007）从动态的视角考察各基金风格漂移现象，通过运用基金收益率的历史数据对各类风格资产进行线性回归分析，回归系数的大小则说明风格资产收益对基金收益的贡献程度，据此系数大小来识别基金的投资风格。宋威（2009）基于收益的风格识别法，对我国36只开放式基金的投资风格进行识别研究，结果发现：绝大多数的基金发生了风格漂移现象，牛市行情中发生风格漂移的基金业绩要好于坚守宣称风格的基金业绩，熊市行情中发生风格漂移的基金业绩要差于未发生风格漂移的基金业绩。

无论是在国内还是国外，相对于基金持股数据，基金收益率数据的易获得性使得该方法成为当前最为广泛应用的风格识别方法之一，并且后来得到了一系列的发展与完善。其中 Sharpe（1992）风格识别模型是奠基之作，但该模型也存在一些缺陷，通过整理相关文献归纳得出主要有4点缺陷，具体缺陷及其改进见表2－5。

表2－5 Sharpe 模型缺陷及其改进

存在问题	影响结果	方法改进	主要代表文献
各风格资产收益率之间存在较高的多重共线性	导致投资风格识别结果的准确性下降，很难明确基金的实际投资风格	降低共线程度，岭回归	Lobosco（1997） 宋光辉、许林和郭文伟（2010）
		一次横向差分处理	Fama 和 French（1993） Gruber M. J（1996） Carhart M（1997） Volkman D. A（1999） Darsinos 和 Satchell（2004）
风格资产的完备性问题	由于风格资产之间噪音的存在，导致出现伪回归及不能完全反映所有的风格类型，出现风格识别误差	通过比较3～5种风格资产的 Sharpe 模型，发现四种风格资产的模型识别效果最佳；因子聚类分析、谱映射的非线性 Sharpe 模型	Christopherson（1995） Gallo 和 Lockwood（1997） Brown（1997）；Hastie（2001）；袁境（2005）；周铨等（2006）；董铁牛等（2008）；苏木亚和郭崇慧（2017）

续上表

存在问题	影响结果	方法改进	主要代表文献
缺乏各风格资产系数的 T 统计量显著性检验	没有给出所得各种风格资产系数的置信区间，因而无法区分各风格资产系数各自的统计显著性，大大降低了投资风格识别结果的可靠性	提出了计算各权重系数标准差的近似公式，或利用 Monte Carlo 仿真、遗传算法来优化系数进行检验	Angelo Lobosco 和 Dan Dibartolomeo（1997）Roger，等（2001）Christodoulakis（2003）Tae-Hwan，等（2005）
缺乏投资风格漂移动态识别问题	静态平均估计方法得出的投资风格实际上是整个研究期间内的平均值，难以揭露投资风格动态漂移现象	采用股市周期下的计量模型，或者运用滑动窗口的动态分析，即对于一系列连续的时期进行一系列的风格分析，以此来挖掘投资风格漂移动态规律	Christopherson（1995）Angelo，等（1997）Louis K. C.，等（2002）Teo M 和 Woo S. J（2004）许林，等（2015、2016）

资料来源：笔者在郭文伟（2013）的研究基础上对相关文献整理而成。

2.3.3 两种投资风格识别方法的比较分析

关于上述两种投资风格识别方法的比较研究有：在准确性方面，Christopherson（1995）认为投资风格涉及风格资产特征与基金收益之间的因果关系，并对这两种风格识别方法进行系统比较研究，结果发现：基于组合的风格识别比基于收益的风格识别方法要好，因为基于收益的风格识别方法可能会轻易使分析者误将并不冒险的基金经理认为是偏好冒险的基金经理，从而导致在做投资决策时缺乏信心。但 Trzcinka. Charles（1995）不同意 Christopherson（1995）的观点，认为 Sharpe 模型虽然存在某些缺陷，但这种基于风格资产收益来划分投资风格具有操作简便和客观优势，此优势大于自身存在的劣势，这也使得 Sharpe 模型至今依然广泛运用。Rekenthaler，Gambera 和 Charlson（2002）基于晨星公司的数据对这两种风格识别方法进行了系统比较研究，实证结果发现：两种风格识别方法在一定条件下都是有效的，但基于组合的风格识别一般更准确，且当可获得历史持股数据时，组合的风格识别方法更具有优势。在小样本基金风格分析中，Kahn（1996）在预测基金风险时，对两种风格识别方法进行了前瞻性的比较研究，发现基于组合的风格识别法来预测基金风险比基于收益的风格识别法预测风险精度要高；而在大样本基金风格分析中，Chan，Chen 和 Lakonishok（2002）发现用两种风格方法得到相近的分析结果，在小样本中，基于组合风格识别法在预测收益上精度更高。Jenke R. ter Horst，Theo E. Nijman 和 Frans A. de Roon（2004）利用 Monte Carlo 进行模拟仿真研究，结果发现：基于收益的风格识别比基于组合的风格识别在预测未来基金收益时效果更好。国内学者杨朝军（2005）从及时性、准确性和预测性等三个方面对该两种风格识别法进行了系统比较研究，结果表明：①在及时性方面，由于 PBSA 是基于基金定期披露的持股数据而进行分析，这样不但可以在第一时间内获取基金最新信息，而且还可以对基金投资风格是否发生漂移进行及时的动态识别，而 RBSA 往往是对基金投资风格的静态估计。因此，PBSA 比 RBSA 更能提供及时的投资风格识别能力；②在准确性方面，RBSA 是基于收益的回归分析，该方法难免各自变量之间存在多重共线性问题，从而导致识别能力下降，出现估计偏差。而 PBSA 是基于组合的风格识别方法，不存在对回归模型中各变量的严格假定，更能反映基金实际投资风格。因此，在准确性上 PBSA 要优于 RBSA，这点与国外学者 Rekenthaler，Gambera 和 Charlson（2002）的研究结论相一致；③在预测性方面，RBSA 要好于 PBSA，这点与国外学者 Jenke R. ter Horst，Theo E. Nijman 和 Frans A. de Roon（2004）的研究结论相一致。董铁牛、杨乃定和劭予工（2008）针对这两种风格识别方法各自存在的问题，提出了一种将 Gap statistic 聚类分析与 Sharpe 模型相结合的投资风格分析法。苏木亚和郭崇慧（2017）考虑到金融时间序列的非线性特征，提出了基于谱映射的非线性 Sharpe 模型，实证发现该模型对基金投资风格识别效果要优于经典 Sharpe 模型。

比较两种投资风格识别法，基于收益的风格识别法的最大优点是样本数据易获得性；但基于组合的风格识别法也具有明显的优点：首先，通过直接观察基金投资组合的特征，能够设计出更贴近基金投资风格的基准。其次，风格资产收益率是没有考虑交易成本的，而基金收益率则是考虑了各种交易成本的，因此，基于两者的比较所得出的结论可能存在一定偏差，用投资组合收益率代替基金收益率则可以避免这个问题。这两个优点使得基于组合的风格识别法比基于收益的风格识别法具有更高的可靠性。综上所述，至今还没有一种完美的风格识别法，基于组合的风格识别法和基于收益的风格识别法有各自的优缺点。本书认为具体采用哪种识别方法最佳，还取决于实际情况和研究目标，最合理的做法是根据各自研究的目的、基金市场的成熟度以及数据获得的难易程度等各种影响因素综合考虑来选取合适的风格识别法，以取得较好的风格识别效果。我国基金市场相对于西方发达市场，还处于不成熟的起步阶段，呈现出一定的分形结构，如何选择较好的风格识别方法或构建适合我国基金市场特征的风格识别方法，对基金经理与投资者进行准确性风格识别无疑具有重要的理论与现实意义。

2.4 基金投资风格漂移的相关文献述评

2.4.1 基金投资风格漂移的成因分析

基金投资者一般根据基金历史业绩与基金发行时宣称的投资风格来选择基金投资品种，但这种投资策略有效的前提是基金投资风格必须保持鲜明一致性，发行时宣称的风格能够起到导航灯的作用。但国内外学者大量实证研究发现：大多数基金并没有坚守发行时宣称的投资风格，即发生了风格漂移现象，究其原因即漂移动因是什么？近几年随着我国基金业的迅速发展，国内学者对基金投资风格漂移的研究也开始涌现，普遍认为基金存在投资风格漂移现象，但对于基金投资风格漂移的成因却没有形成统一的认识。

国外学者 Wayne Ferson 和 Rudi Schadt（1996）使用一些常用的预测变量，如前后两期的一月期国库券利率差、前后期市场平均红利收益率差等作为信息变量，将这些变量与传统定价模型相结合来预测市场规律，结果表明：这种市场预期变化最终使基金经理改变了投资风格。Gallo 和 Lockwood（1999）利用美国证券市场 1983—1991 年期间所有发生基金经理变更的基金为样本进行研究，结果表明：超过 65% 的基金在基金经理发生变更后发生了投资风格漂移。Chevalier 和 Ellison（1999）发现了基金经理的市场竞争压力是迫使基金经理为提高基金业绩而改变投资风格的主要原因。Chan，Chen 和 Lakonishok（2002）利用美国 1999 年以前的共同基金月度数据进行研究，结果表明：尽管基金整体并未表现出显著的投资风格漂移现象，但是那些前期业绩较差的基金发生投资风格漂移现象却十分显著，并同样认为产生投资风格漂移的主要原因是基金经理之间的行业竞争压力，即职业忧虑。Annaert 和 Campenhout（2002）以 62 只欧洲基金数据为实证样本进行研究，结果发现：基金的市场预期变化和基金经理调整都会使基金改变发行宣称时的投资风格。Cooper，Gulen 和 Rau（2005）发现基金可通过改变基金名称来改变其投资风格，并导致在随后的一定时间内显著地吸引新的资金流入，这也表明基金能够利用投资者的非理性行为来改变宣称时的投资风格。Wilmington Trust（2012）进一步对风格漂移的概念、成因及跟基金经理的关系等进行了深入探讨。Wilmington Trust（2012），Jenke ter Horsta 和 Galla Salganik（2014）等进一步对投资风格的概念、漂移成因及对冲基金各方面的特点等进行了深入探讨。Jiang 等（2014）研究发现绝大部分基金经理会有意偏离基金基准进行投资。Meinanda 等（2016）、Charles Cao 等（2017）从基金治理与基金规模视角研究了风格漂移成因。

国内学者曾晓洁、黄嵩和储国强（2004）运用 Sharpe 模型对我国基金投资风格进行了实证研究,认为风格漂移的原因在于我国证券市场的不成熟和基金产品发行与投资者投资行为的不规范等。熊胜君和杨朝军(2005)认为我国开放式基金投资风格漂移的主要原因有三点:第一是市场预期;第二是前期的业绩压力;第三是基金经理的变更。并认为这主要是由基金业绩评价机制、市场存在板块风格轮换以及基金管理制度所造成的。朱丹(2006)认为基金投资风格漂移主要受我国股票市场风格动向和基金经理的影响:基金缺乏严格守约的投资理念(造成风格趋同现象),基金经理与投资者在投资目标上的利益不一致,基金经理对于职业生涯的关注以及对自身信誉风险的规避而造成的基于声誉的风格趋同行为,是基金投资风格形成与漂移的重要原因。欧阳敬东(2007)运用晨星公司组合的风格识别法对我国开放式基金投资风格进行分析,实证结果发现:基金投资风格缺乏持续性并具有趋同性,发生了风格漂移现象,并指出基金投资风格趋同与漂移的原因有三点:第一是国内目前的投资品种缺乏,制约了开放式基金的创新空间;第二是迫于业绩评价的压力;第三是受投资者较高期望收益率的倒逼机制影响。郭文伟、宋光辉和许林(2010)从基金经理个人特征的视角来研究风格漂移,实证研究表明:有海外学习背景、职业资格证书、从业经验等的经理倾向于坚守投资风格;基金经理的变更频率、基金运营时间长短、学历的高低与风格漂移具有负相关关系;集中管理制模式在熊市中有助于降低风格漂移程度,但在牛市中效果不显著。孟庆斌等(2015)研究发现:基金经理的职业忧虑水平会影响基金投资风格的冒险程度,基金经理的职业忧虑越高,投资风格越保守。另外,基金经理"一拖多"现象愈演愈烈,同时管理10只以上的基金已成常态,甚至多位基金经理同时管理20只以上基金产品,不同的基金产品应具有自身特色的投资风格,这种基金经理"一拖多"现象势必导致投资风格漂移。

综合上述研究文献不难发现,基金投资风格漂移的成因各具特色,至今仍没有形成统一的认识,结合上述风格漂移成因分析,可以认为:无论是西方发达资本市场还是我国不发达资本市场,基金收益序列普遍具有长记忆性、厚尾等分形特征,尤其我国还存在基金信息披露频率较小(最短周期为季度)等不足,在这种现实背景下,风格投资并不等于坚守稳定的投资风格,发生适度的风格漂移可能会带来短期超额收益。这些市场分形特征给基金经理发生风格漂移提供了现实基础,而基金经理迫于基金业绩的排名,有可能面临被更换的风险等各种压力又迫使他具有改变投资风格的动力,是这双重条件促使基金经理普遍发生风格漂移。本书还认为投资风格是不可改变的,但在分形市场下为了获取短期超额收益可进行适度风格漂移,即基金经理可通过把握股市风格的轮换时机与规律,在季度内构建一种适度风格漂移策略来获取短期超额收益,以在规避证券部门监管的同时达到击败竞争对手的目的。

2.4.2 投资风格漂移对基金业绩的影响及其风险分析

根据已有研究文献归纳得出,影响基金业绩的因素主要有:股市周期、基金的投资风格、基金经理、基金规模、分红、费率等。其中,股市周期是不可能控制的外因;基金规模、分红、费率都是不可控制的外因但受内因的影响,只有基金投资风格与基金经理是可控制的决定性内因。在开放式基金中,重点投资的风格资产类型不同的基金,投资风格一般是决定基金获取收益的最主要因素,而基金经理的选股和择时能力是基金获取超额收益的重要前提。因此,基金发生所谓的风格漂移,就是为了获取短期超额收益。投资风格漂移对基金业绩的影响具体如何?其背后隐藏的风险有多大?在投资风格漂移对基金业绩影响方面,国外学者 Brown 和 Goetzmann(2003)研究发现投资风格一致性程度与基金业绩具有正相关性,即投资风格一致性高的基金比投资风格一致性低的基金具有较好的业绩,且投资风格的一致性同基金业绩持续性具有较强的相关性。Gibson 和 Gyger(2007)以对冲基金为研究样本,发现坚守固定风格基金的业绩并没有显著好于发生风格漂移的基金业绩。Kathryn 和 Robert(2007)研究了风格漂移与基金业绩、现金流等之间的关系,结果发现:风格漂移与基金业绩正相关,而与现金流负相关;基金规模与基金业绩正相关,与费用率负相关。Andrew,Kingsley 和 David(2008)把投资风格漂移的程度分解成主动的与被动的成分,研究发现:基金经理主动调整他们的投资组合比被动调整他们的投资组合更有效,业绩的提高促使基金经理发生风格漂移。国内学者付金花(2006)研究发现:在市场处于持续低迷的行情下,发生投资风格漂移的基金业绩要优于保持投资风格一致性的基金业绩。李学峰和徐华(2007)以我国 17 只封闭式股票非指数型基金收益率的数据为研究样本,从动态的视角来考察各基金风格漂移对基金业绩的影响,实证结果发现:发生风格漂移的基金业绩要优于未发生风格漂移的基金业绩。王敬和刘阳(2007)采用基于组合的风格识别法探讨了投资风格类型和业绩对投资风格持续性的影响,结果发现:基金的大小盘风格和价值成长风格具有较好的持续性,而动量反向风格持续性较差,过去业绩对基金的投资风格持续性有一定影响,而基金保持或改变原有风格也会对其未来业绩产生影响。宋威(2009)运用 Sharpe 模型对我国 36 只开放式基金的实际投资风格和宣称的投资风格进行比较研究,实证结果发现:基金在牛市行情中发生风格漂移的业绩要优于坚守风格的业绩,在熊市行情中发生风格漂移的业绩要低于坚守风格的业绩。李学峰、徐华和李荣霞(2010)利用同样的方法对我国 29 只开放式股票型基金进行静态分析和滚动分析,研究发现:投资风格一致性高的基金绩效优于投资风格一致性低的基金,而在行情下降阶段则不存在显著差异。在投资风格漂移后的基金业绩测量方面至今研究较少:主要有 Lobosco（1999）在指出 Sharpe 模型并不能刻画投资风格发生漂移后的基金业绩变化的基础上，将 Sharpe 模型与 Modigliani 和 Modigliani（1997）提出的风险调整绩效指标 M-2 相结合提出了风格调整绩效的计算方法，即用风格资产指数的 M-2 值作为投资风格对基金业绩的贡献，基金的 M-2 值与风格资产指数的 M-2 值之差就是风格调整后的业绩。

在投资风格漂移风险方面至今鲜有学者涉及，牛丽静（2006）认为基金普遍存在追求短期收益的行为。高清海（2007）认为牛市中投资风格漂移有助于提升基金业绩，能够为投资者带来更多的收益；在熊市中，投资风格漂移提高了股票的配置比例，由此导致风险放大，收益率下降。2009 年二季度基金遭遇大规模赎回，主要原因是投资风格漂移，导致存在极大风险隐患。事实上，投资风格漂移是把双刃剑，在给基金带来超额收益的同时，其背后也折射出巨大的风格漂移风险。笔者认为投资风格漂移对基金业绩的影响很大程度上跟基金市场的成熟度与基金业绩的测量方法有很大关系，因为基金市场的成熟程度决定了投资风格漂移的可行性、风格识别方法的有效性以及基金业绩测量的准确性，尤其是我国基金市场发展历史短，相对国外发达资本市场还处于不成熟的初级阶段，若直接借鉴国外的方法来套用我国基金数据进行研究，得出的结论受干扰的因素太多，很难有参考价值。因此，在我国基金市场呈分形特征的现实背景下，有必要引入非线性科学分形理论对基金投资风格理论体系进行修正和探索，构建一套贴近现实市场的投资风格漂移风险测度模型，为国内外学者与基金界开拓风格漂移风险研究的先河。

2.5 本章小结

现代金融投资组合理论推动了基金投资风格理论的发展，基金投资风格理论的发展又为现代金融投资组合理论提供了丰富的实践检验，两者相辅相成、共同发展。

本章首先回顾了金融投资理论对基金投资风格形成的理论基础以及投资风格漂移成因的理论基础；对目前两种主流的投资风格识别方法及其思想进行了详细阐述与比较分析；最后分别从投资风格漂移的成因、投资风格漂移对基金业绩的影响及其风险分析等两个方面进行文献述评。在分形市场的现实背景下，有必要引入非线性科学分形理论来对现有基金投资风格理论体系进行修正探索，并对基金投资风格漂移所带来的风险进行有效测度，构建一套贴近现实市场的基金投资风格漂移风险测度方法。一方面丰富了基金投资风格理论体系；另一方面通过控制较严重的投资风格漂移现象来规范基金产品发行与创新设计理念，促进资本市场规范发展。

第 3 章

研究样本与研究方法

本章主要介绍所选取的研究样本与所采用的研究方法、研究期间的确定、研究设计,并对不同时间标度下的基金收益率、风格资产指数收益率、投资风格漂移收益率等数据进行必要的预处理。

3.1 样本选择与数据收集

3.1.1 研究样本

笔者的研究目的是对我国证券投资基金的投资风格漂移及其风险问题进行量化测度。目前,在证券市场上主要有三种证券投资基金:股票型基金、债券型基金和货币型基金等,其中债券型基金和货币型基金投资风格都比较稳定,只有股票型基金容易发生投资风格漂移现象,实际上,按投资风格分类的基金主要是股票型基金,且开放式基金已逐渐成为基金公司的主流产品,占基金产品的绝对比重,所以选择开放式股票型基金作为研究样本。由于我国开放式基金推出较晚,直到 21 世纪初才开始发行,至今不到 20 年的时间,大多在 2005 年以后发行,且 2007 年以后发行的基金没有经历完整的上升、下降和震荡周期行情,考虑我国开放式基金的建仓期基本为 3 个月(建仓期内的基金具有不稳定性)和基金的样本数量及研究期间长度的有效性(国外常用 2～4 年),用 2005 年以后的数据来分析得出的结果更加可靠,更能反映我国基金市场的活跃度。因此,笔者选取 2005 年 6 月底之前成立且已过封闭期的 79 只开放式基金(包括 36 只股票非指数型基金和 7 只股票指数型基金及 36 只积极配置型基金)作为研究样本,具有较好的代表性。具体的样本基金见表 3-1。

表3-1　79只开放式基金研究样本资料汇总

基金代码	基金名称	基金类型	投资风格	基金管理公司	基金成立日
040001	华安创新股票	积极配置型	稳健成长型	华安基金管理公司	2001-9-21
202001	南方稳健成长混合	股票型	稳健成长型	南方基金管理公司	2001-9-28
000001	华夏成长混合	股票型	成长型	华夏基金管理公司	2001-12-18
020001	国泰金鹰增长股票	股票型	成长型	国泰基金管理公司	2002-5-8
206001	鹏华行业成长混合	股票型	平衡型	鹏华基金管理公司	2002-5-24
100016	富国天源平衡混合	积极配置型	平衡型	富国基金管理公司	2002-8-16
110001	易方达平稳增长混合	积极配置型	平衡型	易方达基金管理公司	2002-8-23
161601	融通新蓝筹混合	积极配置型	平衡型	融通基金管理公司	2002-9-13
080001	长盛成长价值混合	积极配置型	平衡型	长盛基金管理公司	2002-9-18
213001	宝盈鸿利收益混合	积极配置型	收益型	宝盈基金管理公司	2002-10-8
050001	博时价值增长混合	积极配置型	平衡型	博时基金管理公司	2002-10-9
070001	嘉实成长收益混合	积极配置型	平衡型	嘉实基金管理公司	2002-11-5
040002	华安中国A股增强指	股票型	指数型	华安基金管理公司	2002-11-8
090001	大成价值增长混合	股票型	价值型	大成基金管理公司	2002-11-11
180001	银华优势企业混合	积极配置型	平衡型	银华基金管理公司	2002-11-13
519180	万家180指数	股票型	指数型	万家基金管理公司	2003-3-15
162203	泰达荷银稳定股票	股票型	价值型	泰达荷银基金公司	2003-4-25
162202	泰达荷银周期股票	股票型	价值型	泰达荷银基金公司	2003-4-25
162201	泰达荷银成长股票	股票型	价值型	泰达荷银基金公司	2003-4-25
217001	招商安泰股票	积极配置型	成长型	招商基金管理公司	2003-4-28
210001	金鹰成份优选混合	积极配置型	收益型	金鹰基金管理公司	2003-6-16
070003	嘉实稳健混合	积极配置型	稳健成长	嘉实基金管理公司	2003-7-9
070002	嘉实增长混合	积极配置型	成长型	嘉实基金管理公司	2003-7-9
160603	鹏华普天收益混合	股票型	收益型	鹏华基金管理公司	2003-7-12
240002	华宝兴业宝康配置	积极配置型	稳健成长	华宝兴业基金公司	2003-7-15
240001	华宝兴业宝康消费品	积极配置型	成长型	华宝兴业基金公司	2003-7-15
151001	银河稳健混合	积极配置型	稳健成长	银河基金管理公司	2003-8-4
255010	国联德胜安稳健混合	积极配置型	平衡型	国联安基金管理公司	2003-8-8
519011	海富通精选混合	积极配置型	积极成长	海富通基金管理公司	2003-8-22

续上表

基金代码	基金名称	基金类型	投资风格	基金管理公司	基金成立日
050002	博时裕富300指数	股票型	指数型	博时基金管理公司	2003-8-26
002001	华夏回报混合	积极配置型	平衡型	华夏基金管理公司	2003-9-5
161605	融通蓝筹成长混合	积极配置型	稳健成长	融通基金管理公司	2003-9-30
161604	融通深证100指数	股票型	指数型	融通基金管理公司	2003-9-30
260103	景顺长城动力平衡	积极配置型	平衡型	景顺长城基金公司	2003-10-24
260101	景顺长城优选股票	股票型	成长型	景顺长城基金公司	2003-10-24
200001	长城久恒平衡混合	积极配置型	平衡型	长城基金管理公司	2003-10-31
270001	广发聚富混合	积极配置型	平衡型	广发基金管理公司	2003-12-3
020003	国泰精选基金	股票型	稳健成长	国泰基金管理公司	2003-12-5
110002	易方达策略成长混合	股票型	积极成长	易方达基金管理公司	2003-12-9
519003	海富通收益增长混合	积极配置型	收益型	海富通基金管理公司	2004-3-12
288001	华夏经典配置混合	积极配置型	增值型	华夏基金管理公司	2004-3-15
110003	易方达上证50指数	股票型	指数型	易方达基金管理公司	2004-3-22
233001	大摩基础行业混合	积极配置型	增值型	摩根华鑫基金公司	2004-3-26
150103	银河银泰混合	积极配置型	收益型	银河基金管理公司	2004-3-30
070006	嘉实服务增值行业	股票型	增值型	嘉实基金管理公司	2004-4-1
310308	申万巴黎盛利精选	积极配置型	增值型	申万巴黎基金公司	2004-4-9
257010	国联安德胜小盘精选	积极配置型	积极成长	国联安基金管理公司	2004-4-12
161606	融通行业景气混合	股票型	稳健成长	融通基金管理公司	2004-4-29
121002	国投瑞银景气行业	积极配置型	积极成长	国投瑞银基金公司	2004-4-29
240005	华宝兴业多策略增长	股票型	积极成长	华宝兴业基金公司	2004-5-11
160605	鹏华中国50混合	股票型	平衡型	鹏华基金管理公司	2004-5-12
510081	长盛动态精选混合	股票型	稳健成长	长盛基金管理公司	2004-5-21
320001	诺安平衡混合	积极配置型	平衡型	诺安基金管理公司	2004-5-21
200002	长城久泰中标普300	股票型	指数型	长城基金管理公司	2004-5-21
162102	金鹰中小盘精选混合	积极配置型	稳健成长	金鹰基金管理公司	2004-5-27
217005	招商先锋混合	积极配置型	增值型	招商基金管理公司	2004-6-1
090003	大成蓝筹稳健混合	股票型	稳健成长	大成基金管理公司	2004-6-3
100020	富国天益价值股票	股票型	价值型	富国基金管理公司	2004-6-15

续上表

基金代码	基金名称	基金类型	投资风格	基金管理公司	基金成立日
020005	国泰金马稳健混合	股票型	稳健成长	国泰基金管理公司	2004-6-18
050004	博时精选股票	股票型	稳健成长	博时基金管理公司	2004-6-22
260104	景顺长城内需增长	股票型	增值型	景顺长城基金公司	2004-6-25
290002	泰信先行策略混合	股票型	稳健成长	泰信基金管理公司	2004-6-28
350001	天治财富增长混合	积极配置型	稳健成长	天治基金管理公司	2004-6-29
162204	泰达荷银精选股票	股票型	增值型	泰达荷银基金公司	2004-7-9
270002	广发稳健增长混合	积极配置型	稳健成长	广发基金管理公司	2004-7-26
180003	银华道琼斯88指数	股票型	指数型	银华基金管理公司	2004-8-11
000011	华夏大盘精选混合	股票型	增值型	华夏基金管理公司	2004-8-11
040004	华安宝利配置混合	积极配置型	收益型	华安基金管理公司	2004-8-24
360001	光大保德信量化股票	股票型	稳健成长	光大保德信基金公司	2004-8-27
110005	易方达积极成长混合	股票型	积极成长	易方达基金管理公司	2004-9-9
375010	上投摩根优势混合	股票型	增值型	上投摩根基金公司	2004-9-15
398001	中海优质成长混合	股票型	成长型	中海基金管理公司	2004-9-28
400001	东方龙混合	股票型	成长型	东方基金管理公司	2004-11-25
090004	大成精选增值混合	股票型	价值型	大成基金管理公司	2004-12-15
350002	天治品质优选混合	股票型	稳健成长	天治基金管理公司	2005-1-12
519996	长信银利精选股票	股票型	价值型	长信基金管理公司	2005-1-17
580001	东吴嘉禾优势精选	股票型	成长型	东吴基金管理公司	2005-2-1
410001	华富竞争力优选混合	股票型	成长型	华富基金管理公司	2005-3-2
213002	宝盈泛沿海增长股票	股票型	稳健成长	宝盈基金管理公司	2005-3-8

数据来源：聚源数据库，天天基金网，由作者自行整理而成。

选择股票型与积极配置型两类基金样本的理由是根据2006年晨星资讯公司（深圳）对我国开放式基金的分类说明（表3-2），从表3-2可知积极配置型基金本质上是股票型基金。

表 3-2　股票型基金与积极配置型基金的区别与联系

基金类型	定义与区别	联系
股票型	主要投资于股票的基金,其股票投资占资产净值的比例≥70%	从国内开放式基金产品特征来看,这两类基金除了股票资产比重有一定差异外,其他方面差别不大,所以在分析时可将这两类基金统称为股票型基金
积极配置型	投资于股票、债券及货币市场工具的基金,且不符合股票型基金和债券型基金的分类标准;且固定收益类资产占资产净值的比例<50%	

资料来源:晨星资讯公司(深圳),2006 年 10 月 30 日公布。

3.1.2　数据收集

通过聚源数据库、国泰安 CSMAR 财经研究精准数据库、Wind 资讯、中信标普公司网(www.spcitic.com)、天天基金网(http://fund.eastmoney.com)等收集与开放式基金、风格资产指数相关的数据,然后采用 Excel 2010 软件进行综合整理。

3.2　数据处理与研究设计

3.2.1　研究变量的刻画

综合已有研究不难发现,缺乏统一量化的比较基准风格指数成了基金投资风格漂移深入研究的主要瓶颈。笔者将系统地对投资风格漂移进行量化,具体见后面的各章节。

3.2.2　基金收益率的计算

基金收益率反映的是基金在考察期内的投资获利能力,是衡量基金投资运作状况最有效也是最重要的评价指标,通常用单位净值或累计净值来衡量。目前,我国开放式基金每日公布一次单位净值,净值指标(净值增长率)也成为投资者衡量基金业绩好坏的重要依据。基金净值分为单位净值与累计净值,基金单位净值已经扣除了基金管理费用,主要作用是给投资者提供一种即时的交易参考价格;分红可以从一定程度上反映基金的赢利情况,可以通过累计净值得到反映。因此,从投资者进行基金业绩比较的角度来说,基金累计净值指标应该比单位净值和分红指标更重要。

笔者采取累计净值的日、周、月等三种时间标度下的收益率作为基金收益率，具体计算公式为：基金单位净值 =（总资产 – 总负债）/基金份额；累计净值 = 单位净值 + 基金成立后累计单位派发红利；累计净值收益率 = ln [t 期累计净值 / (t – 1) 期累计净值]。

把数据取对数的好处有两点：①可增加数据的光滑度；②把各期的对数收益率累加之后就是累计对数收益率。对数收益率也称为连续复合收益率，具体计算公式为：

$$r_{it} = \frac{NAV_{it} - NAV_{i,t-1} + D_{it}}{NAV_{i,t-1}}, \quad R_{it} = \ln(1 + r_{it})$$

式中：r_{it}，R_{it} 分别表示基金 i 在第 t 日（周、月）的简单收益率与对数收益率；NAV_{it} 表示基金 i 在第 t 日（周、月）的单位净值；D_{it} 表示基金 i 在第 t 日（周、月）的分红派息。

3.2.3 风格资产指数的选取

所谓风格资产实际上是资产分类方法在投资标的中的应用，可以按照行业、公司规模、市净值等属性将投资标的分成不同属性的资产类别，这种赖以分类具有某种共同特征的一类资产称为风格资产。根据国际上流行的以及中信标普公司关于我国股市风格资产指数的编制方法，风格资产指数类型一般先从横向价值成长型分为成长、价值和平衡型（成长价值型）三种，然后再从纵向规模型分为大盘、中盘和小盘三种，总共就组合形成了 9 种基本风格资产类型。而风格资产有效性问题不但会影响基金经理采用风格投资策略的信心与投资者识别基金经理投资风格的准确性，还会影响投资者选择一种稳定风格基金的判断。一般而言，对风格资产指数的选取必须满足以下两个条件：

第一，风格资产之间不存在多重共线性，即要求不同风格资产不存在交叉重叠特征，彼此之间的收益率相关程度较低；若收益率存在高度相关，则要求标准差具有显著不同的特征；

第二，风格资产必须是完备的，即各种风格资产不能包含相同的投资风格类型，但是这些风格资产的并集应该能够代表所有的投资风格类型。

考虑到风格资产指数选取的完备性，证监会颁布的于 2013 年 6 月 1 日开始实施的《证券投资基金法》已经废除了 1997 年实施的证券投资基金对国债投资比例不少于 20% 的规定，股票投资占基金资产净值的最高比例由 77% 提高为 95%。虽然还规定了现金或者到期日在一年以内的政府债券占基金资产净值的比例不低于 5%，但由于目前国内风格资产指数中还没有现金指数且占的比重很低，因此，笔者仅选取了中信标普公司推出的 6 种纯风格资产指数：大盘纯成长指数（LPG）、大盘纯价值指数（LPV）、中盘纯成长指数（MPG）、中盘纯价值指数（MPV）、小盘纯成长指数（SPG）及小盘纯价值指数（SPV）。分别计算这6种纯风格资产指数的日、周、月收益率，并以其作为风格资产因子的收益率时间序列。

笔者选用中信标普风格指数系列的原因是基于以下3点考虑：一是很多基金产品在设计投资风格时是以中信标普风格指数为参考标准的；二是至今为止中信标普风格指数是能够较好反映股市纯风格指数之一；三是大量实证研究也表明，该风格指数的编制方法是合理的，能较好反映我国证券市场不同风格资产的风险收益特征。该纯风格指数系列编制的原则为：1/3的成分股为纯成长股，1/3的成分股为纯价值股，中间1/3的成分股不作为纯风格指数，因此不会出现交叉重叠的股票，且样本股票是根据风格属性进行赋权，基期是1999年12月30日，定为1000点，能较好地反映各种风格指数的属性特征，具体见表3-3。

表3-3　中信标普风格指数编制原则

风格指数	编制原则
大盘	中信标普100指数反映A股市场大盘股的总体表现，代表整个市场约38%的市值
中盘	中信标普200指数反映A股市场中盘股的总体表现，代表整个市场约22%的市值
小盘	中信标普小盘指数反映A股市场小盘股的总体表现，代表相对较小的市值份额——约10%，为基于该板块的投资提供业绩衡量基准
价值	通过4个因子来测量价值属性：EPS三年增长率，BPS三年增长率，净资产收益率，长期负债/股东权益；把1/3的成分股划分为纯价值股
成长	通过5个因子来测量成长属性：每股盈利/价格；每股经营现金流/价格；每股营收/价格；每股净资产/价格；股息收益率；把1/3的成分股划分为纯成长股

资料来源：中信标普中国风格指数，www.spcitic.com。

需要补充说明的是，上述风格资产指数只是单纯从规模、价值与成长两个维度进行划分的，西方发达国家的基金经理认为反映价值型投资风格的指标有高EPS、低P/B、低P/CF（price to cash flow）、低P/S（price to sales）等；反映成长型投资风格的指标有最大预期5年收益增长率、市场估计收益最大向上修正、最大盈余动量等。为了更精确地刻画投资风格漂移所带来的收益与风险水平，在后面的章节研究中将采用广义的风格资产指数，这样使得研究结论更具有现实意义，加强了可操作性，详细内容见第7、8章。

风格资产指数收益率的具体计算公式为

$$R_{it} = \ln(1 + r_{it}) = \ln(1 + p_{it}/p_{i,t-1}) \approx \ln(p_{it}/p_{i,t-1}) = \ln p_{it} - \ln p_{i,t-1}$$

式中：R_{it}，p_{it} 分别表示风格资产指数 i 在第 t 日（周、月）的对数收益率与收盘价。

3.2.4 无风险收益率的选取

国外一般采用短期国债收益率作为无风险收益率，但由于我国国债市场处于分割状态，债券市场还不够发达，品种又不多，因此，国债收益率不适合作为我国证券市场的无风险收益率。而银行存款有国家信誉作担保，风险几乎为零，故选取一年期银行定期存款利率（表3-4）作为年无风险利率较为合适，并按365日（52周、12月）折算为日（周、月）无风险利率。同时，我国基金投资收益目前免征所得税，银行利息税要从利息收入中扣除（按20%计算），那么经调整后的日（周、月）无风险收益率的计算公式为：

调整后的日（周、月）无风险收益率 = 调整前的日（周、月）无风险收益率 × （1～20%）

表3-4 金融机构人民币各年定期存款基准利率

序号	调整时间	三个月	半年	一年	二年	三年	五年
1	2004-10-29	1.71	2.07	2.25	2.70	3.24	3.60
2	2006-08-19	1.80	2.25	2.52	3.06	3.69	4.14
3	2007-03-18	1.98	2.43	2.79	3.33	3.96	4.41
4	2007-05-19	2.07	2.61	3.06	3.69	4.41	4.95
5	2007-07-21	2.34	2.88	3.33	3.96	4.68	5.22
6	2007-08-22	2.61	3.15	3.60	4.23	4.95	5.49
7	2007-09-15	2.88	3.42	3.87	4.50	5.22	5.76
8	2007-12-21	3.33	3.78	4.14	4.68	5.40	5.85
9	2008-10-09	3.15	3.51	3.87	4.41	5.13	5.58
10	2008-10-30	2.88	3.24	3.60	4.14	4.77	5.13
11	2008-11-27	1.98	2.25	2.52	3.06	3.60	3.87
12	2008-12-23	1.71	1.98	2.25	2.79	3.33	3.60
13	2010-10-20	1.91	2.20	2.50	3.25	3.85	4.20
14	2010-12-26	2.25	2.50	2.75	3.55	4.15	4.55
15	2011-02-09	2.60	2.80	3.00	3.90	4.50	5.00
16	2011-04-06	2.85	3.05	3.25	4.15	4.75	5.25

续上表

序号	调整时间	三个月	半年	一年	二年	三年	五年
17	2011-07-07	3.10	3.30	3.50	4.40	5.00	5.50
18	2012-06-08	2.85	3.05	3.25	4.10	4.65	5.10
19	2012-07-06	2.60	2.80	3.00	3.75	4.25	4.75
20	2014-11-22	2.35	2.55	2.75	3.35	4.00	X
21	2015-03-01	2.10	2.30	2.50	3.10	3.75	X
22	2015-05-11	1.85	2.05	2.25	2.85	3.50	X
23	2015-06-28	1.60	1.80	2.00	2.60	3.25	X

备注：单位为年利率（%），数据来源于中国人民银行网站（http://www.pbc.gov.cn），由作者自行整理。

3.2.5 研究设计

在研究我国股市风格资产收益序列、基金投资风格漂移收益序列的多重分形特征时，由于我国证券市场正处于新兴加转轨的时期，开放式基金历史数据较少，十多年来才记录了3000多个日净值，周与月净值数据将更少，由于基金信息披露频率最短为一个季度，故投资风格漂移只是个短期投资行为，在季度内的数据就更少了，如果不采用重叠窗口的研究方法可能会因为样本数据容量问题带来较大的误差，因此笔者在必要时将引入一种更为合理的滑动窗口方法，选择滑动窗口的大小为1个交易日，见图3-1。

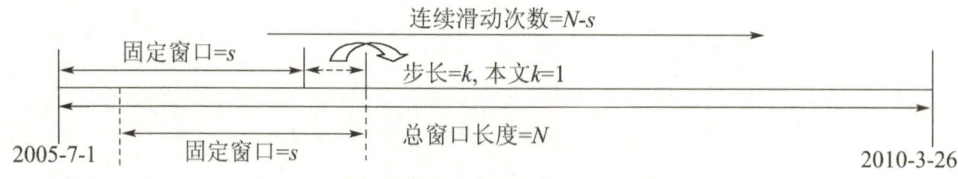

图3-1 投资风格漂移滑动窗口设计图

3.3 研究方法

笔者主要综合运用分形市场理论与高级计量模型、VaR风险测度理论等定量研究方法，对我国开放式基金投资风格漂移收益的分形特征及其风险测度进行研究，实证检验了我国股市风格资产收益的分形特征，量化了基金投资风格漂移收益，构建了基金投资风格漂移风险测度模型。采用Excel 2010进行数据处理，实证分析工具包括 Matlab 10.0、OXmetrics 7.1、Eviews 9.0、SPSS 24.0 等软件。针对不同的研究主题，采用了不同的研究方法，下面具体介绍这些研究方法。

3.3.1 资本市场的三种对称性

为了后面章节的研究，下面给出有关资本市场的三种对称性定义、相关定理及证明：

定义 3-1（特征函数与特征值）：假设在一个标度变换 T 下，一个函数 $f(x)$ 满足关系式 $Tf(x) = \lambda f(x)$，则称 $f(x)$ 为变换 T 下的特征函数，常数 λ 为相应的特征值。

定义 3-2（平移对称性）：如果函数 $f(x)$ 的图形且满足 $Tf(x) = f(x+b) = \lambda f(x)$，其中 λ 为常数，则称 $f(x)$ 具有平移对称性，也称平移不变性。

定理 3-1：如果 $f(x)$ 是简单函数，且为指数函数 r^x 形式，那么 $f(x)$ 满足平移对称性。

证明：$\Theta f(x) \sim r^x$，所以 $f(x+b) \sim (r)^{x+b} = r^b r^x = \lambda f(x)$，则 $f(x)$ 满足平移对称性。

定义 3-3（左右对称性）：如果对函数 $f(x)$ 经过一个左右变换 T 后，满足 $Tf(x) = \lambda f(x)$，其中 λ 为常数，则称 $f(x)$ 具有左右对称性，也称左右不变性，镜像对称性，双侧对称性。

定义 3-4（标度对称性）：如果函数 $f(x)$ 的图形具有自相似性，且满足 $f(\lambda x) = \lambda^m f(x)$，其中 m 为空间维数，则称 $f(x)$ 具有标度对称性（或称标度不变性），λ^m 就是标度因子。

定理 3-2：如果 $f(x)$ 是简单函数，且为幂函数 x^m 形式，那么 $f(x)$ 满足标度不变性。

证明：$\Theta f(x) \sim r^m$，所以 $f(\lambda x) \sim (\lambda r)^m = \lambda^m r^m = \lambda^m f(x)$，即 $f(x)$ 满足标度不变性。

3.3.2 分形的定义及其特征

在欧氏几何中，维数只能取非负整数，比如，点为零维、直线为一维、平面为二维、空间为三维等。在波恩工作的数学家 Hausdorff 于 1919 年就提出了维数可以取分数的思想，并创立 Hausdorff 测度。分形理论之父 Mandelbrot（1963）对棉花价格波动进行分析，研究发现：长期波动与短期波动之间存在一种规律——标度不变性（scaling invariance），即日价格波动和月价格波动的曲线完全一致，从而导致发现了经济系统中的自相似性特征。1973 年，Mandelbrot 在法兰西学院讲课时，首次提出分数维和分形几何的设想。到 1975 年，Mandelbrot 在总结归纳自然界的非规则几何图形的基础上，创造性地提出了分形概念：若一个序列的 Hausdorff 维数严格大于其拓扑维数，则称此序列为分形序列。该定义表明分形是具有膨胀对称性或伸缩对称性的几何对象，其核心内容是指不规则几何体或分形序列在动力学演化过程中，在一定的标度范围内，相应的测度不随标度的变化而改变。该定义的提出促进了结构的深入研究，但在实际应用中又缺乏可操作性，故难以令人满意。到 1982 年，Mandelbrot 给出分形的另一个定义：若一个集合的整体与其组成部分具有某种程度的自相似，则此集合称为分形。该定义依然缺乏严谨性，实际上，对于什么是分形，至今为止还没有确切的定义，经许多学者不断地研究与修正定义得出，一般而言，分形体（序列）具有两个明显的特征：一是自相似性，即重复放大分形的单元（分形元）又可看到与本身相似的结构再度出现，并且这种出现过程具有随机性，即具有标度不变性；二是缺乏平滑性，到处都不连续，亦不可微分。简而言之，分形体就是测量尺度或观测值大小无量纲的结构，此结构存在标度不变性。虽然分形体没有统一的特征尺度，但人们可以从看似杂乱无章的分形体中计算出其分形维数——不变的尺度，并可用它来描述其结构。现实中，分形几何可以解释自然界许多杂乱无章且令人困惑的现象，Mandelbrot 甚至指出：分形无处不在。

3.3.3 分形维及其种类

分形维（fractal dimension）是对具有不光滑、支离破碎等复杂特征的分形体进行定量刻画的重要参数，它是对物体的不规则程度、粗糙程度、空间的有效占有程度等性质的一种测度。分形维数越大，分形体就越复杂、越粗糙，反之亦然。分形维可以决定非线性系统受几个主要状态变量的影响，且因其代表决定系统本质因素的特征，状态变量的个数及对系统影响程度的改变都可通过分形维数来反映，所以分形维对系统的未来变化规律也具有一定的预测作用。

对于实际分形体而言，分形维数会随选取尺度的改变而不同，其原因就在于实际分形体不具有无限层次的自相似性，只是统计意义上的自相似性；对于分形时间序列而言，分形维数反映的是时间序列参差不齐及分散程度，描述了时间序列填充空间的能力和观测值偏倚的程度，从而找出引起时间序列偏倚的原因。按照分形维的含义，可知用收益率时间序列的分形维数度量风险更符合风险的概念及其意义。比如，在股票市场中，不同的股票因宏观和微观的经济信息、资产收益率、所属的行业、行业前景和成长性的差异，导致股票市场对其价格反应各有不同，因而其价格波动序列的分形维数就不同。可以说分形维数能够反映出股票市场的公开的、未公开的以及一些被忽略的信息，分形维越大，未公开的信息越多，相应的风险也就越大。

具体来说，分形维主要有如下几种：Hausdorff 维、盒子分形维、信息维、相似维、关联维等，下面对它们分别进行介绍。

1. Hausdorff 维

从测度理论来看，Hausdoff 维的含义是：用高于被测物体维数的尺子测量它时，得到的结果为零；用低于其维数的尺子测量它时，得到的结果为无穷大；只有用与本身维数相同的尺子测量时，可得到确定的数值 N。则 Hausdoff 维 D_H 的定义为：$N(\delta) \sim \delta^{-D_H}$。

Hausdorff 维是一种最古老、最重要的维数，它对任何集都有定义。Hausdorff 维 D_H 既可以是整数，也可以是分数，通常将 D_H 是分数的物体称为分形。但在现实中，对于一个分形序列或集合，要计算出其 D_H 一般比较困难。

2. 盒子分形维

由于盒子分形维（简称盒形维）的数学近似计算及经验估计相对容易一些，因此盒形维数的应用较为普遍。设 A 是 Rn 空间的任意非空有界子集（$\delta > 0$），$N(A,\delta)$ 表示用来覆盖 A 的半径为 δ 的最小闭球数，则盒形维 D_B 的定义为：$D_B = \lim_{\delta \to 0} \frac{\log N(A,\delta)}{\log 1/\delta}$。

盒子分形维有许多等价定义，主要是在盒子的选取上，上述定义中的盒子选取为闭球，可根据实际具体情况选取线段、正方形、立方体等。盒子分形维是从几何学意义上反映分形体的复杂程度。

3. 信息维

与 Hausdorff 维不同的是，这里考虑分形的元素属于每个覆盖球的概率 p_i，则信息维 D_I 的定义为：$D_I = \lim_{\delta \to 0} \frac{\sum_{i=1}^{N} p_i \ln p_i}{\ln \delta}$，当 $p_i = \frac{1}{N(\delta)}$ 时，信息维就是 Hausdorff 维。其中 $-\ln p_i$ 就是分形 E 的信息测度 $I(E)$，因此，信息的奇异测度 $I(E)$ 与事件 E 的发生概率 $P(E)$ 密切相关。

信息维来源于信息熵的概念，先看信息熵的概念，然后才推导出信息维的公式。

定义 3-5（信息熵）：设信息源 $S = \{S_1, S_2, \cdots, S_n\}$，$S_i(1 \leq i \leq n)$ 出现的概率为 p_i，则信息熵 $H(S) = -\sum_{i=1}^{n} p_i \ln p_i$，易知当 $p_i = \frac{1}{n}$，$H(S) = \ln n$ 达到最大值。

定理 3-3：对于 $\exists \varepsilon \in (0,1)$，当 $q = 1$ 时，则广义分形维 D_q 值 $D_1 = \lim_{q \to 1} \frac{\tau(q)}{q-1} = \frac{\sum p_i \ln p_i}{\ln \varepsilon}$，该值即为信息维，其中分子就是信息熵，分母为任意小的测量尺度。

证明：根据 $W_i(q) = \dfrac{p_i^q}{\varepsilon^{\tau(q)}}$，由于 $\exists \varepsilon \in (0,1)$ 可知 $\sum W_i(q) = \sum \dfrac{p_i^q}{\varepsilon^{\tau(q)}}$，得 $1 = \dfrac{\sum p_i^q}{\varepsilon^{\tau(q)}}$．

两边取对数得质量指数 $\tau(q) = \dfrac{\ln \sum p_i^q}{\ln \varepsilon} \Rightarrow \tau(1) = \dfrac{\ln \sum p_i}{\ln \varepsilon} = \dfrac{\ln 1}{\ln \varepsilon} = 0$

$\Theta p_i^q = p_i \times p_i^{q-1} = p_i \cdot \exp[(q-1)\ln p_i] \approx p_i \cdot [1 + (q-1)\ln p_i]$

所以 $D_1 = \lim\limits_{q \to 1} \dfrac{\tau(q)}{q-1} = \lim\limits_{q \to 1} \dfrac{\ln \sum p_i^q}{(q-1)\ln \varepsilon} \approx \lim\limits_{q \to 1} \dfrac{\ln \sum p_i \cdot [1 + (q-1)\ln p_i]}{(q-1)\ln \varepsilon} = \dfrac{\sum p_i \ln p_i}{\ln \varepsilon}$．

式中，$\sum p_i \ln p_i$ 相当于系统的负熵，也就是系统的信息熵，用任意小的尺度 ε 去测量信息熵，所得的值称为信息维。

4. 相似维

若在 d 维空间中考虑一个 d 维的几何体，把各方面的尺寸都放大 δ 倍，就可得到一个体积为原来 δ^d 倍的几何体。对 $N = \delta^d$ 取对数，可得到相似维 D_0 的定义为：$D_0 = \dfrac{\log N}{\log \delta}$，它要求所测度的分形体是严格自相似、近似自相似或统计意义上自相似的分形体。

5. 关联维

若分形集合中某两点之间的距离为 δ，其关联函数为 $C(\delta)$，关联维 D_G 的定义为：$D_G = \lim\limits_{\delta \to 0} \dfrac{\log C(\delta)}{\log \delta}$，其中，$C(\delta) = \dfrac{1}{N^2} \sum\limits_{i,j=1}^{N} H(\delta - |x_i - x_j|) = \sum\limits_{i=1}^{N} p_i^2$，它是从非线性动力学机制角度反映相空间的复杂程度。关联维数在计算分形序列的维数时有着重要的作用。因此在计算资本市场中的价格波动序列分形维数时，通常采用关联维数的计算方法。

事实上，可以将 Hausdorff 维、盒子分形维、信息维和关联维之间的关系用一个广义分形维公式来表示：$D_q = \dfrac{1}{q-1} \lim\limits_{\delta \to 0} \dfrac{\log \sum\limits_{i=1}^{N} p_i^q}{\log \delta}$，其中，$q$ 为参数，当 $q = 0$ 时，D_0 为盒子分形维；当 $q = 1$ 时，D_1 为信息维；当 $p_i = \dfrac{1}{N(\delta)}$ 时，信息维 D_1 就为 Hausdorff 维；当 $q = 2$ 时，D_2 为关联维。广义分形维 D_q 具有如下性质：

定理 3-4：根据定义 3-6 的质量指数 $\tau(q)$ 定义出关于实数 q 的广义分形维函数 D_q，$D_q = \dfrac{\tau(q)}{q-1}, q \in R$，那么 $D'(q) \leq 0$，当且仅当所有的 $\dfrac{\ln p_i}{\ln \varepsilon_i}$ 都相等时

才成立。

除了上述介绍的几种分形维外，还有谱维、模糊维、拓扑维、微分维、分配维、质量维、填充维等。

3.3.4 多重分形的性质及其谱的测算方法

多重分形是分形理论在物理学应用中的进一步发展。随着分形理论应用研究的深入，引发如下问题，值得思考：仅用单一分形刻画资本市场中价格时间序列的波动，只能得出波动形态的宏观概貌性描述，无法对其局部进行全面精确的刻画和分析；而采用多重分形方法则可以得到资产价格在不同时间标度下的不同波动程度的详细信息。

多重分形就是从系统的局部出发研究其整体特征的一种方法，它主要借助统计物理的方法讨论概率的分布规律。具体而言，多重分形是定义在分形结构上的由有限几种或大量具有不同奇异标度指数 $\alpha(q)$ 的概率子集构成的非均匀分形维分布的奇异集合。它刻画分布在子集上的具有不同标度和标度指数的分形子集的局部标度性。即是描述复杂分形在不同层次中的特征，每个层次用不同的参量来刻画，这些不同的参量构成一个集合。从几何的观点看，组成分形集的若干个子集的分形维数与标度都不相同。多重分形正是通过奇异谱函数 $f(\alpha)$ 来定量刻画分形体由不同局部条件或在演化过程中不同层次所导致的概率 p_i 在整个集合上的分布状况，是对分形结构不规则程度、不均匀程度以及复杂程度的度量。

国内外学者大量实证研究结果表明：用多重分形理论刻画资本市场的资产价格波动特征，类似于用不同倍数的放大镜或显微镜来观察同一事物，使得对资本市场波动的分解更加细致，从而可以得到有关价格波动的不同时间标度、不同幅度的有用统计信息。

Mandelbrot 等人（1997）给出了多重分形过程的严格数学定义：

定义 3-6：如果连续时间序列 $\{X(t)\}$ 具有平稳增量，且对所有 $t \in T, q \in Q$ 都满足 $E(|X(t+\Delta t) - X(t)|^q) = c(q)(\Delta t)^{\tau(q)+1}$，则称 $\{X(t)\}$ 为多重分形过程。

其中，T 和 Q 是实数轴上的时间间隔，其长度为正数，且 $0 \in T, [0,1] \subseteq Q$。$\tau(q)$ 和 $c(q)$ 为 Q 域上的函数，Δt 为时间增量。该式表示多重分形过程矩的尺度幂律关系，随着 Δt 的变化而变化。不同时间增量 Δt 的尺度幂律关系是一样的，也就是满足标度不变性。函数 $\tau(q)$ 是多重分形过程的尺度函数，当 $\tau(q)$ 为 q 的线性函数时，就称多重分形过程是单尺度的，若 $\tau(q) = Hq - 1$ 时，$\tau(q)$ 是由 H 唯一确定的关于 q 的线性函数，此时就是单一分形过程；当 $\tau(q)$ 为非线性函数时就称多重分形过程是多尺度的。通过序列增量的矩特性来刻画不同幅度增量的分形特征，从而可刻画出不同时点上的分形特征，刻画过程的多重分形特征。在不同时点上，收益的波动幅度各异，对不同幅度的波动进行幂次方，相当于对波动的幅度进行放大或缩小。因此，不同 q 值对应的尺度函数对应着不同波动，从而反映不同大小程度的价格波动信息，而且随着时间标度的取值变化，还可观察在不同时间标度下的价格波动信息。总之，多重分形分析能更清楚地挖掘出资产价格（收益）在不同时间标度下的波动局部特征。

当波动是多重分形过程时，它的尺度函数 $\tau(q)$ 必有如下 3 个性质：① $\tau(q)$ 是一个凹函数；②当 $q=0$ 时，所有尺度函数具有相同的截距 $\tau(0) = -1$；③ $\tau(q)$ 是 q 的非线性函数。

上述是从全局角度对不同时间增量矩的尺度特性定义多重分形过程，对整个时间上的价格波动的不同局部特征却很少关注，而研究多重分形过程的局部特性更有助于理解多重分形过程，更能揭示出其本质特征。

多重分形过程局部行为的研究建立在局部奇异指数概念基础之上。局部奇异指数是实变函数分析的重要概念，它是描述给定时刻函数变化的奇异性。多重分形谱可描述具有随时间连续变化的局部奇异指数 $\alpha(t)$ 的分布。

定义 3 – 7：$g(t)$ 为一个函数，则称 $\alpha(t) = \text{Sup}\{\beta \geq 0: |g(t+\Delta t) - g(t)| = O(|\Delta t|^\beta), \Delta t \to 0\}$ 为函数 $g(t)$ 在时刻 t 上的奇异指数。

奇异指数也被称为 Holder 指数或标度指数，它总是存在而且一般在 $[-\infty, +\infty]$ 上取值，当且仅当函数 $g(t)$ 在 t 的附近有界时，$\alpha(t)$ 是非负的。

从定义 3-7 可得到如下等价关系式：$|g(t+\Delta t) - g(t)| \sim C_t(\Delta t)^{\alpha(t)}$，其中，$C_t$ 是前置因子，该式体现出标度不变性，在时刻 t 上的光滑或不规则程度依赖于局部奇异指数 $\alpha(t)$ 取值的大小。

单一分形过程满足 $g(t) \stackrel{d}{=} t^H g(1)$，因而单一分形过程具有如下的尺度关系：$E(|g(t)|^q) = t^{Hq} E(|g(1)|^q)$。而根据多重分形过程的定义，单一分形过程的尺度函数和前置因子分别为：$\tau(q) = Hq - 1$ 和 $C(q) = E(|g(1)|^q)$。由此可见，单一分形过程的尺度函数 $\tau(q)$ 是一个线性函数，而且是完全由 H 指数唯一决定的线性函数，说明价格的大幅波动和小幅波动完全相似，否则就不完全相似。而单一分形过程的奇异指数在各个时刻都是相同的，不随时间变化而变化。因此，单一分形过程不具有局部尺度特征的信息，单一的 H 指数仅仅表示出一个分形过程的长期统计行为，并未考虑在某一时刻上的局部特性。此外，在任意的子区间上，局部奇异指数 $\alpha(t)$ 均等于 H 指数，因此，当 $\alpha = H$ 时，$f(\alpha) = 1$；当 $\alpha \neq H$ 时，$f(\alpha) = -\infty$。

多重分形过程最深刻的本质是引入局部尺度特征的多样性，资产价格波动在时间上的不均匀性可由多重分形谱 $f(\alpha)(f(\alpha) \leq 1)$ 来刻画。

多重分形谱的基本思想是：奇异指数的定义表明，连续函数 $g(t)$ 在 t 时刻

上的奇异指数就是 $\ln|g(t+\Delta t) - g(t)|/\ln(\Delta t)$ 在 $\Delta t \to 0$ 时的极限。这就提供一种估计在 $[0, T]$ 上随机选择具有给定奇异指数的点概率。重复将 $[0, T]$ 区间划分为 b^k 个等间隔长度的子区间，k 表示在划分系列中的阶段。在每个阶段上，均计算每一个子区间（共 b^k 个）的 $|g(t + b^{-k}T) - g(t_i)|$ 值，则获得粗糙奇异指数 $\alpha_k(t_i)$：$\alpha_k(t_i) = \ln|g(t + b^{-k}T) - g(t_i)|/\ln(b^{-k})$ 将 α 的范围分割成互不重叠的区间 $(\bar{\alpha}_j, \bar{\alpha}_j + \Delta\alpha]$，并且 $N_k(\bar{\alpha}_j)$ 表示局部奇异指数 $\alpha_k(t_i)$ 被包含在区间 $(\bar{\alpha}_j, \bar{\alpha}_j + \Delta\alpha]$ 内的个数。当 $k \to \infty$ 时，$N_k(\alpha)/b^k$ 收敛于一个随机选取的点 t 具有奇异指数 α 的概率。

基于该思想，Mandelbrot 等人（1997）给出了多重分形谱 $f(\alpha)$ 的定义：

定义 3-8：对于一个函数 $g(t)$，使用上述同样的重复程序和标记符号，若 $f(\alpha) = \lim\limits_{k \to \infty} \left\{ \dfrac{\log N_k(\alpha)}{\log b^k} \right\}$ 在比一个点更大的范围内有定义而取值为正数，那么，$g(t)$ 为多重分形，$f(\alpha)$ 为 $g(t)$ 的多重分形谱。

另一个等价的表述式为

$$N_\alpha(\Delta t) \sim (\Delta t)^{-f(\alpha)}$$

其中，当尺度为 Δt 时，α 的分布具有 $C(\alpha)(\Delta t)^{-f(\alpha)}$ 形式，因此 $f(\alpha)$ 就是具有局部奇异指数 α 的点集的分形维数。上式其实就是一个分形维数的定义，由前所述，分形维数可用于区分或测度过程路径的复杂性，因此分形维有助于分析多重分形结构。对任意的 $\alpha \geq 0$，$T(\alpha)$ 为具有奇异指数 α 的时间集合。因此 $T(\alpha)$ 是实轴上的任意子集，它的分形维数 $D(\alpha)$ 满足 $0 \leq D(\alpha) \leq 1$。这表明多重分形的分形维 $D(\alpha)$ 与多重分形谱 $f(\alpha)$ 是一致的。

将多重分形谱 $f(\alpha)$ 与尺度函数 $\tau(q)$ 做勒让德变换可得多重分形谱 $f(\alpha)$、奇异指数 α 与质量指数 $\tau(q)$ 三者之间的关系为

$$\begin{cases} \alpha = \dfrac{d\tau(q)}{dq} \\ f(\alpha) = \alpha q - \tau(q) \end{cases}$$

为了测算出具体的多重分形谱、下面给出质量指数 $\tau(q)$、奇异指数 $\alpha(q)$ 以及多重分形谱 $f(\alpha)$ 的相关定理，并给出一些定理的相关证明过程。

定理 3-5：设 $q \in (-\infty, +\infty)$，$\forall \varepsilon_i \in (0,1), i = 1,2,\cdots,n$，$\forall p_i \in (0, 1)$ 满足 $\sum\limits_{i=1}^{n} p_i = 1$。用超越函数 $\sum\limits_{i=1}^{n} W_i(q) = 1$ 定义出关于实数 q 的质量指数 $\tau(q)$ 满足 $W_i(q) = \dfrac{p_i^q}{\varepsilon_i^{\tau(q)}}$，那么① $\tau'(q) > 0$；② $\tau''(q) \leq 0$，当且仅当所有的 $\dfrac{\ln p_i}{\ln \varepsilon_i}$ 都相等时才成立。

定理 3-6：根据 3-6 定义的质量指数 $\tau(q)$ 定义出关于实数 q 的奇异指数

$\alpha(q) = \tau'(q)$，那么 $\alpha'(q) \leq 0$，当且仅当所有的 $\frac{\ln p_i}{\ln \varepsilon_i}$ 都相等时才成立。

定理 3-7：根据 3-6 定义的质量指数 $\tau(q)$ 与 3-7 定义的奇异指数 $\alpha(q)$ 定义出关于 q 的多重分形谱 $f(\alpha) = q\alpha(q) - \tau(q)$，那么 ① $f(\alpha) \geq 0$；② $f'(\alpha) = q$；③ $f''(\alpha) \leq 0$，当且仅当所有的 $\frac{\ln p_i}{\ln \varepsilon_i}$ 都相等时才成立。

证明：考虑某一局部的分布概率，若存在分形分布，则满足如下幂律关系，$p_i \sim \varepsilon_i^{\alpha}$，两边取 q 次方，得到 $p_i^q \sim \varepsilon_i^{\alpha q}$，两边求和 $\sum p_i^q \sim \sum \varepsilon_i^{\alpha q} \Theta$ 配分函数 $\chi_q(\varepsilon) = \sum p_i^q \sim \varepsilon_i^{\tau(q)}$，将具有相同概率 p_i 的数量 $N(\varepsilon)$ 和 ε 的关系式定义为 $N(\varepsilon) \sim \varepsilon_i^{-f(\alpha)}$，再把相同 p_i 的 p_i^q 加总得 $\chi_q(\varepsilon) = \sum p_i^q = \sum N(p_i)p_i^q = \sum \varepsilon_i^{-f(\alpha)} p_i^q = \sum \varepsilon_i^{-f(\alpha)} \varepsilon_i^{\alpha q} \sim \varepsilon_i^{\tau(q)} \Rightarrow \sum \varepsilon_i^{\alpha q - f(\alpha) - \tau(q)} = 1 \Rightarrow \tau(q) = q\alpha(q) - f(\alpha)$。

需要说明的是，不同的 q 表示不同子集在配分函数中具有的重要作用：$q \to +\infty$ 时最大概率起决定作用；$q \to -\infty$ 时最小概率起决定作用。多重分形就是通过不同的 q 值将分形体分成具有不同层次的区域来研究。

计算多重分形谱 $f(\alpha)$ 的常用方法有：直接计算法、数盒子（box-counting）法、固定半径（RAD）法、固定质量（MAS）法等。这些方法各有优缺点，对于不同的研究对象应选择合适的方法。其中最常用的方法是数盒子法，该方法直接按广义分形维的严格定义计算出 D_q，其定义如下：$D_q = \frac{1}{q-1} \lim_{\delta \to 0} \frac{\log \sum_{i=1}^{N} p_i^q(\delta)}{\log \delta}$

用尺度为 δ 的盒子对分形序列进行划分，定义每个盒子里的奇异概率测度为 $p_i(\delta)$，给定 q 值，对于不同的尺度 δ，计算并画出相应的双对数曲线图，找出图中的无标度区间，用最小二乘法计算出该段曲线的斜率，其绝对值即为给定 q 值的广义分形维数 D_q。值得注意的是，不管用哪种方法，奇异测度 $p_i(\delta)$ 都应该是非零的，因为测度为零意味着该区域内不属于所研究的多重分形测度的支撑集。

3.3.5 GARCH 族高级计量模型

GARCH 族计量模型是刻画资本市场时变特征最常用的波动率测度模型，能有效捕捉资产收益率波动的聚集和异方差现象，在资产价格（收益）序列波动率的模拟和 VaR 风险测度方法中有着广泛应用。自从 Engle（1982）开创性地提出非线性金融时间序列自回归条件异方差 ARCH 模型以来，国内外学者先后对该模型做了很多扩展研究：为了捕捉条件方差的动态变化，Bollerslev（1986）提出了 GARCH 模型；接着 Engle（1987）为了将市场中的风险与收益联系起来，将条件异方差作为解释变量引入到均值方程中，使其能够直接影响收益均值，从而建立了 ARCH – M 模型，同理可以建立其他相应的 GARCH – M 族模型。Nelson（1991）指出 GARCH 模型虽然可以较好解释波动持续性，但模型假定外部信息对金融资产序列的冲击是对称的，这与数据分布具有很强的非对称性相矛盾；且对所有参数的非负约束，增加了模型参数估计的难度，从而建立了 EGARCH 模型。为了刻画杠杆效应，Glosten，Jagannathan 和 Runkle（1993）在 GARCH – M 模型中加入季节项来区分正、负冲击对价格波动的不同影响，提出了 GJR 模型；同时，Ding，Granger 和 Engle（1993）提出了一个不对称的 GARCH 模型，即 APARCH 模型，该模型比一般 GARCH 模型多了两个参数，其中一个参数就是用来捕捉杠杆效应；Zakoian（1994）假设新生变量服从 t 分布，在条件方差中加入了名义变量，以区分正向和负向信息对波动的影响，提出了 TARCH 模型。Baillie，Bollerslev 和 Mikkelsen（1996）针对传统 GARCH 族模型不能刻画资产序列的长记忆性缺陷，提出了分数协整条件自回归异方差 FIGARCH 模型，当 $d=0$ 时，就变成了 GARCH 模型，当 $d=1$ 时，就变成了 IGARCH 模型。Tse（1998）发现 FIGARCH 却不能有效刻画条件波动率非对称结构杠杆效应，于是提出了分数协整非对称自回归条件异方差 FIAPARCH 模型。Davidson（2004）又指出 FIGARCH 与 FIAPARCH 模型存在不平稳性（四阶矩的存在性问题）会导致结论有较大偏差，且其固定的振幅限制了模型对时间序列的估计精度，通过在 FIGARCH 模型的滞后项中引入新参数 $\hat{\alpha}$ 进行扩展，提出了广义的 FIGARCH 模型，称为 HYGARCH 双曲线记忆性模型。

在波动率模型的均值方程中，Andersen，Bollerslev，Diebold 和 Ebens（2001）研究发现用 ARMA 模型难以刻画序列的长记忆性，提出用自回归分整移动平均（ARFIMA）模型可较好地对此进行刻画。ARFIMA (p, d, q) 允许对序列进行分数 d 阶差分，综合考虑了长记忆和短记忆过程，是用 $p+q$ 个参数来描述短记忆过程，用参数 d 描述长记忆过程，可以较好地模拟那些相关程度比 ARMA 过程强，但又比 ARIMA 过程弱的时间序列，因此既优于单纯描述短记忆过程的 ARMA (p, q) 模型，又优于单纯描述长记忆过程的 FDN 模型。

在本书采用的 GARCH 族高级计量模型中所产生的新生变量并不是假定其服从常用的正态、学生 t 和 GED 等对称分布形式，而是以数据说话，在分析我国风格资产收益与基金投资风格漂移收益序列存在着有偏的尖峰厚尾特征的基础上，引入更符合这些特征的偏 t 分布来进行准确刻画。skt 分布的密度函数为

$$f(z_t \mid s,d) = \begin{cases} \dfrac{2}{s+1/s}\sigma g\left[s(\sigma z_t+\mu)\,\Big|\,d\right], z_t < -\dfrac{\mu}{\sigma} \\ \dfrac{2}{s+1/s}\sigma g\left[\dfrac{\sigma z_t+\mu}{s}\,\Big|\,d\right], z_t \geq -\dfrac{\mu}{\sigma} \end{cases}$$

式中，$g(\cdot \mid d)$ 为标准对称 t 分布的概率密度函数，s 是偏度系数，d 是自由度，d 越小，表示尖峰厚尾特征越明显，$\mu = \dfrac{\Gamma[(d-1)/2]\cdot\sqrt{d-2}}{\sqrt{\pi}\Gamma[d/2]}\left[s-\dfrac{1}{s}\right]$，$\sigma = \sqrt{s^2 + \dfrac{1}{s^2} - 1 - \mu^2}$ 分别是 skt 分布的均值与标准差。当 $s=1$ 时，就变成了对称的学生 t 分布。

Giot 和 Laurent（2003）进一步研究得出标准化的 skt 分布的 α 分位数 $\text{skt}_{\alpha,d,s}$ 计算公式为：$\text{skt}_{\alpha,d,s} = \dfrac{\text{skt}^*_{\alpha,d,s} - \mu}{\sigma}$，式中，$\text{skt}^*_{\alpha,d,s}$ 表示非标准化的 skt 分布的 α 分位数，式子为

$$\text{skt}^*_{\alpha,d,s} = \begin{cases} \dfrac{1}{s}t_{\alpha,d}\left[\dfrac{\alpha}{2}(1+s^2)\right], \alpha < \dfrac{1}{1+s^2} \\ -s t_{\alpha,d}\left[\dfrac{1-\alpha}{2}(1+s^{-2})\right], \alpha \geq \dfrac{1}{1+s^2} \end{cases}$$（其中，$t_{\alpha,d}$ 为标准 t 分布的 α 分位数）

3.3.6 VaR 风险测度方法

目前，资本市场中主流风险测度方法是由 J. P. Morgan（1994）投资银行 RiskMetrics 系统提出的 VaR 方法，近年来，一些权威金融研究机构的调查发现：VaR 方法已得到投资银行、商业银行、非金融企业、机构投资者及监管部门的广泛关注和应用。许多金融机构都将 VaR 方法作为防范金融风险的第一道防线，并且开发了 VaR 风险管理软件，如 J. P. Morgan 投资银行的 RiskMetrics 系统。Jorion（1996）给出的 VaR 权威定义：VaR 指在给定置信水平下，某一资产或资产组合在未来特定时期内遭受的可能最大损失，用 $\text{Prob}(\Delta P > \text{VaR}) = 1-c = \alpha$，可推导出 $\text{VaR} = E(W) - W^* = W_0(\mu_p - R^*) = W_0 Z_{1-\alpha}\sigma_p\sqrt{\Delta t}$，其中 W_0，W^*，R^*，μ_p，σ_p，Δt，$Z_{1-\alpha}$ 分别表示资产组合的原始价值、最小价值、最小收益率、期望、方差、持有时间长度、置信水平 c 下的分位数①。易知计算 VaR 时主要考虑三个因素：资产收益的分布特征、置信水平和时间长度。其中资产收益

---

① VaR 一般有绝对 VaR 和相对 VaR 两种，实际运用中大多采用相对 VaR，因此本书也采用这种形式。

分布特征是关键，因为要计算给定置信水平下的最小价值或最低收益率，就必须要先知道资产收益的分布特征。因此，VaR 模型的准确性与否很大程度上就跟资产收益分布的刻画精度，尤其是与资产收益分布的尾部特征的刻画精度密切相关。

Giot 和 Laurent（2003）研究指出 J. P. Morgan 提出的传统 VaR 方法通常被用于度量在多头头寸下，由于资产价格下跌所面临的风险损失值，而事实上，在当今资本市场中，投资者不仅可以通过持有多头获利，还可以通过持有空头而获利①。做多时风险来源于资产价格的下跌，而做空时风险来源于资产价格的上涨。Tang 和 Shieh（2006）进一步指出，在多头情况下，投资者关心的是收益率分布的左半部分；而在空头情况下，投资者关心的是收益率分布的右半部分。在 α 显著水平下对应的多头和空头 VaR 计算公式为

$$\text{VaR}_{\text{long}} = \hat{\mu}_t - \hat{\sigma}_t z_\alpha$$
$$\text{VaR}_{\text{short}} = \hat{\mu}_t + \hat{\sigma}_t z_{1-\alpha}$$

其中，VaR_{long}，$\text{VaR}_{\text{short}}$ 分别为多头、空头 VaR，z_α，$z_{1-\alpha}$ 分别为资产收益序列的 α 左、右分位数，$\hat{\mu}_t$ 为 t 时刻的条件均值，$\hat{\sigma}_t$ 为 t 时刻的条件标准差。

对于像正态、学生 t、GED 等对称分布，由于 $z_\alpha = -z_{1-\alpha}$，因此得到的多头和空头 VaR 值相等。但在 skt 分布下，由于不具有对称性，得到的多头和空头 VaR 值就不会相等。当偏度小于 0，则 $\text{VaR}_{\text{long}} > \text{VaR}_{\text{short}}$；当偏度大于 0，则 $\text{VaR}_{\text{long}} < \text{VaR}_{\text{short}}$。

3.3.7　模型回测检验方法

为了检验本书所构建的基金投资风格漂移风险 MF - VaR 测度模型的有效性，先采用 Kupiec（1995）提出的失败频率检验法，计算溢出天数 E 为

$$E = \sum_{t=1}^{n} E_t, E_t = \begin{cases} 0, \text{若 VaR} \geq R_t \\ 1, \text{若 VaR} < R_t \end{cases}$$

按照此方法，只要溢出天数 E 或溢出率在给定的 $1-\alpha$ 置信区间内，表明模型通过检验。如果给定 α 显著性水平，MF - VaR 模型的风险测度能力是足够精确的话，则该溢出天数 E_t 应该服从概率为 α 的贝努利（Bernoulli）分布，即提出原假设 $H_0: E_t \sim Bernoulli(\alpha)$；那么该分布的似然函数为

$$L(\alpha) = \prod_{t=1}^{T+F} (1-\alpha)^{1-E_t} \alpha^{E_t} = (1-\alpha)^T \alpha^F$$

其中：T 为 VaR 值的总个数，F 为 $E_t = 1$ 的个数，则 T - F 为 $E_t = 0$ 的个

---

① 在我国资本市场中，继 2009 年 10 月 23 日创业板开板之后，到 2010 年 1 月 8 日，已经正式推出了融资融券、股指期货等做空机制，所以研究空头下的 VaR 具有现实意义。

数。Kupiec 推导出 LR 服从自由度为 1 的 χ^2 分布，即为

$$LR = -2\ln[(1-\alpha)^{T-F}\alpha^F] + 2\ln[(1-F/T)^{T-F}(F/T)^F] \sim \chi_1^2$$

该式表明：在给定 α 显著性水平下，如果所计算的 LR 检验值小于 χ_1^2 分布的临界值，则接受原假设 H_0；如果 LR 检验的 p 值越大，则说明越不能拒绝原假设 H_0，即认为 MF–VaR 模型的精度越高。

为了进一步验证 MF–VaR 模型的风险测度精度，除了考察 Kupiec（1995）提出的失败频率检验法之外，还应联合考察发生 VaR 失败的观测值之间是否具有相关性，如果 VaR 失败观测值之间具有显著相关性，那么对于基金公司来说，就很有可能发生连续超过 VaR 的投资风格漂移风险，这是基金公司与基金经理都不愿意看到的。基于此，Engle 和 Manganelli（2004）提出了一种同时进行 VaR 失败频率检验和不具有相关性检验的联合假设检验（joint test），即为动态分位数回归的检验方法（dynamic quantile regression），该方法还能捕捉不同分位数下的模型预测效果。该检验方法的步骤是先构造一个回归：$E_t = X\lambda + \varepsilon_t$，其中 X 是一个 $T \times K$ 矩阵，第 1 列是一个所有元素为 1 的列向量，随后的 q 列分别是取值为 $E_{t-1}, E_{t-2}, \cdots, E_{t-q}$ 的列向量，最后的 $K-q-1$ 列是附加的解释变量（包括所预测的 VaR 序列本身）。Engle 和 Manganelli（2004）证明了若溢出天数 E_t 序列同时符合失败率准确和不具有相关性的零假设联合检验，则动态分位数检验统计量 DQR 服从自由度为 K 的 χ^2 分布，即：$DQR = (\hat{\lambda}^T X^T X \hat{\lambda})/\alpha(1-\alpha) \sim \chi_k^2$，若采用的是周收益率，则选择 $q=5$（1 个交易周）、$k=7$ 作为动态分位数回归检验参数的标准。

3.4 本章小结

本章主要介绍了研究样本的选取、数据的来源及其处理、变量的刻画、研究设计、分形维与多重分形理论及多重分形谱的测算等本书所需采用的方法。多重分形理论不同于 ARCH 和 GARCH 等计量模型，它主要是用局部奇异指数来刻画价格波动的不均匀性。构建市场风险测度模型时，必须提炼出资产价格波动的局部特征，才能取得较好的测量精度。

本书接下来的章节主要是分别运用经典与修正 R/S 分析法、传统与改进 MF–DFA 方法、ARFIMA–HYGARCH 模型、岭回归、EGARCH–M、TGARCH–M、盒子分形维、弹性分形维、滑动窗口 MF–DFA 及多重分形谱等实证方法，从不同视角对我国证券市场上的基金投资风格漂移收益及其风险的分形特征进行探索研究。

第4章
股市风格资产分形特征研究

资产价格波动规律是资本市场研究中的一个重点难点课题，资产价格的波动受很多不确定性因素的影响，任何一个因素的细小变化都可能产生无法预料的严重结果。在基金市场中，大部分基金经常发生投资风格漂移现象，这样导致很多基金经理要么成为未来的明星，要么面临被淘汰的危机，同时投资者也面临不可预期的风格漂移风险。南方基金公司数量策略投资小组组长兼风控策略部总监刘治平（2009）指出基金公司的风险控制主要体现在非指数型基金品种上，而非指数型基金主要的风险有风格漂移、持股集中度过高等，但最大的风险还是风格漂移。可以说，投资风格漂移风险是开放式股票型基金当前面临的主要风险之一。由于基金投资风格是以某种风格资产指数或某几种风格资产指数的线性组合为投资标的，因此，研究股市风格资产指数的价格波动规律对监管基金投资风格、预测股市风格轮换、量化与控制投资风格漂移风险等一系列问题无疑具有重要的理论与现实意义。

风格资产收益序列在统计上是否具有自相似性等分形特征，本章将运用非线性科学分形理论从无序的价格波动中找出有序的规律，然后运用这种规律来分析基金投资风格的复杂特征。分形分析包括单一分形、长记忆性、多重分形等，它们均可用来刻画时间序列的整体与局部分形结构，能真实地刻画基金市场风格资产收益率变化的分形复杂特征。

4.1 股市风格资产收益序列的基本统计特征检验

本章选用中信标普公司推出的6种纯风格资产指数系列，即大盘纯成长指数（LPG）、大盘纯价值指数（LPV）、中盘纯成长指数（MPG）、中盘纯价值指数（MPV）、小盘纯成长指数（SPG）和小盘纯价值指数（SPV）作为研究样本，研究期间为2005年7月1日至2010年3月26日，包括大幅上涨、快速下跌和小幅回调的完整周期行情，具有较好的代表性。其中 2005 年 7 月 1 日至 2007 年 9 月 28 日为大幅上涨行情（大牛市），2007 年 9 月 28 日至 2008 年 9 月 26 日为快速下跌行情（大熊市），2008 年 9 月 26 日至 2010 年 3 月 26 日为小幅回调行情（小牛市）。采用日、周、月等三种时间标度下的收盘价，数据来源于中信标普公司网站，对收盘价数据进行对数预处理可得到对数收益率序列（表 4-1），设 p_t 表示 t 时刻风格资产的收盘价，则 t 时刻的风格资产收益率为：$r_t = \ln p_t - \ln p_{t-1}$。

考虑选用中信标普风格指数系列的原因是基于以下三点考虑：一是很多基金产品在设计投资风格时是以中信标普风格指数为参考标准的；二是至今为止中信标普风格指数是能够较好反映股市纯风格的指数之一；三是大量实证研究也表明：该风格指数的编制方法是合理的，能较好反映我国证券市场不同风格资产的风险收益特征。该纯风格指数系列编制的原则为：三分之一的成分股为纯成长股，三分之一的成分股为纯价值股，中间三分之一的成分股不作为纯风格指数，因此不会出现交叉重叠的股票，且样本股票是根据风格属性进行赋权，基期是 1999 年 12 月 30 日，定为 1000 点，能较好地反映各种风格属性特征（具体见表 3-3）。

表 4-1　三种时间标度下 6 种纯风格资产指数的样本数据

风格资产指数	样本区间	日收益率数据（个）	周收益率数据（个）	月收益率数据（个）
大盘纯成长（LPG）	2005.7.1—2010.3.26	1030	238	57
大盘纯价值（LPV）	2005.7.1—2010.3.26	1030	238	57
中盘纯成长（MPG）	2005.7.1—2010.3.26	1030	238	57
中盘纯价值（MPV）	2005.7.1—2010.3.26	1030	238	57
小盘纯成长（SPG）	2005.7.1—2010.3.26	1030	238	57
小盘纯价值（SPV）	2005.7.1—2010.3.26	1030	238	57

为了对我国股市风格资产收益序列的波动趋势有个基本把握，同时也为进一步分析其分形特征的需要，有必要首先运用传统的统计方法对股市风格资产收益序列的基本统计特征进行检验，主要包括正态性检验、独立同分布与线性相关检验。

4.1.1　正态性检验

时间序列的正态性一般运用 Jarque - Bera 统计量、Q-Q 图与直方图等三种检验方法。首先运用 Jarque - Bera 统计量对三种时间标度下的收益率序列进行正态性检验，发现偏度均不为0，峰度均大于3，JB统计量的值在5%显著性水平下均拒绝收益率序列服从正态分布的原假设（表4-2）；从$Q-Q$图也可知6种风格资产日收益序列均不在一条直线上（图4-1），表明它们均不服从正态分布，$Q-Q$图的上端向下端倾斜，而下端又向上翘起，表明日收益序列的分布存在着有偏的尖峰厚尾特征；从6种风格资产周收益序列的直方图（图4-2）中也可发现并不服从正态分布，呈现出明显的尖峰、厚尾与有偏特征。这三种正态性检验结果均表明这6种风格资产指数在三种时间标度下的收益序列均不服从正态分布，呈现尖峰、厚尾与有偏特征，而且时间标度越小，有偏的尖峰厚尾特征越显著，表明在越小的时间标度上（如日），收益序列的波动幅度越大。厚尾分布符合幂律关系，即分形的规律，引起收益序列的厚尾特征主要有两种原因：一是信息的不断累积导致价格的大幅波动；二是投资者对信息的非线性反应导致价格不能及时反映信息，从而因信息的累积效应导致资产价格的大幅波动，产生厚尾现象。

表4-2 三种时间标度下的6种纯风格资产收益序列的基本统计量

风格资产指数	时间标度	均值	偏度	峰度	JB统计量	Z统计量	Q统计量
大盘纯成长（LPG）	日收益	0.0014	-0.02	6.66	575.1***	50.40***	26.38**
	周收益	0.0062	-0.47	4.18	22.41***	7.933***	35.76***
	月收益	0.2608	-0.93	3.41	8.647**	1.815*	35.53***
大盘纯价值（LPV）	日收益	0.0015	-0.35	5.95	394.3***	47.44***	37.83***
	周收益	0.0066	-0.26	3.88	10.41***	8.264***	26.98***
	月收益	0.0274	-0.72	3.67	5.994**	1.806*	27.66**
中盘纯成长（MPG）	日收益	0.0016	0.21	9.95	2081***	43.75***	26.98**
	周收益	0.0070	-0.26	4.37	21.05***	7.662***	36.14***
	月收益	0.0293	-0.92	3.82	9.550***	1.967**	29.32**
中盘纯价值（MPV）	日收益	0.0019	-0.30	6.50	540.8***	41.21***	24.14*
	周收益	0.0083	-0.37	3.84	12.16***	5.812***	22.36
	月收益	0.0345	-0.51	3.54	5.123*	1.757*	22.66*
小盘纯成长（SPG）	日收益	0.0018	0.02	8.52	1308***	41.43***	25.56**
	周收益	0.0078	-0.44	4.28	23.70***	6.441***	31.69***
	月收益	0.0324	-1.00	3.83	11.09***	2.795**	22.75*

续上表

风格资产指数	时间标度	均值	偏度	峰度	JB 统计量	Z 统计量	Q 统计量
小盘纯价值（SPV）	日收益	0.0020	-0.07	9.24	1670***	33.52***	25.95**
	周收益	0.0087	-0.48	4.71	38.08***	3.928***	22.92*
	月收益	0.0365	-0.67	3.58	5.052*	1.801*	22.45*

数据来源：本书经 Eviews 9.0 软件分析整理（说明：***，**，*分别表示 0.01，0.05，0.1 置信水平下的显著性，JB 统计量服从自由度为 2 的 χ^2 分布，相应的临界值为 9.21，5.99，4.61，LB 检验的 Q 统计量服从自由度为 15 的 χ^2 分布，相应的临界值为 30.58，25.00，22.31，BDS 检验的 Z 统计量是嵌入维数为 15 的计算值）。

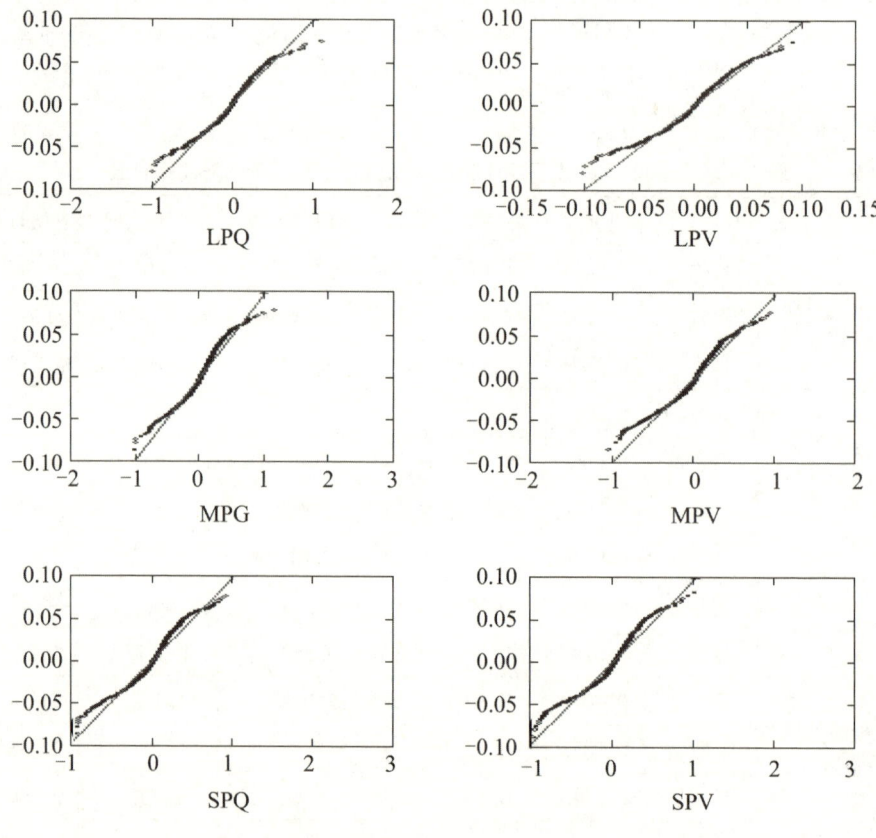

图 4-1　6 种纯风格资产指数日收益序列的 Q-Q 图

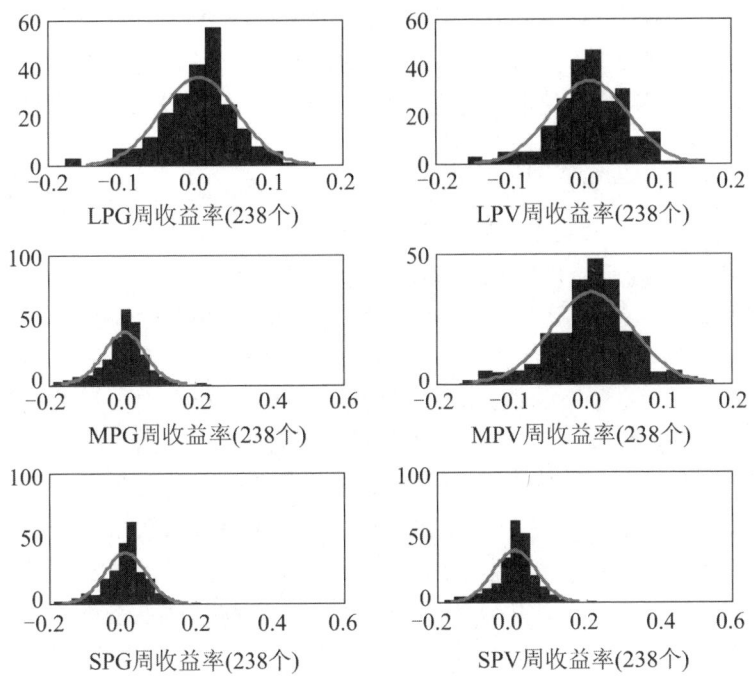

图 4-2　6 种风格资产指数周收益序列的直方图

4.1.2　独立同分布与线性相关检验

有效市场理论通常假定资产收益率序列服从独立同分布,而上节的正态性检验只能表明风格资产收益率序列不服从正态分布,对于其是否具有独立性与线性自相关性,需要进一步检验。独立同分布检验通常采用 Brock, Scheinkman, Dechert 和 LeBaron (1996) 提出的从确定性混沌或非线性随机系统中识别随机系统的 BDS 重要检验方法,原假设 H_0: 序列服从独立同分布, BDS 检验的 Z 统计量为: $Z = \sqrt{n-m-1}\dfrac{b_{m,n}(\varepsilon)}{\sigma_{m,n}(\varepsilon)}$,其中, $b_{m,n}(\varepsilon)$ 为 BDS 统计量, ε 为任意给定的正数, n 为样本容量, m 为嵌入维数;线性相关检验最早采用 Box 和 Pierce (1970) 提出的 Q 统计量,是用简单的样本相关系数对滞后各期之间的相关程度分别进行独立性检验,原假设 $H_0: \rho_1 = \rho_2 = \cdots = \rho_m = 0$, Q 统计量为: $Q_{BP} = N\sum_{k=1}^{m}\rho_k^2 \sim \chi^2(d)$,式中, N 为样本容量, ρ_k 为样本 k 阶自相关系数, d 为自由度,但该方法对小样本不太适合。后来 Ljung 和 Box (1978) 提出了在小样本具有更好近似性质的修正 Q 统计量: $Q_{BP} = N(N+2)\sum_{k=1}^{m}\rho_k^2/(N-k) \sim \chi^2(d)$。当

$m=d=15$ 时，BDS 与 LB 检验结果见表 4-2，结果发现 BDS 检验的 Z 统计量值在 0.1 显著性水平下均拒绝了独立同分布的原假设；LB 检验的 Q 统计量的值在 0.1 显著性水平下也均拒绝收益序列具有线性相关假设。这表明 6 种风格资产指数收益序列不具有独立同分布与线性自相关等特征，具有随机游走的特性，显著偏离随机游走过程是存在非线性相关的一个重要标志。但是对于风格资产收益序列的长记忆性特征检验需要采用分形分析法，故引入分形理论来挖掘这种非线性结构是合适的。而分形市场理论（fractal market theory，FMT）是分形理论在资本市场中的直接应用，由 Peters（1994）在 *Fractal Market Analysis: Applying Chaos Theory to Investment and Economics* 一书中提出，突破了有效市场理论的独立、线性、正态、静态等假定，该理论认为资本市场是由大量的具有不同投资期限的投资者所组成，信息对各种不同投资者的交易时间有着不同的影响；资产价格的变化不是随机游走，而是具有增强趋势的长记忆性，今天或未来的资产价格变动与初始状态之间并非相互独立，而是持久相关的。分形市场理论的提出尽管使得理解市场和经济问题变得复杂，但更加贴近证券市场分形统计特征的现实背景，下面将运用三种不同的方法分别对股市风格资产收益序列的分形特征进行实证检验。

4.2 基于经典与修正 R/S 方法的风格资产收益单一分形分析

4.2.1 风格资产分形特征的研究背景

由于资本市场是个复杂的非线性系统，分形理论已被国内外学者应用于资本市场中的资产价格波动研究，认为价格波动服从单分形过程，即不同时间标度下的价格序列分布存在统计上的自相似性。分形时间序列一般具有两个分形特征：一是自相似性，即任意局部与整体之间具有某种相似性；二是标度不变性，即日、周、月等不同时间标度下的价格（收益）序列之间具有相似或统计上自相似性。常用来刻画这两个特征的参数有 Hurst 指数（H）、分形维（D）、分形分布中的特征指数（α）与长记忆模型中的分形差分参数（d），其中长记忆性在股票市场上已得到了广泛的实际应用，它们之间的理论关系一般为：$H = d + 0.5$（Geweke 和 Porter-Hudak，1983）、$\alpha = \dfrac{1}{H}$（Falconer，1990）、$D = 2 - H$（Peters，1994）。Mandelbrot（1972）指出 α 特征指数也可称为时间序列概率空间分形维数，用来刻画概率密度函数厚尾性特征，与分形维数 D 是不同的概念，D 是时间序列轨迹的分形维，用来刻画时间序列的参差不齐性。根据 D 与 H 的关系式可知，Hurst 指数也可用来刻画一个时间序列的参差不齐程度，随着 Hurst

值的增大，时间序列曲线变得越来越光滑，参差不齐的程度越来越小。

资本市场的分形结构研究是金融投资领域中的一个热点问题，近年来，国内外学者的已有分形应用研究文献基本都集中在股票综合指数方面，在基金投资领域中，至今仍是空白。自从 Sharpe（1992）研究发现投资风格对基金业绩起决定性的贡献作用，达 90% 以上；Wermers（2000）研究同样发现投资风格对基金业绩发挥着重要作用，具有不同投资风格的基金在市场上的业绩表现具有显著性差异。此后投资风格研究已越来越受到基金经理的青睐，风格投资因此逐步演变为基金构建投资组合的主流方法，从此掀起了一股研究基金投资风格的热潮。投资风格是基金产品发行时的标签，这意味着投资风格本身暗示了投资风格具有鲜明一致性，是不可改变的，一类风格基金吸引一类投资者，属于定性的范畴，侧重选股方面；而风格投资是一种风格轮换策略，暗示风格是可轮换、可适度漂移的，但不可过度漂移或无序改变，属于定量的范畴，侧重择时方面。投资风格是基金产品发行、设计考虑的主要因素；而风格投资是基金投资运作中采取的具体风格轮换或漂移策略。由于我国基金信息披露制度最短是一个季度，把两者联系起来创新性地为基金经理提出了一种适度风格漂移策略，将其定义为投资风格的风格投资策略。那么要想成功构建这种策略，有必要分析我国股市风格是否具有分形结构特征，是否具有状态的持久性，如果有持久性，它的平均循环周期又是多少？带着这些问题的探索，本章在回顾经典 R/S 及修正 R/S 方法的基础上，引入不同时间标度 R/S 分析法来研究基金投资风格领域，通过计算 6 种股市风格资产指数在不同时间标度下的收益序列 Hurst 指数与平均循环长度来挖掘风格漂移及轮换规律，为基金经理与投资者在不同的股市风格行情下构建适度风格漂移投资策略提供决策参考与理论支持。

4.2.2 经典与修正 R/S 分析法

英国学者 Hurst（1951）在研究水库控制时开创性地提出 R/S 重标极差法分析水文时间序列的分形结构，后来，经典 R/S 分析法在金融时间序列分形特征研究中得到了广泛应用。其基本思路与计算步骤为：

（1）将长度为 $N+1$ 的证券价格时间序列 $\{p_t\}_{t=1}^{N+1}$ 转化为长度为 N 的收益率序列 $\{r_t\}_{t=1}^{N}$，其中，p_t，r_t 在本书中分别代表风格资产指数的收盘价与收益率时间序列；

（2）将收益率序列 $\{r_t\}_{t=1}^{N}$ 分成 A 个长度为 n 的子序列，第 i 个子序列的第 j 个样本数据记为 $r_{ij}(i=1,2,\cdots,A;j=1,2,\cdots,n)$，则第 i 个子序列的标准差为：

$S_{ij} = \sqrt{\dfrac{1}{n}\sum_{j=1}^{n}[r_{ij}-E(r_{ij})]^2}$，其中，$E(r_{ij}) = \dfrac{1}{n}\sum_{j=1}^{n}r_{ij}$ 为第 i 个子序列的均值；

(3) 计算第 i 个子序列相对于均值的累计离差：$D_{ij} = \sum_{j=1}^{n} [r_{ij} - \mathrm{E}(r_{ij})]$，则该子序列的极差为：$R_{ij} = \max\{D_{i1}, D_{i2}, \cdots, D_{in}\} - \min\{D_{i1}, D_{i2}, \cdots, D_{in}\}$；

(4) 对于每个子序列，用极差除以相应的标准差进行重新标度，对于时间标度长度为 n 的重标极差为：$(\mathrm{R/S})_n = \frac{1}{A} \sum_{i=1}^{A} \frac{R_{ij}}{S_{ij}}$；

(5) 不断改变标度长度 n 并重复以上四步计算相应的重标极差 $(\mathrm{R/S})_n$ 统计量，得到重标极差与标度长度的序列。若 $(\mathrm{R/S})_n$ 与标度长度 n 之间满足标度不变性的分形特征，则它们应满足如下幂律关系：$(\mathrm{R/S})_n \propto n^H$，其中，$H$ 就是 Hurst 指数。可以先作 $\log(\mathrm{R/S})_n - \log(n)$ 双对数图，然后采用 OLS 即可求出线性回归的斜率 H 值。

此后，Mandelbrot 和 Wallis（1969）、Peters（1991，1994）等学者先后对经典 R/S 分析法做了修正。Lo（1991）研究发现当时间序列存在短记忆性、异方差性或非平稳性其中之一时，经典 R/S 分析法会产生一定的估计偏差，无法区分短记忆和长记忆性，基于此通过引入样本协方差对经典 R/S 分析法做了修正，剔除时间序列的短记忆性，能较好检测序列的长记忆性，并对股市分形结构进行了实证分析。修正 $(\mathrm{R/S})_n = \frac{1}{A} \sum_{i=1}^{A} \frac{R_{ij}}{S_{ij}(q)}$，其中

$$S_{ij}(q) = \sqrt{\frac{1}{n} \sum_{j=1}^{n} [r_{ij} - \mathrm{E}(r_{ij})]^2 + \frac{2}{n} \sum_{k=1}^{q} \omega_k(q) \left[\sum_{j=k+1}^{n} (r_{ij} - \mathrm{E}(r_{ij}))(r_{i,j-k} - \mathrm{E}(r_{ij})) \right]}$$

$$= \sqrt{S_{ij}^2(q) + 2 \sum_{k=1}^{q} \omega_k(q) \gamma_k}, (\gamma_k \text{ 为子序列 } \{r_{ij}\}_{j=1}^{n} \text{ 的 } k \text{ 阶自协方差}, \omega_k(q)$$

为巴特勒特权重 $\omega_k(q) = 1 - \frac{j}{q+1}$）。

计算修正 $(\mathrm{R/S})_n$ 的步骤与计算经典 $(\mathrm{R/S})_n$ 的步骤相类似，对于每个 n，q，可对 $V_n(q)$ 的显著性进行检验，q 值可通过下式来确定，$q = \mathrm{int}\{(\frac{3N}{2})^{1/3}[2\rho/(1-\rho^2)]^{2/3}\}$，其中 ρ 为收益率序列 $\{r_t\}_{t=1}^{N}$ 的一阶自相关系数。

在双对数图形中，若图形的斜率 $H = 0.5$，则时间序列是随机游走的；若 $H \in (0.5, 1.0]$，则时间序列具有持久性，即在所有时间标度上会受到长记忆性的影响；若 $H \in [0, 0.5)$，则时间序列具有反持久性。为了判断时间序列的 H 值与 0.5 之间是否具有显著性差异，对 Hurst 指数进行 T 显著性检验，构造统计量 $T = \frac{H - \mathrm{E}(H)}{\sqrt{\mathrm{VaR}(H)}}$。要计算 Hurst 指数的期望值 $\mathrm{E}(H)$，先要计算 $\mathrm{E}(\mathrm{R/S})_n$，Peters（1994）给出了 $\mathrm{E}(\mathrm{R/S})_n$ 与 $\mathrm{VaR}(H)$ 的公式，构建了测量平均周期 V 统计量，分别为：

$$E(R/S)_n = \frac{n-0.5}{n\cdot\sqrt{\frac{n\pi}{2}}}\cdot\sum_{r=1}^{n-1}\sqrt{\frac{n-r}{r}}, \text{VaR}(H)_n = \frac{1}{N}, V_n = \frac{(R/S)_n}{\sqrt{n}}$$

计算平均循环周期的思想为：当 $(R/S)_n$ 与 $\sqrt{n}$ 同比例增长时，$V_n - \log(n)$ 的散点图将是一条水平直线；当 $(R/S)_n$ 比 $\sqrt{n}$ 增长得快时，即存在持久性，散点图将呈上升趋势；当 $(R/S)_n$ 比 $\sqrt{n}$ 增长得慢时，即存在反持久性，散点图呈下降趋势。因此，散点图由斜变平的拐点就是平均周期点，该时点的值即为平均循环周期。最近，国外学者 Seong – Min Yoon 和 Sang Hoon Kang（2008）运用修正 R/S 分析法研究发现韩国股价指数具有长记忆性和非周期循环特征；Triki Mohamed Bilel 和 Selmi Nadhem（2009）以 G7 股票市场数据为样本，采用分形迪克检验与修正 R/S 分析法研究发现股票市场具有正的长记忆性；Siow – Hooi Tan、Lee – Lee Chong 和 Peik – Foong Yeap（2010）以 1985 年 1 月至 2009 年 12 月的马来西亚股票牛熊市场数据，采用同样的方法来验证有效市场假说，实证结果表明：在早期尤其是在 1997 年金融危机之前，股票市场具有长记忆性，可以一定的概率对股票价格波动规律进行预测。

国内学者大多都是基于经典 R/S 及修正 R/S 分析法来对股票市场进行分形研究，如史永东（2000），徐迪、吴世农（2002），范英、魏一鸣（2004），郝清民（2007），谢朝华、李忠、郑咏梅、文凤华（2010）等利用经典 R/S 分析法对我国股市进行分形研究，结果均表明：股票市场呈现显著的分形特征，具有长记忆性。胡雪明、宋学峰（2003），施锡铨、艾克凤（2004），苑莹、庄新田（2007）等运用多重分形分析法对深证成指、上证综指、道琼斯工业指数等股票指数进行实证研究，结果表明：在整个时间标度上 Hurst 指数均表现为持久性特征，Hurst 指数随时间标度的增大而增大，且发现在整个标度范围内存在标度临界点，说明股指价格存在不同时间标度下的状态跃迁现象。目前，基于经典 R/S 分析的研究对象大多都集中在股票综合指数方面，在基金投资领域鲜有学者涉及，尤其在基金投资风格领域更是空白，基于此，本节运用三种不同时间标度下的经典与修正 R/S 分析法对我国股市风格资产的分形特征进行挖掘研究。

4.2.3 股市风格资产收益分形特征实证研究

在进行不同时间标度的 R/S 分析时，关于时间标度长度 n 的选取，目前已有文献中主要有两种方法：一是 $10,11,\cdots,\text{int}(\frac{N}{2})$，二是 $2^1,2^2,\cdots,2^{\text{int}[\log_2(N)]}$。黄诒蓉和罗奕（2009）研究发现第 1 种方法估计 H 值的偏差要比第 2 种方法小，但其标准差和均方误差要大于第 2 种方法。笔者认为高频数据的分形分析适合第 2 种方法，综合考虑到我国资本市场还不成熟，日、周、月收益率数据量较少，因此决定采用第 1 种方法来选取标度长度。利用 Matlab10.0 软件自行编程，对以上各风格资产指数分别进行实证研究。限于篇幅仅以大盘纯成长型风格资产日收益为例，画出整个 R/S 分析的直观图形过程（图 4-3），其他不同时间标度下的风格资产指数可以做类似分析。全部实证结果见表 4-3。

图 4-3 中的 A、B 绘制的是以大盘纯成长型风格资产日收益序列为例的经典 R/S 分析与修正 R/S 分析的结果。从图 4-3-B 中可看出，修正 R/S 分析得到的 $V_n(q)$ 比经典 R/S 分析得到的 $V_n(0)$ 要小，在图形上位于 $V_n(0)$ 的下方，存在显著性差异，都随时间标度的增大显著性降低，且都没有经典 R/S 分析结果的显著性强。这表明经典 R/S 分析比修正 R/S 分析更易受到短记忆性的影响而导致 Hurst 指数的高估，修正 R/S 分析能够较好地消除这种短记忆性。

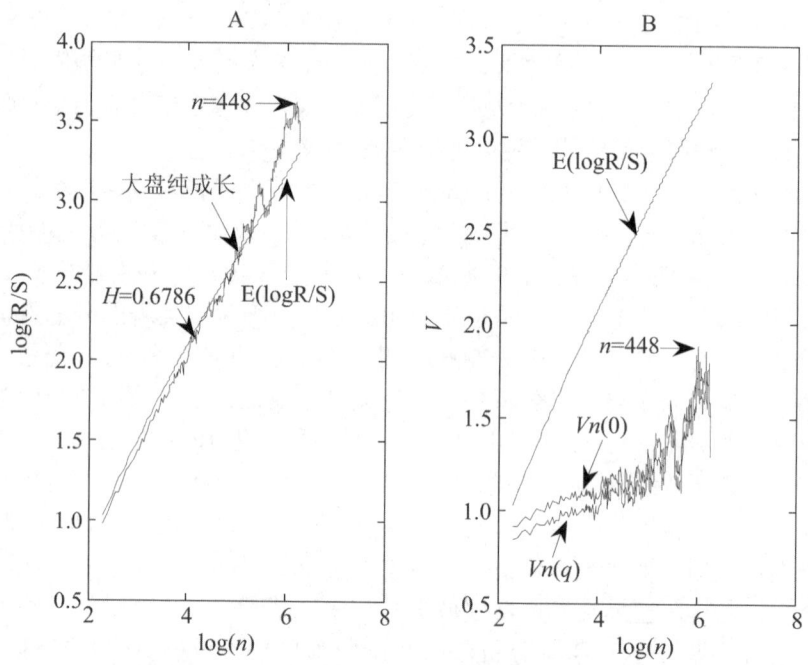

图 4-3 大盘纯成长型风格资产日收益序列经典 R/S 与修正 R/S 分析结果

表 4-3 三种时间标度下的 6 种纯风格资产收益序列的 R/S 分析结果

风格资产指数	时间标度	经典 R/S 分析				修正 R/S 分析	
		Hurst	周期	T 检验值	$V_n(0)$	q	$V_n(q)$
大盘纯成长 （LPG）	日收益	0.6786	448	3.9475***	1.8856**	3	1.7679**
	周收益	0.7623	114	2.6350***	1.700*	2	1.5015
	月收益	0.9861	25	2.4990***	1.5266	2	1.0533

续上表

风格资产指数	时间标度	经典 R/S 分析				修正 R/S 分析	
		Hurst	周期	T检验值	$V_n(0)$	q	$V_n(q)$
大盘纯价值 (LPV)	日收益	0.6842	464	4.1497***	2.0701***	3	1.9158**
	周收益	0.7754	109	2.8139***	1.8548**	2	1.5867
	月收益	0.9341	25	2.1064**	1.4944	2	1.0689
中盘纯成长 (MPG)	日收益	0.6803	464	4.0245***	1.9413**	4	1.7534**
	周收益	0.7499	112	2.4344***	1.7356*	2	1.5076
	月收益	0.8492	26	1.4813*	1.4941	2	1.0413
中盘纯价值 (MPV)	日收益	0.6565	465	3.2607***	1.9615**	3	1.8109**
	周收益	0.7505	102	2.3959***	1.8128**	2	1.5609
	月收益	0.8731	24	1.6293*	1.4337	1	1.1807
小盘纯成长 (SPG)	日收益	0.6373	465	2.6445***	1.8001**	4	1.6368*
	周收益	0.7165	113	1.8775**	1.6305*	2	1.4043
	月收益	0.9109	24	1.9146**	1.4477	2	1.0109
小盘纯价值 (SPV)	日收益	0.6367	481	2.6477***	1.8149**	3	1.6672*
	周收益	0.7089	105	1.7695**	1.6721*	2	1.4717
	月收益	0.9769	24	0.9769	1.3411	1	1.1348

数据来源：本书经 Matlab 10.0 软件分析整理（说明：根据 Lo（1991）的文献，$V_n(q)$ 在 0.01、0.05、0.1 水平下的临界值分别为 2.001、1.747、1.620；T 检验值服从标准正态分布）。

从表 4-3 中可知 6 种风格资产指数的日、周、月收益率序列的 Hurst 指数均大于 0.5，且基本都通过显著性检验（除小盘纯价值月收益率没有通过显著性检验，但在 0.2（该临界值为 0.8416）置信水平下是显著的），大盘纯成长型风格表现平均循环周期的长度为 448 天，114 周，25 个月；大盘纯价值型风格表现平均循环周期的长度为 464 天，109 周，25 个月；中盘纯成长型风格表现平均循环周期的长度为 464 天，112 周，26 个月；中盘纯价值型风格表现平均循环周期的长度为 465 天，102 周，24 个月；小盘纯成长型风格表现平均循环周期的长度为 465 天，113 周，24 个月；小盘纯价值型风格表现平均循环周期的长度为 481 天，105 周，24 个月；结果表明风格资产指数都具有长记忆性，标度不变性，收益率波动具有状态持久性，表现为市场风格的持续不变性与整个市场中风格可轮换性的现实背景。

以月收益率序列 R/S 分析结果为例可知：大盘纯成长型、大盘纯价值型风格资产平均周期为 25 个月；中盘纯成长型平均周期为 26 个月；中盘纯价值型、小盘纯成长型、小盘纯价值型风格资产平均周期为 24 个月。基金信息披露最短周期为 1 个季度，因此，可以通过不同风格之间的周期差异构建适度风格漂移策略，以获得短期超额收益。在月收益率数据平均周期相同的情况下，可结合日、周收益率平均周期综合考虑进行风格漂移或轮换，基金经理也可根据自己的风险偏好或容忍度来选择不同时间标度下的平均循环周期进行适度风格漂移，在季度内基金信息披露前夕再把风格漂移到基金发行宣称时的风格，以免遭受因风格漂移所带来的一系列诚信、流动性等风险；同时，也可根据风格资产收益序列的平均循环周期来预测未来一段时期内的市场主导风格，为基金经理构建迎合市场主导风格的适度风格漂移策略以获取短期超额收益提供理论支持。

4.2.4 实证结论

从以上实证结果分析中主要得出以下三点研究结论：

（1）本节运用不同时间标度下的 R/S 分析法对中信标普公司推出的 6 种风格资产指数进行了实证分析，结果发现：在日、周、月等三种时间标度下 Hurst 指数均显著大于 0.5，表现为持久性特征，说明股市风格具有长记忆性，即如果某种风格资产在这期业绩表现较佳，则可继续买入该种风格的股票；相反，则卖出该种风格的股票，去寻找风格表现较佳的股票。而且 Hurst 指数随着时间标度的增大而不断增大，并且在整个标度范围内存在标度临界点，这表明风格资产指数在不同时间标度范围内的股市风格轮换现象，该风格轮换现象与股市风格密切相关，为基金适度风格漂移提供了现实可行性。

（2）从经典 R/S 分析结果可看出：我国股市风格具有显著的分形结构特征，风格资产指数收益率序列具有长记忆性，不同风格资产的业绩具有不同的周期性；大盘纯价值型风格资产的日、周、月收益率的平均循环周期长度分别为 464 天、109 周、25 个月，平均循环长度相差不大，即不同时间标度下的收益率序列具有基本一致的平均循环长度（一月按 4 周，一周按 5 天进行换算）。这表明以日、周、月为时间标度的收益率序列具有统计意义上的标度不变性等分形特征。运用同样的方法对其他风格资产日、周、月收益率序列进行分析可得类似的结论。

（3）从两种方法分析结果比较可看出：6 种风格资产指数经典 R/S 分析的日、周收益率序列的 $V_n(0)$ 统计量在 1% 显著性水平及以上均显著，但修正 R/S 分析只有日收益率显著，月收益率序列的 $V_n(q)$ 统计量两种分析方法均不显著，且每个时间标度下的 $V_n(q)$ 统计量均没有经典 R/S 分析结果的显著性强。该点结论进一步证明了修正 R/S 分析法能够消除短记忆性所造成的影响，减少经典 R/S 分析的长记忆性误差。

资本市场的投资风格研究是项非常复杂的系统工程，呈非线性的风格漂移或轮换等不确定规律，风格资产的收益具有一定的周期性，从长期来看，没有一种风格资产在市场上能够始终立于不败之地，正确地判定风格倾向，实行积极的风格管理可以有效地提高基金业绩。用不同时间标度 R/S 分析法研究股市风格长记忆性等分形特征能够更好地挖掘短期投资者、中期投资者与长期投资者的风格偏好。

4.3 基于 ARFIMA – HYGARCH 模型的风格资产收益双长记忆性分析

4.3.1 风格资产收益的双长记忆性研究背景

近年来，资产收益时间序列是否存在长记忆性[①]研究是现代投资理论的热点问题，国内学者对股市收益序列的长记忆性研究较多，但所得出的结论却不尽相同。大部分学者认为我国沪深股市日收益率序列均存在显著的长记忆性特征，但也有一小部分学者认为我国沪深股市日收益序列的长记忆性均不显著或至少有一个长记忆性不显著；另外，还有学者认为我国深市日收益序列的长记忆性特征不显著，而股市波动过程却存在显著的长记忆性特征。不同学者的研究结论之所以出现差异，主要是因为所采用的方法和选择的样本不同。目前，检验时间序列长记忆性的方法主要有两类：统计方法和数学模型方法。统计方法主要包括 R/S 分析、DFA 和小波分析等方法，数学模型方法主要包括均值方程的 AR（FI）MA 模型和方差方程的长记忆 GARCH 族模型。传统的统计方法必须通过对日收益序列的收益率和波动率分别进行分析才能得到双长记忆性存在与否的结论，而数学模型方法却可直接通过对收益和波动序列进行建模，利用极大似然估计等方法同时估算出所有的长记忆性参数，这既避免了逐个考察的数据普适性问题，又有助于兼顾收益率与波动率之间的相互影响。通过梳理国内外相关文献不难发现：已有分形计量模型应用研究文献基本都集中在股票综合指数方面，在基金投资领域中，至今鲜有学者涉及，要想成功构建一种适度风格的漂移策略，就必须分析我国股市风格是否具有分形结构特征，挖掘出适度风格漂移的时点。上节只是运用 R/S 分析法对股市风格资产长记忆性进行了分析，但它是否存在双长记忆性分形特征呢？带着这些问题的探索，本节引入 skt 分布下的 ARFIMA – HYGARCH 计量模型来实证检验我国股市风格资产收益序列的双长记忆性分形特征，以期为基金经理与投资者挖掘到有价值的统计信息。

---

① 股市长记忆性指高阶自相关性，意味股价波动具有一种持久性或长期依赖性，投资者可据此进行预测股价波动趋势。

4.3.2 股市长记忆性研究的文献回顾

国内学者在股市长记忆性方面的研究较早的有王春峰、张庆翠、李刚(2003)运用经典 R/S 分析法检验我国沪深股市的日、周收益序列的长记忆性,结果表明:两市均存在显著的长记忆性特征。陈梦根(2003)运用修正 R/S 分析法和 ARFIMA 模型相结合来研究沪深股市的长记忆性,结果表明:两市均不存在明显的长记忆性特征。后来发展为运用 ARFIMA - FIGARCH 模型和 ARFIMA - FIEGARCH 模型来研究股票综合指数的双长记忆性,新生变量或残差序列采用服从 t、GED 等对称分布。如张卫国、胡彦梅、陈建忠(2006)采用服从 t 分布的 ARFIMA - FIGARCH 模型研究深圳成指的双长记忆性,结果表明:深圳成指的波动率具有明显的长记忆性,但收益率没有明显的长记忆性。为了同时刻画波动的长记忆性和杠杆效应,将 FIGARCH 和 EGARCH 模型的优良性质融合在一起,提出了 FIEGARCH 模型,李海奇、屠新曙、段琳琳(2006)假定残差序列服从 GED 分布,采用 ARFIMA - FIEGARCH 模型研究上证综指与深圳成指的长记忆性与杠杆效应,结果表明:该模型能较好捕捉股市的厚尾性、长记忆性和波动杠杆效应等特征。现实资本市场中,资产收益序列普遍具有尖峰厚尾等复杂分形特征,这样导致以上模型存在 2 个关键问题:①Bollerslev(1986)、Nelson(1991)先后提出的学生 t 分布、广义误差 GED 分布都属于对称分布,这两种分布虽能反映股市收益的厚尾特征,但缺乏对与偏度有关的尖峰特征进行刻画,而偏度与峰度是金融投资应用研究中考虑的重要因素;②无论是 ARFIMA - FIGARCH 还是 ARFIMA - FIEGARCH 模型都易由于模型的不平稳性(四阶矩的存在问题)导致其结论存在较大偏差,且其固定的振幅限制了模型对时间序列的估计精度。针对对称分布不能刻画与偏度有关的尖峰特征,Fernandez 和 Steel(1998)通过引入一个偏度参数,对 t 分布进行了扩展,提出了偏 t 分布 skt,该分布能较好地同时刻画序列的尖峰厚尾特征;针对第 2 个问题,Davidson(2004)通过在 FIGARCH 模型的滞后项中引入新参数 $\hat{\alpha}$ 进行扩展,提出了 HYGARCH 模型,通过参数 d 来度量双曲线记忆,HYGARCH 模型可克服 FIGARCH 与 FIEGARCH 模型的这些缺陷。

综合以上研究文献发现:关于时间序列长记忆性的研究主要集中在股指方面,在基金投资风格领域至今仍是空白。基于此,本节首先将上述文献的双长记忆性计量模型在以下 2 个方面进行改进:①为了更好地刻画我国股市风格资产收益序列分布的尖峰厚尾特征,将运用 skt 分布代替正态、t 和 GED 等对称分布;②引入双曲线记忆 HYGARCH 模型替代传统的 FIGARCH 和 FIEGARCH 模型,以避免因模型的非平稳性和固定振幅对实证结果造成的影响。然后,运用改进后的模型对我国股市风格资产收益双长记忆性进行实证检验,以挖掘我国股市风格轮换时变性，这也为目前大部分基金发生投资风格漂移现象提供了一个有力的解释，并为第 8 章构建一个较高精度的基金投资风格漂移风险测度模型提供方法基础。

4.3.3　skt 分布下的 ARFIMA – HYGARCH 模型构建

双长记忆性模型是 GARCH 族模型的衍生形式，采用双长记忆性模型来分别刻画时间序列的条件均值方程和条件方差方程，然后通过拟极大似然法估计其参数，本节采用 ARFIMA 模型估计条件均值方程，HYGARCH 模型估计条件方差方程，并引入 skt 分布刻画尖峰厚尾与有偏特征，下面对 ARFIMA（p_1, d_1, q_1）– HYGARCH（p_2, d_2, q_2）模型进行介绍。

Andersen、Bollerslev、Diebold 和 Ebens（2001）提出用自回归分整移动平均（ARFIMA）模型可较好刻画时间序列的长记忆过程，ARFIMA（p, d, q）模型是整数阶差分 ARIMA 模型的推广形式，允许对序列进行分数 d 阶差分，综合考虑了长记忆过程和短记忆过程，是用 $p+q$ 个参数来描述短记忆过程，用参数 d 描述长记忆过程，可以较好模拟那些相关程度比 ARMA 过程强，但又比 ARIMA 过程弱的时间序列，因此既优于单纯描述短记忆过程的 ARMA（p, q）模型，又优于单纯描述长记忆过程的 FDN 模型。由于我国基金市场还很不成熟，呈复杂的分形特征，因此本节采用 ARFIMA 模型对股市风格资产日收益序列的长记忆性特征进行刻画是合适的。

Davidson（2004）通过在 FIGARCH 模型的滞后项中引入新参数 $\hat{\alpha}$ 进行扩展，提出了 HYGARCH 模型，通过参数 d 来度量序列波动过程的双曲线记忆，求解得到的是 $\ln\alpha$，当 $\alpha = 1$ 即 $\ln\alpha = 0$ 时就变成了 FIGARCH 模型。ARFIMA（p_1, d_1, q_1）– HYGARCH（p_2, d_2, q_2）模型具体形式为

$$\phi(L)(1-L)^{d_1}(r_t - \mu) = \Theta(L)\varepsilon_t \tag{8-1}$$

$$\varepsilon_t = \sigma_t z_t \tag{8-2}$$

$$\sigma_t^2 = \frac{\omega}{(1-\beta L)} + \left(1 - \frac{\alpha(L)(1+\hat{\alpha}((1-L)^{d_2}-1))}{\beta L}\right)\varepsilon_t^2 \tag{8-3}$$

式中，L 为滞后算子，$|d_1| < 0.5$，μ 为平稳时间序列 $\{R_t\}$ 无条件均值，z_t 为新生变量，服从均值为 0，方差为 1 的独立同分布，（8-1）式为 ARFIMA（p_1, d_1, q_1）模型的条件均值方程，（8-2）式新生变量分布或残差分布，（8-3）式为 HYGARCH（p_2, d_2, q_2）模型的条件方差方程。

序列收益过程的长记忆性是由（8-1）式中的参数 d_1 刻画，当 $0 < d_1 < 0.5$ 时，序列 $\{R_t\}$ 为长记忆性平稳过程，即持久性；当 $-0.5 < d_1 < 0$ 时，序列 $\{R_t\}$ 为短记忆性平稳过程，即反持久性。另外，当 $d_1 = 1$ 时，ARFIMA（p_1, 1, q_1）模型退化为 ARIMA 模型；当 $d_1 = 0$ 时，ARFIMA（p_1, 0, q_1）模型退化为

ARMA (p_1, q_1) 模型；当 $p_1 = q_1 = 0$ 且 $\mu = 0$ 时，ARFIMA $(0, d_1, 0)$ 模型就退化为 FDN 模型。

序列波动过程的长记忆性是由 (8-3) 式中的参数 d_2 刻画，当 $d_2 > 0$ 时，序列 $\{R_t\}$ 的波动率具有长记忆性，即持久性。此时，HYGARCH (p_2, d_2, q_2) 模型的振幅为 $S = 1 - \frac{\delta(1)}{\beta(1)}(1-\hat{\alpha})$。作为 HYGARCH (p_2, d_2, q_2) 模型的特殊情况，平稳 FIGARCH 模型和 GARCH 模型分别对应于 $\hat{\alpha} = 1$ 和 $\hat{\alpha} = 0$ 的情形。因此，HYGARCH 模型可克服 FIGARCH 模型的一些限制，具有以下特点：①HYGARCH 模型是协方差平稳的（$\hat{\alpha} \neq 1$）；②HYGARCH 模型可对记忆参数 d_2 和振幅参数 S 分别进行估计，避免了 FIGARCH 模型中 $S = 1$ 的约束；③当 $0 < d_2 < 1$ 时，序列记忆长度随着 d_2 的增加而增加。

这里假定新生变量 z_t 服从 skt 分布，其概率密度函数为

$$f(z_t | s, d) = \begin{cases} \frac{2}{s + 1/s} \sigma g[s(\sigma z_t + \mu) | d], & z_t < -\frac{\mu}{\sigma} \\ \frac{2}{s + 1/s} \sigma g\left[\frac{\sigma z_t + \mu}{s} \Big| d\right], & z_t \geq -\frac{\mu}{\sigma} \end{cases}$$

式中，$g(\cdot | d)$ 为标准对称 t 分布的概率密度函数，s 是偏度系数，d 是自由度，d 越小，表示尖峰厚尾特征越明显，$\mu = \frac{\Gamma[(d-1)/2] \cdot \sqrt{d-2}}{\sqrt{\pi} \Gamma[d/2]} \left[s - \frac{1}{s}\right]$，$\sigma = \sqrt{s^2 + \frac{1}{s^2} - 1 - \mu^2}$ 分别是 skt 分布的均值与标准差。

4.3.4 风格资产收益的双长记忆性实证研究

1. 数据处理与描述性统计

本节同样采用中信标普公司推出的 6 种纯风格资产指数（即大盘纯成长指数（LPG）、大盘纯价值指数（LPV）、中盘纯成长指数（MPG）、中盘纯价值指数（MPV）、小盘纯成长指数（SPG）和小盘纯价值指数（SPV））日收盘价格，数据期间为 2005 年 7 月 1 日至 2010 年 3 月 26 日，包含大幅上涨、快速下跌和小幅回调等一个完整周期行情，具有较好的代表性。数据来源于中信标普公司网站，数据处理与实证分析采用 OXmetrics 7.1 与 Eviews 9.0 软件，运用拟极大似然估计方法对参数进行估计。

为了对我国股市风格资产日收益序列有个基本的判断，表 4-4 给出了这 6 种纯风格资产日收益序列的描述性统计量及单位根、独立同分布检验结果。

表4-4　6种纯风格资产日收益序列的基本统计量

风格资产指数	均值	标准差	峰度	偏度	JB统计量	ADF统计量	Z统计量
大盘纯成长（LPG）	0.0014	0.0245	6.6603	-0.0219	575.1***	137.51***	14.53***
大盘纯价值（LPV）	0.0015	0.0246	5.9478	-0.3531	394.3***	131.69***	13.49***
中盘纯成长（MPG）	0.0016	0.0263	9.9513	0.2083	2081.2***	140.28***	14.60***
中盘纯价值（MPV）	0.0019	0.0257	6.5000	-0.2970	540.8***	139.64***	13.44***
小盘纯成长（SPG）	0.0018	0.0266	8.5207	0.0186	1308.1***	138.64***	15.10***
小盘纯价值（SPV）	0.0020	0.0271	9.2372	-0.0660	1670.3***	141.56***	13.26***

数据来源：本书利用Eviews9.0统计分析结果整理（***表示在1%显著性水平下显著，JB统计量服从自由度为2的χ^2分布，1%的临界值为9.21，BDS检验的Z统计量是嵌入维数为6的计算值）。

从表4-4中可以看出：该6种纯风格资产指数日收益序列的偏度均不为0，表明纯风格资产收益序列是不对称分布，表现出一定的左偏或右偏特征；峰度均大于3，表明具有尖峰特征；JB统计量在1%显著性水平下均拒绝正态分布的原假设，表明均不服从正态分布；ADF统计量在1%显著性水平下均拒绝存在单位根的原假设，表明为平稳序列；运用BDS统计量进行独立同分布检验，结果均拒绝了独立同分布的假定。因此，采用ARFIMA模型对纯风格资产日收益序列进行建模是合适的。

2. 模型确定与参数估计

在确定ARFIMA-HYGARCH模型的具体阶数时，不是采用通常的GARCH（1，1）模型来刻画条件方差的时变性，而是用数据说话，利用4个信息准则值的最小化原则来选择最优ARFIMA-HYGARCH模型的具体阶数，为了充分刻画数据的尖峰厚尾特征，假定残差序列服从skt分布。下文仅列出大盘纯成长型风格资产收益序列的ARFIMA-HYGARCH模型阶数的确定过程（表4-5）。

表4-5　大盘纯成长型风格资产日收益序列的ARFIMA-HYGARCH模型阶数的确定

SKT-ARFIMA (p_1, d_1, q_1) -HYGARCH (p_2, d_2, q_2)				Akaike	Shibata	Schwarz	Hannan-Quinn
p_1	q_1	p_2	q_2				
0	0	0	0	-4.8654	-4.8655	-4.8318	-4.8527
0	0	0	1	-4.8712	-4.8713	-4.8328	-4.8566
0	0	1	0	-4.8884	-4.8886	-4.8501	-4.8739
0	0	1	1	-4.8878	-4.8879	-4.8446	-4.8714
0	1	0	0	-4.8635	-4.8636	-4.8251	-4.8489

续上表

SKT - ARFIMA (p_1, d_1, q_1) - HYGARCH (p_2, d_2, q_2)				Akaike	Shibata	Schwarz	Hannan-Quinn
p_1	q_1	p_2	q_2				
0	1	0	1	-4.8693	-4.8695	-4.8262	-4.8529
0	1	1	0	-4.8865	-4.8867	-4.8434	-4.8701
1	0	0	0	-4.8636	-4.8638	-4.8253	-4.8491
1	0	0	1	-4.8695	-4.8696	-4.8263	-4.8531
1	0	1	0	-4.8867	-4.8868	-4.8435	-4.8703
1	0	1	1	-4.8860	-4.8862	-4.8380	-4.8678
1	1	0	0	-4.8679	-4.8680	-4.8248	-4.8515
1	1	0	1	-4.8787	-4.8789	-4.8308	-4.8605
1	1	1	0	-4.8955	-4.8957	-4.8476	-4.8773
1	1	1	1	-4.8946	-4.8948	-4.8418	-4.8745

注：信息准则的对数似然函数值是基于 skt 分布下的拟极大似然估计法得到，当 p_1, q_1, p_2, q_2 任一个大于 1 时的信息准则值都大于当 $p_1=1$, $q_1=1$, $p_2=1$, $q_2=0$ 时的信息准则值。

表 4-5 中的计算结果表明：选择 SKT - ARFIMA（1，d_1，1）- HYGARCH（1，d_2，0）模型是最合适的，因为该模型的 4 个信息准则有 3 个信息准则值达到最小。同理对其他 5 种纯风格资产日收益序列进行模型阶数的确定，得出相同的结论，具体计算结果略。

下面就采用 SKT - ARFIMA（1，d_1，1）- HYGARCH（1，d_2，0）模型对 6 种股市纯风格资产日收益序列进行参数估计，结果见表 4-6 所示。

表 4-6　各纯风格资产收益序列的 SKT - ARFIMA（1，d_1，1）- HYGARCH（1，d_2，0）参数估计值

风格资产	cst（M）	d_1	AR（1）	MA（1）	cst（V）	d_2	β	$\ln\xi$	ν	$\ln\hat{\alpha}$
LPG	0.002 (0.313)	0.382 (0.013)	0.456 (0.000)	-0.796 (0.000)	0.062 (0.145)	0.999 (0.000)	0.889 (0.000)	-0.110 (-0.014)	5.575 (0.000)	-0.003 (-0.797)
LPV	0.001 (0.514)	0.428 (0.009)	0.409 (0.000)	-0.790 (0.000)	-0.068 (0.841)	0.380 (0.041)	0.295 (0.227)	-0.127 (-0.001)	4.537 (0.000)	0.158 (0.301)
MPG	0.001 (0.127)	0.069 (0.019)	-0.739 (0.000)	0.780 (0.000)	0.307 (0.272)	0.417 (0.002)	0.261 (0.110)	-0.258 (0.000)	5.144 (0.000)	0.061 (0.548)

续上表

风格资产	cst (M)	d_1	AR (1)	MA (1)	cst (V)	d_2	β	$\ln\xi$	ν	$\ln\hat{\alpha}$
MPV	0.002 (0.356)	0.321 (0.004)	0.480 (0.000)	-0.751 (0.000)	-0.223 (-0.570)	0.265 (0.003)	0.135 (0.201)	-0.237 (0.000)	4.282 (0.000)	0.285 (0.106)
SPG	0.002 (0.301)	0.228 (0.033)	0.472 (0.000)	-0.652 (0.000)	0.412 (0.188)	0.405 (0.003)	0.245 (0.147)	-0.231 (0.000)	4.385 (0.000)	0.058 (0.588)
SPV	0.002 (0.173)	0.244 (0.007)	0.460 (0.000)	-0.681 (0.000)	0.193 (0.579)	0.363 (0.001)	0.183 (0.159)	-0.291 (0.000)	4.161 (0.000)	0.148 (0.230)

注：参数估计值是假定新生变量服从 skt 分布采用拟极大似然法估计得到，括号中的值为参数估计的 P-value。

从表 4-6 中的模型参数估计结果发现：刻画序列收益过程的长记忆性参数 d_1，6 种风格资产在 0.05 显著性水平下均满足 $0 < d_1 < 0.5$，说明序列 $\{R_t\}$ 为长记忆性平稳过程，即持久性；刻画序列波动过程的长记忆性参数 d_2，6 种风格资产在 0.05 显著性水平下均满足 $d_2 > 0$，说明序列 $\{R_t\}$ 的波动过程具有长记忆性，且还满足 $0 < d_2 < 1$，进一步表明这 6 种风格资产日收益序列记忆长度随着 d_2 的增大而增加。

3. skt 分布的 Person 吻合度检验

Palm 和 Vlaar（1997）指出 Pearson χ^2 吻合度检验能够比较真实分布和理论分布的接近程度，检验步骤是将标准化残差序列 $\{\hat{e}_t\}$ 按大小分成 g 个单元，n_i 是第 i 个单元观测数，在理论分布是真实分布的原假设下，构建统计量 $P(g) = \sum_{i=1}^{g} \frac{(n_i - E(n_i))^2}{E(n_i)}$ 的渐进分布界于 $\chi^2(g-1)$ 与 $\chi^2(g-k-1)$ 之间，k 是参数个数，并指出对样本容量 $N = 2252$，可设 $g = 50$。对于本节选择的样本容量 $N = 1030$，这里大约取 $g = 30$。Person χ^2 吻合度检验结果见表 4-7。

表 4-7 修正的 Person χ^2 吻合度检验

风格资产	Cells (g)	Statistic	P-Value (g-1)	P-Value (g-k-1)
LPG	30	23.6699	0.7450	0.2091
LPV	30	30.4854	0.3901	0.0459
MPG	30	17.8447	0.9474	0.5328
MPV	30	37.4369	0.1680	0.0309
SPG	30	29.6699	0.4306	0.0562
SPV	30	35.7282	0.1816	0.0114

注：k 表示参数的个数，这里 $k = 10$。

从表 4-7 的 Personχ^2 吻合度检验结果知道：在 0.01 显著性水平下均不能拒绝服从 skt 分布的原假设，即由 ARFIMA $(1, d_1, 1)$ -HYGARCH $(1, d_2, 0)$ 模型所生成的新生变量的真分布是 skt 分布。

4.3.5　实证结论

本节利用最新计量模型 ARFIMA - HYGARCH 分析了我国股市风格资产收益序列的双长记忆性，通过 4 个信息准则确定 ARFIMA $(1, d_1, 1)$ - HYGARCH $(1, d_2, 0)$ 为最优模型，在模型的参数估计结果中，在 0.05 的显著性水平下，刻画长记忆性的参数 d_1，d_2 均显著在 $(0, 1)$ 区间内，说明股市风格资产序列的收益与波动过程均具有较强的长记忆性特征。Personχ^2 吻合度检验证实了在 0.01 的显著性水平下，skt 分布是股市风格资产日收益序列的真实分布。该结论为基金经理捕捉股市风格轮换时机，以便构建适度风格漂移策略来获取短期超额收益提供了决策参考。

本节研究也存在一些不足之处，如这种双长记忆性模型是基于单一分形分析的长记忆性特征计量模型，不能同时刻画股市风格资产收益或波动过程的多重分形特征。多重分形模型主要包括 5 个特征：①标度不变性，②自相似性，③厚尾性，④异方差性，⑤双长记忆性。因此，如何运用 MF - DFA 等多重分形分析方法对我国股市风格资产收益序列的多重分形特征进行挖掘是下一步重点研究的方向。下一步研究将运用传统与改进的 MF - DFA 方法对风格资产收益序列的多重分形特征进行分析。

4.4　基于传统与改进 MF - DFA 方法的风格资产收益多重分形分析

前面的研究分别运用 R/S 单一分形分析法与 ARFIMA - HYGARCH 计量模型来分析股市风格资产的长记忆性及双长记忆性分形特征，单一分形虽然能够确认时间序列的长记忆性、标度不变性等特征，但却只是描述了资产价格波动过程的一个宏观概貌和长期统计特征，并未考虑其局部特征，无法对资产价格波动过程进行细致和全面的刻画。多重分形分析比传统的单一分形分析具有更优异的资产价格波动刻画机理，在金融投资领域，Matteo（2007）进一步指出多重分形是资本市场所具有的继混沌与单一分形之后又一重要的非线性复杂特征。无论是成熟资本市场还是新兴资本市场，金融资产价格波动具有厚尾特性，厚尾分布符合幂律关系，即分形规律，并呈现多重分形特征。基于此，本节试着运用传统 MF - DFA 及其改进方法对股市风格资产收益的多重分形特征进行分析。

4.4.1 风格资产收益的多重分形特征研究背景

分形现象普遍存在于社会科学与经济管理科学中，如海岸线的形状、河流的分布、树叶的结构、收入分配、原油价格与汇率波动、股价走势等。由于资本市场的非线性复杂性，分形理论已被国内外学者大量应用于资本市场中的资产价格波动研究，认为价格波动是单一分形过程，即不同时间标度下的价格波动分布存在统计意义上的自相似性。此后学者们深入研究发现仅用一个分形维数来刻画资产价格序列波动过程是不完备的，描述的仅是一个宏观概貌，必须运用多重分形来刻画时间序列中的局部奇异指数，多重分形理论有利于推动非线性理论在资本市场中的可操作性应用，更好地认识资本市场的本质特征。至今，关于分形理论的应用研究大多集中在股票指数、外汇等方面，而对占机构投资者绝大比重的基金公司的基金市场仍处于空白。

传统有效市场理论表明：从长期来看，没有人能够打败资本市场；但在分形资本市场的现实背景下，量化投资大师詹姆斯·西蒙斯（James Simons）认为可通过捕捉大量异常瞬间的机会来赚钱。1988—2008 年，他管理的大奖章（Medallion）基金的年均净回报率是 35.6%，比索罗斯等投资大师同期的年均回报率要高出 10 个百分点，比同期标准普尔 500 指数的年均回报率则高出 20 多个百分点。量化投资在国外已有 30 多年的发展历史，是利用数学、统计学和信息技术的量化投资方法来管理投资组合，因其投资业绩稳定，市场规模和份额不断扩大，越来越得到投资者的追捧。数量化投资组合构建注重的是对宏观数据、市场行为、企业财务数据、市场风格、交易数据等进行分析，以挖掘出最优的投资组合和投资机会。那么，基金如何在分形市场的条件下去挖掘这种风格轮换的投资机会呢？目前，国内外已有关于投资风格的研究文献基本都是基于有效市场理论研究范式下开展的，并没有考虑资本市场的多重分形现实背景。基于此，可以在确定风格资产收益序列具有标度不变性等分形特征的基础上，运用多重分形理论中的多重分形消除趋势波动分析法（MF – FDA），并引入滑动窗口技术加以改进来对股市风格资产日收益序列进行研究，挖掘出不同风格资产局部价格波动信息，为基金经理认识与预测市场风格轮换时变性，以便构建出适度风格漂移量化投资策略以提供贴近现实市场的理论支持。

4.4.2 股市收益序列多重分形特征研究的文献回顾

分形（fractal）一词是 Mandelbrot（1975）创造的，来源于拉丁语 fractus，含有"碎化，分裂"的意思。后来被广泛应用在数学、物理、化学、地球等科学领域，而把分形理论引入到金融投资领域则是近十年来的事情，从理论完善到方法创新，从单一分形发展到多重分形过程都处于不断探索之中。Mandelbrot（1999）进一步指出相对于单一分形过程，多重分形理论是一种更好的定量刻画资本市场各种复杂波动特征的有力工具，具有更强的实用性。为了刻画一个序列是服从单一分形还是多重分形过程，Kantelhardt（2002）在 DFA 方法基础上首次提出了多重分形消除趋势波动分析法（MF – DFA）来刻画序列在不同时间标度下的多重分形特征，之后该方法在经济社会科学领域中得到广泛实际应用。Matia 和 Ashkenazy（2003）运用 MF – DFA 对 29 种商品和 2449 只股票近 15 年的日收盘价进行分析，研究结果发现：商品价格和股票价格均具有多重分形特征，并发现商品价格的多重分形谱显著宽于股票价格的多重分形谱，表明商品价格波动具有较强相关性。Ramirez，Paredes 和 Vazquez（2005）在研究原子核反应堆中的中子功率振动的长记忆性时提出了一种奇异指数的 MF – DFA 方法，可看作是 DFA 方法的一种直接推广，可用于对带有趋势的非平稳时间序列进行分析，因此要优于传统多重分形分析方法。Kantelhardt 等（2003）运用 MF – DFA 与小波分析法来研究径流量和降水量的不同标度记录数据的多重分形特征，结果发现了相比以往研究的一些异常现象：从长期来看，月度及以上的径流量与降水量数据波动均呈现较弱的多重分形特征。Koscielny – Bunde 等（2006）进一步以 41 个世界各地的水文站的长期径流量记录数据为例，运用 3 个最近发展的方法（消除趋势波动分析 DFA、小波分析和 MF – DFA）来研究其趋势是否存在关联性与多重分形行为，发现几个星期内的每天径流量是长期相关的，随着时间的增长，多重分形特征会逐渐减弱。并且还发现整个 q 阶 $h(q)$ 可拟合为 $h(q) = \frac{1}{q} - \frac{\ln(a^q + b^q)}{q\ln 2}$，该式表明 $h(q)$ 在趋向无穷大时可以用两个独立参数 a，b 来描述一个时间序列的多重分形强度，即 $\Delta\alpha = \alpha_{max} - \alpha_{min} = \alpha(-\infty) - \alpha(\infty) = \frac{\ln b - \ln a}{\ln 2}$；整个 q 阶 $\tau(q)$ 可拟合为 $\tau(q) = -\frac{\ln(a^q + b^q)}{\ln 2}$，$\alpha(q) = \tau'(q) = -\frac{1}{\ln 2} \cdot \frac{a^q \ln a + b^q \ln b}{a^q + b^q}$。后来 Gomez 和 Poveda（2008）以哥伦比亚热带安第斯山脉的 47 个压力表的降水量的小时记录数据为样本，运用了 5 种不同的二项式测量方法（MF – FA，MF – DFA1 至 MF – DFA4）去估计多重分形谱，结果发现 5 种方法得出不同的满意结果，具有较宽的多重分形谱 $\Delta\alpha$，位于 0.66 ~ 7.4 之间。

国内学者胡雪明和宋学锋（2003）最早引入 MF – DFA 方法，并对沪深股市进行比较实证研究，结果发现：两市均具有多重分形特征，其中深圳成指要比上证综指的广义 Hurst 指数大，表明具有更强的状态持久性。卢方元（2004）运用 MF – DFA 方法对上证综指和深圳成指收益率进行多重分形分析，研究得出了相同结论，即深圳成指收益率序列要比上证综指收益率序列的相关性程度高。曹广喜和史安娜（2006，2008）运用 MF – DFA 方法对上证综指日收益率序列的波动特征进行分析，研究结果表明：上证综指收益率序列具有多重分形特征，小幅波动具有持久性，大幅波动可能具有反持久性。都国雄和宁宣熙（2007）运用配分函数、奇异谱参数和 MF-DFA 等三种方法，分析了上证综指收盘价格序列在不同时间标度下的多重分形特征，实证结果表明：上证综指具有弱多重分形特征，标度不变性达到六个数量级；多重分形的形状不随时间标度的改变而改变，但其强度随标度的减小而减弱；随着配分阶数的增大，多重分形随之增强。刘维奇和牛奉高（2009）运用 MF-DFA 方法对上证综指和深圳成指的多重分形特征作了比较分析，实证结果表明：沪深两市均存在多重分形特征，且前者更加明显，进一步研究认为沪市的多重分形特征更多由长记忆性所致，而深市的多重分形更多依赖于其分布。Jiang Zhiqiang 和 Zhou Weixing（2008）、周炜星（2010）以上证综指五分钟高频数据为例，采用配分函数法对每一交易日数据进行多重分形分析，发现质量指数为线性函数，用统计自举生成随机时间序列以深入剖析多重分形谱，发现约有 51% 的交易日，其多重分形特性无法通过显著性检验，进一步分析发现：所有真实时间序列的奇异性强度与随机序列的奇异性强度相差无几，因此得出上证综指本身并不具有多重分形特性的结论。比较有系统研究的是东北大学以庄新田教授为领头人的研究团队，苑莹和庄新田（2007）运用 MF-DFA 对国际上 3 种主要的国际汇率收益序列进行实证分析，结果发现：国际汇率存在多重分形特征，且由两个因素共同作用所致，其中收益序列波动相关性是主要原因。苑莹和庄新田（2007）以上海股票市场为例，运用多重分形谱方法对其多重分形性进行了实证研究，并进一步研究了多重分形谱参数与时间序列对数收益率的关系。结果表明：多重分形谱参数与指数的变化趋势及对数收益率具有明显的关联性，这说明多重分形分析能够揭示更多关于市场变化的有用信息，有望以一定概率预测股价涨落。苑莹、庄新田和金秀（2009）运用 MF-DFA 对我国沪深两市股指收益率序列进行研究，结果发现：股市存在明显的多重分形特征，其中最主要的仍然是由收益序列的波动相关性所导致。苑莹、庄新田和金秀（2010）运用 MF-DFA 对我国铜和大豆两个期货品种的价格收益序列进行实证分析，研究结果发现：它们均具有明显的多重分形特征，仅用单一标度指数对其进行描述是不充分的，需用多重分形来刻画，并对其成因进行了分析，同样发现其多重分形特征主要是由收益序列的波动相关性所导致。Natália Diniz Maganini 等（2018）、Taro Ikeda（2018）等学者研究认为巴西、俄罗斯股票市场均存在多重分形特征。

综上所述，现有文献大多都是对股票指数、期货商品、径流量和降水量、外汇等进行多重分形分析，国内学者主要集中于上证综指与深圳成指等整个股市波动的多重分形特征分析。且在进行 MF-DFA 分析时，没有根据数据的实际情况进行多项式拟合阶数的确定与考虑因数据分割点的不连续性所产生的影响，大多只是笼统采用此方法进行简单多重分形分析，在基金投资领域至今鲜有学者涉及。

4.4.3 传统与改进 MF-DFA 的研究方法

Kantelhardt（2002）提出的 MF-DFA 方法是刻画不同时间标度下的非平稳时间序列的分形特征，通过计算机模拟验证了该方法对非平稳时间序列进行多重分形分析是一种很好的方法。该方法具体是将每个分割区间上波动的均值作为统计点，计算波动函数，然后根据波动函数所表现的幂律性来计算广义 Hurst 指数。相对于其他方法，它能够发现非平稳时间序列中的长记忆性，并且能够避免对长记忆性的误判，因此它得到了国内外学者的广泛应用。但是该方法的缺陷是对整个序列进行分割后所形成的分割区间是不连续的，这导致相邻分割区间上的拟合多项式不连续，从而可能引入新的伪波动误差，进而可能使波动函数产生偏差，引起标度指数的失真。笔者通过引入滑动窗口技术对其进行改进，该方法的具体步骤如下：

设长度为 N 的时间序列 $\{x_t\}_{t=1}^N$，其中 x_t 在这里代表风格资产指数的日收益率序列。

（1）通过计算均值累计离差把原序列变成一个新序列：

$$y_t = \sum_{k=1}^{t}(x_k - \bar{x}), t = 1, 2, \cdots, N \tag{4-1}$$

（2）把时间序列 y_t 分割成长度为 s 的 N_s 个互不重叠的等长子区间，$N_s = \text{int}(\frac{N}{s})$，现实中，时间序列长度 N 往往不一定是 s 的整数倍，为了避免丢失尾部数据信息，从时间序列尾部重复这一分割过程，因此得到 $2N_s$ 个子区间。

（3）通过最小二乘法拟合每一子区间 $v(v = 1, 2, \cdots, 2N_s)$ 上的局部趋势函数 $p_v(j)$，这里 $p_v(j)$ 为第 v 子区间的拟合多项式（分别记为 MF-DFA1，MF-DFA2，…），消除每一子区间 v 中的趋势得到相应残差序列，即

$$Z_v(j) = y_v(j) - p_v(j), j = 1, 2, \cdots, s \tag{4-2}$$

（4）根据式（4-2）进一步计算 $2N_s$ 个子区间的残差序列平方和，即 $F^2(s, v) = \frac{1}{s}\sum_{j=1}^{s}Z_v^2(j)$，其中 $v = 1, 2, \cdots, N_s$，进而求出该时间序列的 q 阶波动函数，即当 $q \neq 0$ 时，$F_q(s) = \left\{\frac{1}{2N_s}\sum_{v=1}^{2N_s}[F^2(s,v)]^{\frac{q}{2}}\right\}^{\frac{1}{q}}$；当 $q = 0$ 时，取极限得 $F_q(s) = \exp\left\{\frac{1}{4N_s}\sum_{v=1}^{2N_s}\ln[F^2(s,v)]\right\}$。易知，$F_q(s)$ 与 s 成正方向关系，因此对不同的 s，可得到相应的分形时间序列 $F_q(s)$。

（5）给定阶数 q，对于大量的 s，通过双对数图观察两者之间的关系，有 $F_q(s) \propto s^{h(q)}$，其中 $h(q)$ 为 $\ln[F_q(s)] \sim \ln s$ 双对数图的斜率。当 $h(q)$ 为常数

时，序列为单分形；当 $h(q)$ 与 q 相关时，序列为多重分形。特别地，当 $h(q) = 0.5$ 时，序列不相关或短记忆性；当 $h(q) > 0.5$ 时，序列呈持久相关性，即长记忆性；当 $h(q) < 0.5$ 时，序列呈反持久性，即较强的波动性；$h(2)$ 就是经典 Hurst 指数，因此，$h(q)$ 称为广义 Hurst 指数。

(6) 运用 MF-DFA 方法得到的 $h(q)$ 与质量指数 $\tau(q)$ 有如下关系，$\tau(q) = qh(q) - 1$，两边同时对 q 求导得

$$\frac{d\tau(q)}{dq} = h(q) + qh'(q) \tag{4-3}$$

(7) 通过勒让德变换可得多重分形谱 $f(\alpha)$、奇异指数 α 与质量指数 $\tau(q)$ 三者之间的关系为

$$\begin{cases} \alpha = \dfrac{d\tau(q)}{dq} \\ f(\alpha) = \alpha q - \tau(q) \end{cases} \tag{4-4}$$

(8) 把③式代入④式得到如下关系：

$$\begin{cases} \alpha = h(q) + qh'(q) \\ f(\alpha) = q[\alpha - h(q)] + 1 \end{cases} \tag{4-5}$$

式中，奇异指数 α 是刻画复杂系统中各个子区间的奇异程度，α 越大，奇异性越小；多重分形谱 $f(\alpha)$ 实际上是指具有相同奇异指数 α 的分形维数，且 $f'(\alpha) = q$；分形谱宽度 $\Delta\alpha$（即 $\alpha_{max} - \alpha_{min}$）代表最大概率与最小概率间的差别，$\Delta\alpha$ 值越大，分形时间序列分布越不规则，多重分形度越强；相应的分形维数差别 Δf（即 $f(\alpha_{max}) - f(\alpha_{min})$）反映了高低价位出现的频率变化程度。多重分形谱本质上是分形子序列的分形维数。

但是，传统 MF-DFA 方法由于多项式拟合在分割数据连接点处的不连续性而产生新的伪波动误差，从而导致 $h(q)$ 估计值的误差，而滑动窗口 MF-DFA 方法可减少此类误差。基于滑动窗口技术 MF-DFA 方法其思想主要是利用滑动窗口技术对 MF-DFA 方法的区间分割方法进行改进（图 4-4）。具体表现在上述方法的 (2) 和 (4) 两个步骤：在步骤 (2) 中滑动窗口 MF-DFA 方法采用滑动窗口技术的连续重叠区间分割法来替代一般 MF-DFA 方法中的不重叠区间分割法，从而导致子区间急剧增多（从 $2N_s$ 增加到 $N-s+1$ 个）与步骤 (4) 中的消除趋势波动函数 $F_q(s)$ 的相应改变，即 $F_q(s) = \left\{\dfrac{1}{N-s+1}\sum_{v=1}^{N-s+1}\left[F^2(s,v)\right]^{\frac{q}{2}}\right\}^{\frac{1}{q}}$，此时 $q \neq 0$；对上式取极限得 $F_q(s) = \exp\left\{\dfrac{1}{2(N-s+1)}\sum_{v=1}^{N-s+1}\ln\left[F^2(s,v)\right]\right\}$，此时 $q = 0$。为了使 $F_q(s)$ 有较高的稳定性，通常取 $2j + 2 \leq s \leq N/4$（其中 j 为拟合多项式的阶数）。

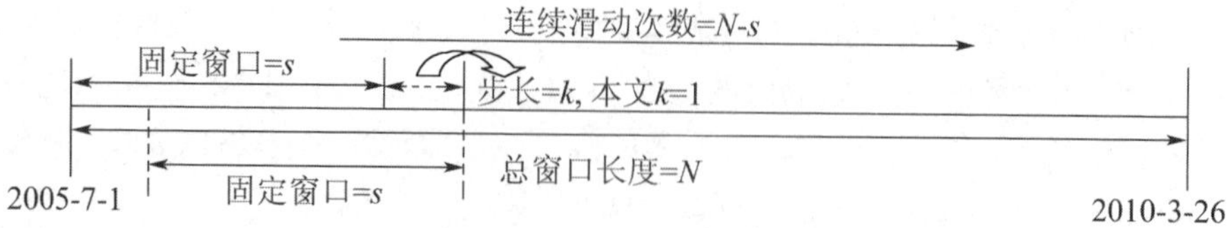

```
        连续滑动次数=N-s
    固定窗口=s    ↻
              步长=k,本文k=1
                  总窗口长度=N
2005-7-1    固定窗口=s                           2010-3-26
```

图 4-4 滑动窗口 MF-DFA 方法的滑动窗口设计图

大量实证研究表明，时间序列中的多重分形特征主要有两种成因：一是由大幅波动与小幅波动的不同范围之间的相关性所导致（相关多重分形）；二是由资产价格波动呈尖峰厚尾特征所导致（分布多重分形）。对数据进行相位重构处理能发现上述两种原因对多重分形成因的贡献度，并能说明多重分形强度。因为对数据进行重构能保留序列分布形式但破坏了相关性，即消除了长记忆性，并可弱化序列分布的非正态性。数据相位重构的具体步骤如下：

（1）随机产生一组数对 (p, q)，p、q 小于等于时间序列长度 N；
（2）对时间序列中第 p 个和第 q 个数据进行对换；
（3）重复以上步骤共 $100N$ 次，以确保数据的位置被充分重置。

为了分析多重分形特征的成因类型：原始序列的波动函数 $F_q(s)$ 与相应的相位重构序列的波动函数 $F_q^T(s)$ 的比值满足 $F_q(s)/F_q^T(s) \sim s^{h(q)-h^T(q)}$，如果 $h(q) - h^T(q) = 0$，且它们的值都随 q 的改变而改变，那么原始序列的多重分形特征仅由数据的分布形式所导致；如果 $h(q) - h^T(q) \neq 0$，且它们的值都随 q 的改变而改变，那么原始序列的多重分形特征是由数据的相关性所导致，若 $h^T(q) = 0.5$，表明多重分形特征仅由相关性所导致。

4.4.4 风格资产收益的多重分形特征实证研究

1. 数据描述性统计

本节采用的数据仍为 2005 年 7 月 1 日至 2010 年 3 月 26 日期间的 6 种纯风格资产指数（即大盘纯成长指数（LPG）、大盘纯价值指数（LPV）、中盘纯成长指数（MPG）、中盘纯价值指数（MPV）、小盘纯成长指数（SPG）和小盘纯价值指数（SPV））的日收盘价，包含大幅上涨、快速下跌和小幅回调的完整周期行情，具有较好的代表性。共有 1031 个日收盘价，可计算出 1030 个日收益率数据，数据来源于中信标普公司网站。设 p_t 表示 t 时刻风格资产的收盘价，则 t 时刻的风格资产收益率为：$r_t = \ln p_t - \ln p_{t-1}$。对数据进行对数预处理，6 种纯风格资产指数日收益率序列的描述性统计见表 4-2。从表 4-2 可以看出：6 种纯风格资产指数日收益率序列的偏度均不为 0，峰度均大于 3，JB 统计量在 1% 的显著性水平均拒绝正态分布的原假设，表明均不服从正态分布，LB 检验的 Q 统计量在 10% 的显著性水平均拒绝线性相关的原假设，表明存在非线性相关性。

这表明如果用有效市场理论来研究风格资产收益率序列会导致分析结果误差，因此笔者运用非线性科学分形理论 MF-DFA 方法来对股市风格资产指数日收益率序列的分形特征进行精确刻画。

为了分析风格资产指数收益序列的标度不变性特征，画出相应风格资产指数周收益率序列走势图（图 4-5）；以大盘纯成长型（LPG）风格资产为例，画出三种时间标度（日、周、月收盘价数据）下的价格走势图，具体见图 4-6。

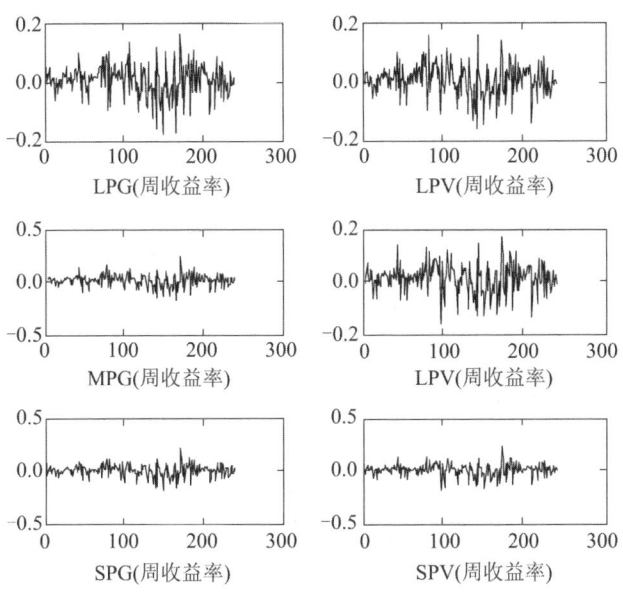

图 4-5　风格资产指数周收益率走势图

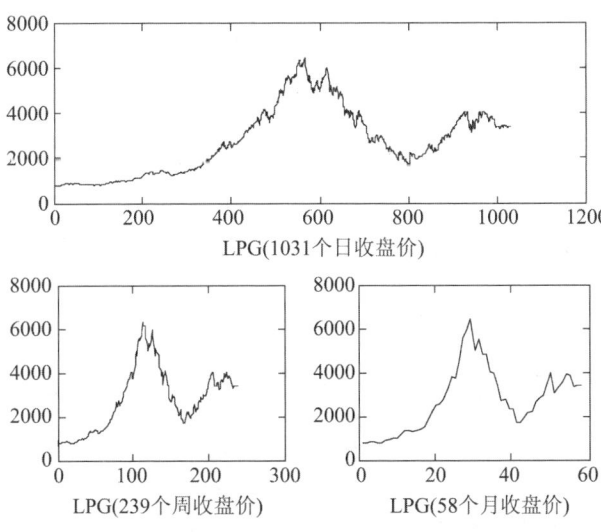

图 4-6　三种时间标度下的 LPG 风格资产收盘价走势图

从表4-2与图4-5可以看出无论是日收益率还是周收益率大盘风格资产比中盘、小盘风格资产有更大的波动率，价值型风格资产比成长型风格资产有更大的波动率。这表明收益率波动跟时间标度无关，我国证券市场并非是完全有效的，其具有一定的分形特征。在不同的行情时期内，因投资者更倾向于某种风格的股票，导致加大了该种风格资产收益的波动性。从图4-6中可以看出在日、周、月三种时间标度下的大盘纯成长型风格资产走势图具有相似性，同样可说明具有标度不变性的分形特征；在每个标度下的图形中，可以看出具有位置平移自相似性，说明具有自相似性的分形特征。这些均能说明风格资产收益序列具有分形特征。

2. 风格资产收益序列的多重分形分析

运用上面介绍的方法分别对以上6种纯风格资产指数日收益序列和相位重构后的新序列进行 MF-DFA 分析，为了比较一般 MF-DFA 与滑动窗口 MF-DFA 分析结果的差异，图4-7展示了大盘纯成长型风格资产的两种方法的 MF-DFA 分析结果，根据上面介绍的方法与步骤，利用 Matlab 10.0 软件自行编程进行实证研究。s取值范围为$[2j+2,N/4]$天，$j \in [1,5]$，当q取下列各值时，具体的广义 Hurst 指数$h(q)$计算结果见表4-8。

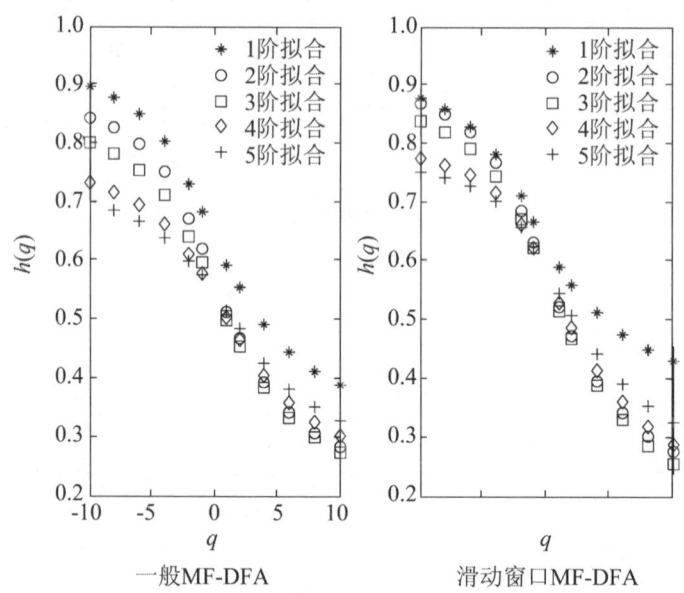

图4-7 一般 MF-DFA 与滑动窗口 MF-DFA 得到的$h(q)$对q的散点图

从表4-8的实证分析结果与图4-7可以得出以下3个研究结论：

（1）无论是运用一般 MF-DFA 还是滑动窗口 MF-DFA 分析方法，大盘纯成长型风格资产指数日收益率序列的广义 Hurst 指数$h(q)$均随着q的增大而减小,都不是常数,甚至是关于 q 的非线性函数,这个结论从图 4-7 中也容易看出,表明大盘纯成长型风格资产指数序列具有多重分形特征。

表 4-8 两种方法的 LPG 风格资产指数日收益序列的广义 Hurst 指数 $h(q)$ 估计值

q	一般 MF-DFA 计算的 $h(q)$					滑动窗口 MF-DFA 计算的 $h(q)$				
	$j=1$	$j=2$	$j=3$	$j=4$	$j=5$	$j=1$	$j=2$	$j=3$	$j=4$	$j=5$
10	0.389	0.284	0.275	0.301	0.328	0.431	0.277	0.255	0.289	0.324
8	0.412	0.307	0.298	0.324	0.351	0.449	0.303	0.286	0.319	0.352
6	0.444	0.342	0.333	0.357	0.382	0.475	0.341	0.329	0.360	0.391
4	0.491	0.393	0.383	0.404	0.427	0.511	0.396	0.389	0.415	0.442
2	0.554	0.467	0.454	0.466	0.483	0.559	0.473	0.468	0.487	0.507
1	0.592	0.513	0.498	0.502	0.514	0.590	0.521	0.516	0.530	0.545
0	0.637	0.567	0.547	0.539	0.544	0.629	0.576	0.569	0.575	0.584
-1	0.683	0.620	0.596	0.577	0.574	0.668	0.632	0.622	0.621	0.623
-2	0.730	0.672	0.642	0.610	0.600	0.710	0.684	0.671	0.661	0.657
-4	0.804	0.750	0.711	0.661	0.639	0.781	0.767	0.744	0.717	0.702
-6	0.848	0.797	0.754	0.694	0.666	0.827	0.819	0.790	0.746	0.726
-8	0.876	0.825	0.782	0.716	0.686	0.857	0.849	0.818	0.763	0.741
-10	0.895	0.843	0.800	0.731	0.700	0.878	0.867	0.837	0.774	0.751
Δh	0.506	0.559	0.526	0.430	0.372	0.447	0.590	0.582	0.485	0.427

数据来源:笔者经 Matlab 10.0 软件编程计算结果分析整理。

(2) 当 $q=2$ 时,广义 Hurst 指数 $h(q)$ 即为经典 Hurst 指数 $h(2)$,对于给定的阶数 j,无论是一般 MF-DFA 还是滑动窗口 MF-DFA 分析方法,只有 1 阶的 $h(2)$ 显著大于 0.5,即能够刻画股市风格的长记忆性,因此,用 1 阶多项式拟合能较好反映股市风格资产收益的波动特征。

(3) 对于不同的阶数 j,只有 1 阶的滑动窗口 MF-DFA 比一般 MF-DFA 分析的 Δh 要小,即 1 阶的滑动窗口 MF-DFA 能有效减少由拟合多项式在分割连接点处的不连续性而产生新的伪波动误差,即滑动窗口 MF-DFA 比一般 MF-DFA 方法具有更高的精度;而且滑动窗口不会丢失尾部数据,不需要把原始数据进行倒置重复一次来构造 $2N_s$ 个子区间,以免打乱了原始序列的时间顺序,影响多重分形分析结果的准确客观性。

同理,可对其他 5 种风格资产指数进行两种方法的比较分析,以确定合适的拟合阶数,结果发现:均能得出类似的结论。因此,下面均采用 1 阶多项式拟合的滑动窗口 MF-DFA 方法对 6 种纯风格资产指数的原始序列与重构序列进行多重分形特征分析，具体结果见表4-9。

表4-9 6种纯风格资产收益原始、重构序列的广义 $h(q)$、拟合参数与多重分形强度估计值

q	LPG 的 $h(q)$		LPV 的 $h(q)$		MPG 的 $h(q)$		MPV 的 $h(q)$		SPG 的 $h(q)$		SPV 的 $h(q)$	
	原始	重构	原始	重构	原始	重构	原始	重构	原始	重构	原始	重构
10	0.431	-0.005	0.424	-0.003	0.438	-0.001	0.414	0.002	0.434	-0.002	0.384	-0.010
8	0.449	0.001	0.442	0.003	0.455	0.005	0.432	0.007	0.449	0.004	0.402	-0.003
6	0.475	0.007	0.467	0.009	0.482	0.012	0.460	0.014	0.470	0.011	0.431	0.005
4	0.511	0.015	0.506	0.017	0.521	0.020	0.502	0.022	0.503	0.019	0.480	0.014
2	0.559	0.027	0.568	0.027	0.574	0.031	0.565	0.033	0.555	0.029	0.553	0.026
1	0.590	0.034	0.610	0.034	0.608	0.039	0.607	0.041	0.593	0.036	0.600	0.035
0	0.629	0.046	0.665	0.048	0.651	0.053	0.660	0.058	0.642	0.047	0.656	0.049
-1	0.668	0.059	0.720	0.061	0.695	0.068	0.713	0.074	0.690	0.059	0.712	0.063
-2	0.710	0.079	0.800	0.087	0.747	0.111	0.772	0.108	0.741	0.081	0.769	0.097
-4	0.781	0.127	0.924	0.146	0.848	0.179	0.867	0.182	0.829	0.132	0.861	0.170
-6	0.827	0.171	0.994	0.193	0.912	0.224	0.925	0.239	0.889	0.171	0.922	0.223
-8	0.857	0.206	1.032	0.230	0.952	0.256	0.962	0.280	0.930	0.200	0.961	0.261
-10	0.878	0.233	1.055	0.257	0.977	0.281	0.987	0.308	0.957	0.222	0.986	0.288
Δh	0.447	0.239	0.631	0.260	0.539	0.282	0.574	0.306	0.523	0.224	0.603	0.298
a	0.510	1.095	0.456	1.098	0.482	1.100	0.475	1.102	0.488	1.090	0.475	1.107
b	0.802	0.818	0.817	0.806	0.804	0.789	0.815	0.780	0.809	0.821	0.830	0.789
R^2	0.996	0.904	0.985	0.894	0.988	0.903	0.995	0.889	0.988	0.910	0.998	0.898
$\Delta\alpha$	0.653	0.420	0.840	0.446	0.738	0.479	0.779	0.498	0.729	0.410	0.806	0.489

数据来源：笔者经 Matlab 10.0 软件编程计算结果分析整理。

为了进一步分析风格资产指数多重分形特征的成因，根据 Koscielny-Bunde 等（2006）介绍的方法拟合出独立参数 a、b。对表4-9中大盘纯价值型风格资产指数原始序列的广义 Hurst 指数进行拟合，通过拟合得到 $a = 0.456$，$b = 0.817$，且 $R^2 = 0.985$，表明拟合效果很好，因而可计算出不同 q 值下的 $h(q)$ 的近似值；但发现相位重构后的序列 $h(q)$ 指数拟合的 $R^2 = 0.894$ 小于原始序列，多重分形强度 $\Delta\alpha$ 由 0.840 变为 0.446，表明多重分形强度减弱，不能较好用此方法进行拟合，其拟合效果对比图如图4-8所示。同理，对其他5种纯风格资产指数的原始序列及相位重构后的序列 $h(q)$ 进行拟合，具体参数拟合结果见表4-9。

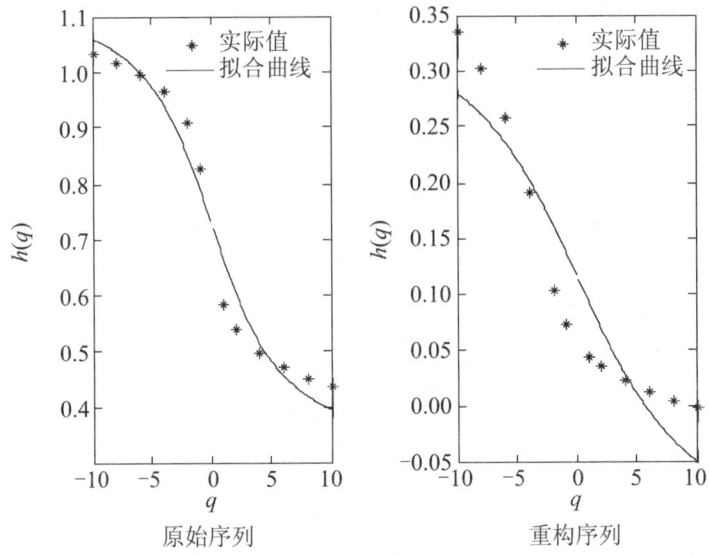

图4-8 大盘纯价值型风格资产指数原始收益率序列 $h(q)$ 指数拟合图

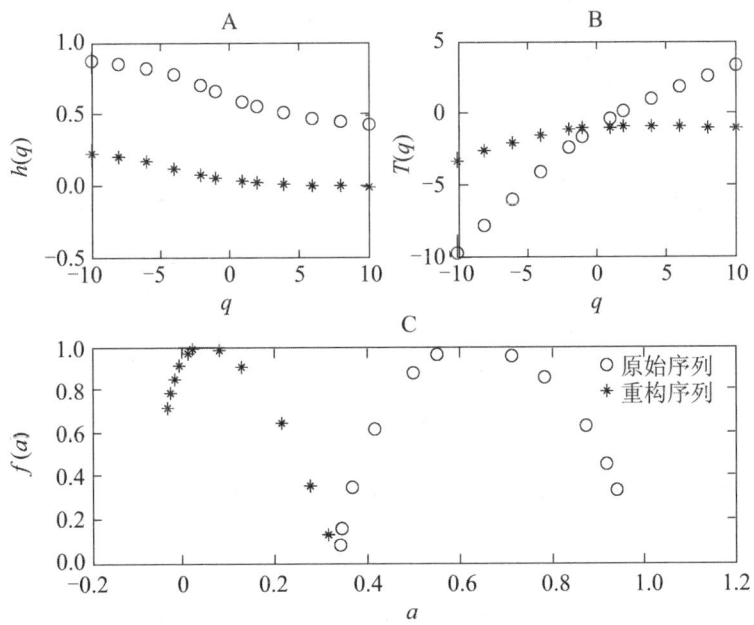

图4-9 大盘纯成长型风格资产指数原始与重构序列 $h(q)$、$\tau(q)$、$f(\alpha)$ 图

从表4-9中的实证结果发现：当 $q \leqslant 2$ 时，原始序列的广义 Hurst 指数 $h(q)$ 显著大于0.5，说明具有明显的持久性多重分形特征；而位置重构序列的广义 Hurst 指数均显著小于0.5，说明具有反持久性多重分形特征。$h(q) - h^T(q)$

$\neq 0$，且 $h^T(q) \neq 0.5$ 表明风格资产指数序列的多重分形特征的原因主要是由数据的相关性所导致，表现出相关多重分形。以大盘纯成长型风格资产指数为例，从图4-9也可看出，重构序列的 $h(q)-q$、$T(q)-q$ 曲线都要平坦些，且原始序列的多重分形谱（0.6528）要比重构序列的多重分形谱（0.4198）宽很多，说明重构后的收益序列减弱了多重分形特征，持久相关性对风格资产价格波动的多重分形变化起了重要作用。这种相关多重分形特征正好为基金经理捕捉股市风格轮换时机，以便通过构建适度风格漂移策略来获取短期超额收益提供现实可行性。从价值型、成长型两种风格分析发现，价值型风格资产比成长型风格资产的多重分形谱要宽，说明价值型风格资产具有更强的多重分形特征；从大盘、中盘、小盘三种风格分析发现，每种规模的风格资产多重分形谱没有明显的规律，说明规模型风格资产多重分形特征比较混乱。这点结论与基金经理在风格资产组合构建时，相对于大盘、中盘、小盘的规模性更关注股票的价值型、成长型风格特点相符合；同时也暗示了基金经理以价值型、成长型风格比以规模型风格去构建适度风格漂移策略具有更大的成功概率。该结论与 Laurens Swinkels 和 Liam Tjong – A – Tjoe（2007）基于晨星公司组合的风格分析法研究发现基金经理能够预测价值动量方向，却难以在大盘、小盘风格之间进行成功轮换具有相似之处。

4.4.5 实证结论

本节运用传统与改进 MF – DFA 方法对我国股市风格资产指数日收益率序列进行了多重分形分析，实证结果发现：6种股票纯风格资产指数收益率序列均存在较明显的多重分形特征；价值、成长型风格资产比规模型风格资产具有更强的多重分形特征；对原始序列比相位重构序列进行多重分形强度参数拟合的效果要好，表明重构序列减弱了多重分形特征，持久相关性对股市风格资产的多重分形特征起了重要作用，主要表现出相关多重分形。我国基金风格持久相关性存在的根本原因主要是我国基金市场还不够成熟，存在大量噪声等影响，市场信息以非线性的方式呈现，投资者也以非线性方式对市场信息做出相应反应。对有效市场假说提出了严峻的挑战，只有当信息积累到一定程度才会对信息做出反应，并按投资者所能接受的价格进行交易而不管价格能否反映价值，这导致了价格的有偏随机游走，因此市场未达到完全有效。针对这一情况，证券监管部门应该加强监管，健全法制，完善信息披露制度，从而让基金经理与投资者能够及时准确地掌握股市风格真实信息，做出有效的投资决策，以免基金投资风格漂移程度过大给投资者带来不可预期风险；同样也会给基金经理面临巨大的基金赎回风险，从而失去市场份额。

多重分形理论的发展有利于推动非线性科学在基金投资领域的应用，为认识基金市场风格本质特征提供坚实的理论依据。基金市场本质上是复杂的非线性系统,通过分析风格资产指数多重分形谱,能够挖掘出有关风格资产指数走势信息,为基金经理认识股市风格轮换行情以便构建适度风格漂移策略提供理论支持。将多重分形分析得到的信息应用到实际基金投资风格领域以及控制投资风格漂移风险将是非线性基金投资研究的重大突破。因此,对于基金投资风格漂移收益的多重分形研究具有迫切性,第 7 章将重点运用改进后的方法对基金投资风格漂移收益进行多重分形特征分析,并在第 9 章构建多重分形波动率 MF – VaR 模型来测度投资风格漂移风险,从风格漂移风险这个崭新的视角出发对基金的投资风格漂移进行系统研究,以期得到一些规律性的结论,从而为开放式基金产品创新设计与投资者选择基金品种提供一些有益建议。

4.5　本章小结

本章在对我国股市风格资产三种时间标度下的收益序列进行描述性统计分析的基础上,分别提出运用经典 R/S 与修正 R/S、ARFIMA – HYGARCH 模型、传统与改进 MF – DFA 等分形分析方法对我国股市风格资产长记忆性、双长记忆性、多重分形等特征进行研究,结果表明我国股市风格资产收益序列分布存在着明显的尖峰、厚尾与有偏特征,呈现一定的分形结构等结论,据此进一步揭示出我国股市风格的非线性本质特征;大量基金经常发生投资风格漂移现象也侧面说明我国基金投资风格可能存在分形结构,进一步为挖掘基金投资风格漂移收益序列的分形特征提供理论基础,同时该结论也暗含了证券监管部门与基金公司应该以非线性科学观为指导理念,来制定有利于控制较严重的基金投资风格漂移现象的相应对策。

第 5 章
基金投资风格漂移识别方法研究

第 4 章已经为检验我国股市风格具有明显的分形特征提供了大量的实证证据，回答了资本市场是一个复杂的非线性动力系统，由许多相互联系、相互制约的内外因素共同构成。从宏观上看，即用大尺度年去衡量，资产价格运行规律呈现平滑的波动趋势，可用指数或二次光滑曲线进行拟合；当把衡量尺度缩小为季度、月、周、日甚至更小时，资产价格运行规律则呈现不平滑的、更为复杂的波动特征。这种波动往往反映和影响着资产价格运行态势和资本市场运行质量，波动越大则市场运行质量越差。传统金融理论认为，资本市场之所以呈现复杂的波动特征，其原因是资本市场中有很多随机因素在起作用，从而认为资本市场是一个完全随机的系统。另外，由非线性科学的已有研究成果可知：一个低维的、简单的确定性非线性系统可以出现类似于随机的复杂行为，即出现确定性混沌。因而，有学者认为资本市场的复杂性是由资本市场内元素之间的非线性关系所导致，是一种确定性混沌状态的表现形式，处于随机和确定之间的系统。国内外学者最新研究成果表明：资本市场中的资产价格波动规律存在分形维（fractal dimension）结构，这使学者们有信心去描述和研究资本市场的分形维特征。分形维最早是由 Mandelbrot 提出来的，在数学、物理、化学、地理等学科领域得到了广泛应用，而资本市场的分形维——以金融资产为背景的分形维研究则是近十年来的事情，从理论到方法创新都处于不断探索之中。基于此，本章首先构建岭回归识别模型、EGARCH – M、TGARCH – M 识别模型，然后把分形理论探索性地引入到基金投资风格领域，提出基于分形维的基金投资风格识别方法（fractal dimension based style recognition，FDSR）以及弹性分形维的基金投资风格漂移分析方法。

5.1 基金投资风格识别的相关文献回顾

自从 Sharpe（1992）研究发现基金收益大约 90% 都来自于某种特定的投资

风格,投资风格对基金投资组合收益起决定性的作用,此后,风格投资也就成为基金经理构建投资组合的主流投资方法。不同基金在发行时都宣称自己独特的投资风格,以吸引一类特定风格基金投资者。随着基金品种在证券市场上不断地大量创新发行,基金的风格化投资行为已越来越明显。对于投资者而言,面对如此多的基金,投资风格已成为投资者选择基金品种的主要筛选机制;对于基金公司而言,基金产品设计的灵魂就是具有自身独特的投资风格,鲜明的投资风格已成为基金公司击败竞争对手以获取市场份额的重要法宝之一。综上所述,无论是对基金经理还是投资者,投资风格的准确性识别就成了核心问题所在。

在投资风格识别方面:目前,基金投资风格的识别主要有事前识别和事后识别法。事前识别就是按照基金招募说明书中宣称的投资风格进行确认;事后识别是按照基金实际投资组合来判断其投资风格,这种方法要对基金所实际投资的股票市值大小、P/E、P/B、公司成长性等指标进行分析,然后根据投资组合总特点对基金投资风格进行确认。如果利用该方法进行风格识别的结果不准确,那么这种识别方法对投资者反而起误导作用,大大损害了投资者利益。因为大多数基金容易发生投资风格漂移现象,基金招募说明书中宣称的投资风格成了基金销售标签,没有起到实质性作用,这样事前风格识别法就会失效。因此,国内外学者对基金投资风格的识别研究主要集中在事后识别方法上,目前主要有基于组合的风格识别(portfolio based style analysis,PBSA)和基于收益的风格识别(return based style analysis,RBSA)两种方法。基于组合的风格识别法的基本思路是:通过计算投资组合中的市值规模、市盈率、市净率等指标特征来判断其投资风格。显然,这种识别方法可以得到基金的实际投资风格,但缺点是必须知道当期的基金持股明细。基于收益的风格识别法的基本思路是:假定基金收益会与某种特定风格资产收益存在高度相关性,所以可通过检验特定时期内基金收益与各类风格资产平均收益相关性来判断其投资风格,其实质就是"透过现象看本质"。比较这两种方法,无论是在国内还是在国外,基金收益率数据比基金持股数据容易获取,从而使得该方法成为当前最为广泛使用的风格识别方法之一,并且后来得到了一系列的发展与完善,如 Sharpe(1992)投资风格识别模型、Fama – French(1993)的三因素模型、Gruber(1996)包含了债券收益的四因素模型、Carhart(1997)包含了动量变量的四因素模型以及 Volkman(1999)包含了市场收益二次项的五因素模型等。其中以 Sharpe(1992)投资风格识别模型最为代表。但大量实证研究发现大部分基金容易发生投资风格漂移现象,熊鹏和刘煜辉(2003)在新财富发表文章称我国近四成的基金发生了投资风格漂移现象①；此后，袁境（2005）进一步利用因子分析法对2002—2004年我国10只开放式基金的投资风格进行实证，研究结果发现：基金投资风格具有趋同现象，且违背了招募说明书中宣称的投资风格。Jiang等（2014）发现绝大部分基金经理会有意偏离基金基准进行投资。孟庆斌等（2015）研究发现：基金经理的职业忧虑水平会影响基金投资风格的冒险程度，职业忧虑度越高，基金的投资风格越保守，且能力较差的基金经理倾向于采取冒险的投资风格以获取更高的投资收益。苏木亚和郭崇慧（2017）考虑到金融时间序列的非线性特征，提出了基于谱映射的非线性Sharpe模型，实证发现该模型对基金投资风格识别效果要优于经典Sharpe模型。该研究成果也启发了我们在研究基金投资风格漂移风险问题时需要引入非线性科学。

在分形理论应用方面：分形理论在资本市场上的应用研究还比较少，国内学者樊智（2003）针对有效市场理论的不足和缺陷，将非线性系统理论中的随机分形理论引入到金融市场有效性及基本波动特性的研究中来，对于分形市场理论进行了全面、深入地阐述，指出了分形市场理论提出的意义。胡彦梅、张卫国和陈建忠（2006）运用修正R/S分析检验我国沪深股市日收益序列的长记忆性。结果表明：两股市的日收益序列均无长记忆，但深圳成指日收益序列的记忆长度比上证综指日收益序列的记忆长度要长。黄诒蓉和罗奕（2006）认为有效市场假说无法解释资本市场具有的实际特性，指出分形市场假说框架下的分形结构特征更能有效地解释资本市场的实际特性，分形方法是认识资本市场的有效非线性工具。李宇海（2009）运用R/S方法来研究我国证券市场分形特征，实证结果发现：我国股市的趋势周期成分具有56个月左右的非周期性循环；季节成分中记忆性可覆盖约10个月；短期波动成分中记忆性可覆盖3.3个月。王鹏、魏宇和张蕾（2009）把分形理论引入到我国债券市场中，实证结果表明：我国交易所债券市场的价格变动是以分数布朗运动方式进行的，呈现出典型的特征指数 $\alpha < 2$ 的稳定帕累托分布，说明分形特征广泛存在于我国交易所债券市场各时间标度下的收益中。陈丽（2010）引入分形理论来建立经济系统的分形均衡，以使经济均衡的描述更接近于经济现实，通过比较分析分形均衡与一般均衡得出了一般均衡是分形均衡的一个特殊情况，最后得到分形均衡下的福利经济学定理。国外学者Triki Mohamed Bilel和Selmi Nadhem（2009）以G7股票市场数据为样本，采用分形迪克检验与修正R/S分析法研究发现股票市场具有正的长记忆性；Siow - Hooi Tan，Lee - Lee Chong，Peik - Foong Yeap（2010）以1985年1月至2009年12月的马来西亚股票牛熊市场数据，采用同样的方法，实证结果表明：在早期尤其在1997年金融危机之前，股票市场具有长

---

① 国内学者最早进行实证研究的见熊鹏，刘煜辉．近四成投资基金"言行不一"[J]．新财富，2003，(11)：40-42．

记忆性，可以一定的概率对股票价格进行预测。

现在的问题是，资本市场本质上是一个复杂的非线性系统，综合已有研究文献发现：无论是基于收益还是基于组合的各种风格识别方法，均没有考虑到资本市场呈分形特征的现实背景；在已有分形市场理论应用文献中大多都集中在股票、债券等资本市场，在基金市场方面至今仍是空白。基于此，本章针对传统 Sharpe 模型存在的缺陷，先后提出岭回归识别、TGARCH – M 模型识别基金投资风格漂移现象，然后在分析我国基金市场呈分形特征的现实背景下，提出基于分形维的方法对基金投资风格进行识别，使识别结果更加准确客观，最后运用该方法对我国股票型基金的投资风格进行实证研究，为基金经理与投资者进行投资风格准确性识别提供了一种更加贴近现实市场的新方法。

5.2 基于岭回归的基金投资风格漂移识别研究

5.2.1 Sharpe 模型缺陷及其改进

现有研究中关于基于收益的各种风格识别方法，都在一定程度上存在风格资产之间的多重共线性问题。Sharpe（1992）风格识别模型存在两个重大的限制，一是收益率可能受到噪音数据的影响；二是当基金的风格为动态（存在风格漂移）时，风格识别效果将会下降，该方法只能识别研究期间的平均静态风格。根据第 2 章整理归纳出的 Sharpe 模型的四点缺陷（具体见表 2 – 5），本节针对其中的风格资产多重共线性问题，提出了基于岭回归的方法来对基金投资风格进行识别，该方法在一定程度上解决了基于收益的风格识别方法中风格资产之间存在的多重共线性问题。

基于收益风格识别法的可靠性依赖于风格资产指数的选择，而且受其影响较大。当风格资产指数之间的相关性较小时识别结果较准确，但如果各风格资产指数之间存在较高共线性时，将可能导致识别结果准确性下降，很难明确基金的真实投资风格。针对这个多重共线性问题，Lobosco（1997）认为在基于收益的风格识别法中，风格资产之间可能会存在多重共线性问题，这将使得参数估计的标准差较大，导致参数估计的不准确性，最极端的情况是当各风格资产指数之间存在完全线性相关时，将导致参数的标准差无穷大而无法估计具体的参数值。在实际中，由于资本市场的系统风险影响，各风格资产指数之间难免存在一定的相关性，如何降低这种相关程度，来提高识别精度将是多因素回归模型成功使用的关键。Buetow, G. W, Johnson R. R 和 Runkle D. E（2000）根据基金的实际情况，分析得出用特定的投资组合或自定义基准来研究投资风格漂移时可提高投资风格识别结果的稳定性，但依然不能有效解决各风格资产之间的多重共线性问题。

事实上，风格资产有效性问题不但影响基金经理采用风格投资的信心与识别基金经理投资风格的准确性，而且也影响投资者选择一种稳定风格基金的决定。基于收益的风格识别方法对风格资产的选取有以下两点要求：第一，风格资产之间不存在多重共线性，即要求不同风格资产不存在交叉重叠特征，彼此之间的收益率相关程度较低；如果收益率存在高度相关性，则要求标准差具有显著不同。第二，风格资产必须是完备的，即各种风格资产不能包含相同的投资风格类型，但是这些风格资产的并集应该能够代表所有的投资风格类型。

对于第一点要求，风格资产存在多重共线性问题，对自变量一般有以下几种处理方法：

（1）去掉一个高度共线的变量常会使另一个变量变得统计上显著，因此解决极端共线性的一个方法是删除共线的变量；但从一个模型中删掉一个变量以缓解多重共线性的问题可能导致模型设定上的偏误，同时还有可能导致风格资产的不完备性，这样进行风格识别时也将无法全面考察基金的实际投资风格，从而导致错误的风格识别。

（2）一阶差分变换：一阶差分变换的一个附带优点就是它可以使非平稳时间序列变得平稳。但采用一阶差分变换会减少一个自由度，这对小样本会有所影响，与此同时，一阶差分变换在横截面数据中可能不太适合，因为横截面数据的观察不存在逻辑上的顺序。因此，在运用一阶差分变换来解决多重共线性问题时，依然存在问题。

然而，对于整个模型来说，解决多元线性回归中多重共线问题常用的主要有岭回归、主成分回归与偏最小二乘回归。而主成分回归由于只对自变量的信息做综合提取，对因变量的解释性不加考虑，所以回归的结果往往不够准确；偏最小二乘回归就弥补了主成分回归的缺点，在提取自变量的信息同时，必须要求所提取的成分对因变量具有一定的解释作用，但该方法适用于变量个数较多的情况。综合比较以上三种方法的优缺点，由于本节中的风格资产种类只有7种，且存在一定的多重共线性，所以决定采用岭回归的方法来对基金投资风格进行识别研究，为基金经理与投资者进行投资风格识别提供了一种新的视角。

5.2.2 岭回归的思路、计算步骤与识别模型构建

1. 岭回归的基本思路

多元回归模型的矩阵表达式为：$X\beta = Y$，则利用 OLS 求得：$\hat{\beta} = (X'X)^{-1}X'Y$，当自变量存在多重共线性时，导致 $|X'X| \approx 0$，从而使得回归系数 $\hat{\beta} = (X'X)^{-1}X'Y$ 的解不稳定，出现没有实际意义的估计值。解决的办法是在 $X'X$ 主对角线元素上加上一个非负常数 k，即得：$\hat{\beta}(k) = (X'X + kI)^{-1}X'Y$，其

中 I 为单位矩阵，使得 $|X'X + kI| \approx 0$ 的概率比 $|X'X| \approx 0$ 大大降低，最后用 $\hat{\beta} = (X'X + kI)^{-1}X'Y$ 来进行估计，结果会使 $\hat{\beta}$ 的估计变得稳定得多。因此，岭回归估计的准确程度取决于 k 值的选取，一般是通过岭迹图和方差膨胀因子来选择 k 值，其确定方法是选择一个尽可能小的 k 值，在这个 k 值上，岭迹图中回归系数已变得比较稳定，并且方差膨胀因子也变得足够小。

2. 岭回归的计算步骤

回归估计系数 $\hat{\beta}(k)$ 是 k 的非线性函数；k 的加入使 $\hat{\beta}(k)$ 成为回归系数的有偏估计，但比 β 估计更稳定；$\hat{\beta}(k)$ 随 k 的变化轨迹图称为岭迹图。具体岭回归的计算步骤如下：

（1）先对变量 X 的原始数据作中心化和标准化处理，$z_{ij} = \dfrac{x_{ij} - \bar{x}_i}{\sqrt{\sum x_i^2}}$；

（2）得标准化后的估计 $\hat{\beta}^z = (Z'Z)^{-1}Z'Y$；

（3）根据岭迹图与方差膨胀因子确定最优 k^* 值，方差膨胀因子 VIF 度量了多重共线性的程度，一般当 VIF > 10 时，模型存在较严重的多重共线性，计算岭估计 $\hat{\beta}(k)$ 的协方差矩阵：

$$\text{cov}(\hat{\beta}(k)) = \text{cov}((X'X + kI)^{-1}X'X(X'X + kI)^{-1}) = \sigma^2(c_{ij}(k))$$

式中矩阵 $c_{ij}(k)$ 的对角元素 $c_{jj}(k)$ 就是岭回归估计的方差膨胀因子，易知，$c_{jj}(k)$ 随 k 的增大而减少。运用方差膨胀因子选择 k 的原则是：满足所有方差膨胀因子 $c_{jj}(k) \leq 10$ 即可；

（4）根据 $\hat{\beta}_i = \dfrac{\hat{\beta}_i^z}{\sqrt{\sum x_i^2}}$，$\hat{\beta}_0 = \bar{y} - \sum \hat{\beta}_i \bar{x}_i$，其中 $\bar{y} = \hat{\beta}_0^z$，计算出常规回归系数 $\hat{\beta}_0$，$\hat{\beta}_i$ 值。

3. 基于岭回归的投资风格识别模型

考虑到模型中有 7 种风格资产指数，建立如下的基金投资弱式风格识别模型：

$$R_i = \alpha_i + b_{i1}F_1 + b_{i2}F_2 + b_{i3}F_3 + b_{i4}F_4 + b_{i5}F_5 + b_{i6}F_6 + b_{i7}F_7 + e_i$$

其中，R_i 是第 i 个基金的收益率，α_i 表示基金经理的选股择时能力，F_1，$F_2\cdots F_7$ 分别代表各种风格资产的收益率，而 $b_{i1},b_{i2}\cdots b_{i7}$ 是基金收益率对各种风格资产收益率的敏感度，e_i 是基金收益率中不能被选股择时与风格资产所解释的部分。

5.2.3　实证研究

1. 研究样本与数据处理

选取 2005 年 6 月之前成立且已过封闭期的 7 只股票指数型开放式基金作为

研究样本,研究期间为2005年7月1日至2010年3月26日,共19个季度,包含大幅上涨、快速下跌和小幅回调的完整行情,各基金的真实投资风格可以在此期间体现出来,具有较好的代表性。风格资产指数收益率采用中信标普公司推出的7种纯风格资产指数,分别是大盘纯成长指数(LPG)、大盘纯价值指数(LPV)、中盘纯成长指数(MPG)、中盘纯价值指数(MPV)、小盘纯成长指数(SPG)、小盘纯价值指数(SPV)及国债指数(GB)周收盘价,共有239个周,可得238个周收益率序列。数据来源于聚源数据库与中信标普公司网站(www.spcitic.com)。对数据进行对数预处理,把数据取对数的好处有两点:(1)可增加数据的光滑度;(2)把各期的对数周收益率累加之后就是累计对数周收益率,即对数收益率也称为连续复合收益率。

基金收益率的具体公式为

$$r_{it} = \frac{NAV_{it} - NAV_{i,t-1} + D_{it}}{NAV_{i,t-1}}, \quad R_{it} = \ln(1 + r_{it})$$

其中:r_{it},R_{it}分别表示基金i在第t周的简单收益率与对数收益率;NAV_{it}表示基金i在第t周的单位净值;D_{it}表示基金i在第t周的分红派息。

风格资产收益率的具体公式为

$R_{it} = \ln(1 + r_{it}) = \ln(1 + p_{it}/p_{i,t-1}) \approx \ln(p_{it}/p_{i,t-1}) = \ln p_{it} - \ln p_{i,t-1}$,其中:$R_{it}$,$p_{it}$分别表示风格资产$i$在第$t$周的风格资产对数收益率与收盘价。

相关分析与岭回归的计算结果分别采用SPSS 24.0与Matlab 10.0软件。7种纯风格资产指数周收益序列的相关性检验见表5-1,对经标准化后的相关矩阵$Z'Z$求特征根见表5-2。

表5-1 7种纯风格资产指数之间的相关性检验

风格资产	LPG	LPV	MPG	MPV	SPG	SPV	GB
LPG	1						
LPV	0.867*	1					
MPG	0.916*	0.875*	1				
MPV	0.839*	0.931*	0.919*	1			
SPG	0.885*	0.880*	0.964*	0.937*	1		
SPV	0.805*	0.870*	0.911*	0.964*	0.949*	1	
GB	-0.191*	-0.203*	-0.217*	-0.214*	-0.204*	-0.216*	1

数据来源:经统计分析整理,*表示相关系数在0.01水平上显著(双侧检验)。

表 5-2 经标准化后的 7 种纯风格资产指数相关矩阵的特征根

风格资产	LPG	LPV	MPG	MPV	SPG	SPV	GB
特征根	0.0184	0.0319	0.0452	0.1588	0.2304	0.8871	5.4569

从表 5-1 可以看出，7 种纯风格资产指数经对数处理后的周收益率，除国债风格资产指数与其他纯风格资产指数具有显著负相关性外，其余 6 种纯风格资产指数之间都具有显著正相关，显著性水平都在 0.01 以上；从表 5-2 也可看出，LPG、LPV、MPG 三种纯风格资产的特征根都很小。这都说明风格资产之间具有较高的多重共线性，如果采用 OLS 回归分析进行风格识别，必将造成较大的识别误差，因此有必要采用岭回归来降低这种共线性，以提高风格识别效果。

2. 实证分析

根据以上的岭回归模型、各变量计算公式，为了研究基金在整个行情期间内有没有发生投资风格漂移现象，把整个时期分成三个子时期分别进行实证研究，具体实证结果如下：

（1）整个时期 2005 年 7 月 1 日至 2010 年 3 月 26 日的投资风格识别。

由岭迹图和方差膨胀因子方法来确定 k^* 值，根据 Matlab 10.0 编程计算最优 $k^* = 0.02$。

表 5-3 整个时期（2005 年 7 月 1 日至 2010 年 3 月 26 日）的岭回归分析结果

基金代码	LPG	LPV	MPG	MPV	SPG	SPV	GB	实际投资风格
40002	0.3461	0.0244	0.2594	0.2967	-0.2008	-0.1608	0.0028	大盘成长型
519180	0.3981	0.2189	-0.0059	0.0488	0.0521	-0.126	-0.0203	大盘成长型
50002	0.4092	0.23	0.002	0.0509	0.0388	-0.129	-0.0086	大盘成长型
161604	0.2637	0.1602	0.1407	0.0287	0.1079	-0.0313	0.0164	大盘成长型
110003	0.5209	0.2986	-0.0877	0.0602	-0.0312	-0.2128	-0.0238	大盘成长型
200002	0.3356	0.2078	0.0335	0.0829	0.0467	-0.0833	-0.0074	大盘成长型
180003	0.4229	0.1219	0.1252	0.0432	0.0151	-0.2131	-0.0076	大盘成长型
数据个数 N	238	238	238	238	238	238	238	

（2）大幅上涨期 2005 年 7 月 1 日至 2007 年 9 月 28 日（大牛）的投资风格识别。

由岭迹图和方差膨胀因子方法来确定 k^* 值，根据 Matlab 10.0 编程计算最优 $k^* = 0.0191$。

表5-4 大幅上涨期（2005年7月1日至2007年9月28日）的岭回归分析结果

基金代码	LPG	LPV	MPG	MPV	SPG	SPV	GB	实际投资风格
40002	0.3505	0.2055	0.1282	0.0131	0.0594	-0.0114	-0.0179	大盘成长型
519180	0.382	0.1707	0.1036	0.007	0.0802	-0.0301	-0.0166	大盘成长型
50002	0.4229	0.2087	0.0715	0.0025	0.0323	-0.0341	0.0003	大盘成长型
161604	0.351	0.121	0.1958	-0.0199	0.1045	0.0833	-0.0014	大盘成长型
110003	0.5137	0.2369	0.0027	-0.0124	0.0142	-0.0904	-0.0086	大盘成长型
200002	0.3602	0.1629	0.119	0.0325	0.0747	0.0212	-0.0122	大盘成长型
180003	0.4926	0.0419	0.262	-0.0502	0.1052	-0.112	-0.0082	大盘成长型
数据个数N	112	112	112	112	112	112	112	

（3）快速下跌期2007年9月28日至2008年9月26日（大熊）的投资风格识别。

由岭迹图和方差膨胀因子方法来确定k^*值，根据Matlab 10.0编程计算最优$k^* = 0.0188$。

表5-5 快速下跌期（2007年9月28日至2008年9月26日）的岭回归分析结果

基金代码	LPG	LPV	MPG	MPV	SPG	SPV	GB	实际投资风格
40002	0.3226	-0.3553	0.5312	0.4257	-0.3183	-0.0186	0.1144	中盘成长型
519180	0.3919	0.1819	-0.0072	0.0579	0.0389	-0.0131	-0.0581	大盘成长型
50002	0.377	0.151	0.0393	0.0915	0.0209	0.0005	-0.0386	大盘成长型
161604	0.2212	0.1261	0.1481	0.1003	0.076	0.0524	-0.0028	大盘成长型
110003	0.4519	0.2886	-0.0559	0.0728	-0.0556	-0.0962	-0.0355	大盘成长型
200002	0.315	0.178	0.0392	0.0948	0.0364	0.0224	-0.0413	大盘成长型
180003	0.3348	0.2092	-0.0146	0.0607	-0.0306	-0.0714	-0.0816	大盘成长型
数据个数N	51	51	51	51	51	51	51	

（4）小幅上涨期2008年9月26日至2010年3月26日（小幅回调）的投资风格识别。

由岭迹图和方差膨胀因子方法来确定k^*值，根据Matlab 10.0编程计算最优$k^* = 0.0180$。

表 5-6 小幅上涨期（2008 年 9 月 26 日至 2010 年 3 月 26 日）的岭回归分析结果

基金代码	LPG	LPV	MPG	MPV	SPG	SPV	GB	实际投资风格
40002	0.2754	0.1473	0.1137	0.0361	0.0024	-0.1699	-0.0892	大盘成长型
519180	0.3322	0.21	0.0915	0.0109	-0.0281	-0.2327	-0.1055	大盘成长型
50002	0.3206	0.1887	0.11	0.0146	-0.008	-0.2234	-0.0994	大盘成长型
161604	0.2529	0.1157	0.1659	-0.0127	0.0909	-0.1541	-0.0592	大盘成长型
110003	0.4158	0.2643	0.0697	0.0127	-0.0937	-0.3256	-0.1351	大盘成长型
200002	0.2932	0.1811	0.1211	0.0242	-0.0062	-0.2049	-0.0909	大盘成长型
180003	0.3649	0.1636	0.1095	0.004	-0.0226	-0.2681	-0.0765	大盘成长型
数据个数 N	75	75	75	75	75	75	75	

（5）各个时期的投资风格比较研究。

根据以上的实证研究结果，分期整理进行比较分析，得出结果见表 5-7。

表 5-7 股票指数型开放式基金投资风格比较

基金代码	基金名称	基金宣称的投资风格	整个时期的投资风格	大幅上涨期的投资风格	快速下跌期的投资风格	小幅上涨期的投资风格
40002	华安 A 股指数	指数型	大盘成长型	大盘成长型	中盘成长型	大盘成长型
519180	万家 180 指数	指数型	大盘成长型	大盘成长型	大盘成长型	大盘成长型
50002	博时 300 指数	指数型	大盘成长型	大盘成长型	大盘成长型	大盘成长型
161604	融通 100 指数	指数型	大盘成长型	大盘成长型	大盘成长型	大盘成长型
110003	易基 50 指数	指数型	大盘成长型	大盘成长型	大盘成长型	大盘成长型
200002	长城久泰标普 300	指数型	大盘成长型	大盘成长型	大盘成长型	大盘成长型
180003	银华 88 指数	指数型	大盘成长型	大盘成长型	大盘成长型	大盘成长型
各研究期间的周收益率个数 N			238	112	51	75

数据来源：本节统计分析整理。

从表 5-3 至表 5-7 等四个实证结果数据表格中分析得出我国股票指数型基金无论在整个完整行情，还是在各个分行情（大牛、大熊、小幅回调）基本呈现大盘成长型投资风格，期间没有出现所谓的风格漂移现象，与指数型基金的投资理念相符合。该结论也与袁境（2005）利用 10 个财务指标提出的因子分析法及董铁牛、杨乃定和邵予工（2008）在 Sharpe 模型基础上提出的一种 Gap Statistic 聚类分析的投资风格识别方法一致，研究结果表明：开放式基金的投资风格具有趋同现象，股票混合型基金的投资风格多以大盘成长型为主的研究结论相一致。

3. 实证结论

（1）本节在分析 Sharpe 模型中所存在的 4 点缺陷及改进方法的基础上，针对其中的风格资产多重共线性问题，提出了基于岭回归的弱式风格识别模型，采用该方法对开放式基金进行风格识别，在一定程度上缓解了以 Sharpe 模型为代表的基于收益的风格识别方法中存在的风格资产多重共线性问题，实现了投资风格的准确性识别。该方法与袁境（2005）利用 10 个财务指标提出的因子分析法以及董铁牛、杨乃定和邵予工（2008）提出的一种 Gap Statistic 聚类分析的投资风格识别方法在思想上都体现了避免风格资产多重共线性所带来的识别误差，在研究结论上也基本一致，具有异曲同工之妙。

（2）本节以我国 7 只股票指数型基金的周收益率数据为实证样本，研究结果表明：基于岭回归的风格识别方法能准确地识别出基金实际投资风格，7 只股票指数型基金都呈现大盘成长型投资风格趋同性现象，在整个行情内没有出现所谓的风格漂移现象，这与指数型基金跟踪大盘指数的投资理念相符合，同时为监管层与投资者挖掘基金的真实投资风格提供了一种新的识别方法，以免基金在实际投资过程中因发生风格漂移所带来的不可预期风险。

5.3 基于 EGARCH – M 模型的基金投资风格漂移动态识别

通过梳理国内外相关文献，易知偏股型基金经常发生较严重的投资风格漂移现象，学者们也在不断尝试运用各种方法来检验投资风格漂移及其对基金业绩等方面的影响，通过解释不同行情下的业绩影响与漂移成因以寻求更科学的结论。但国内学者对基金投资风格漂移仍处于摸索阶段，研究结论未达成一致，有可能是因为基金投资风格漂移的识别方法、研究样本和研究视角不同所导致。因此，基金投资风格漂移问题仍是值得研究的领域，且未见文献研究宏观经济周期对基金投资风格漂移的影响。考虑到基金数据的尖峰厚尾、波动聚集等特征。本节借鉴牛市和熊市对基金投资风格漂移的影响进行研究，从宏观经济周期的视角研究其对基金投资风格漂移的影响，选择了基金市场高速发展的2009—2014 年这一个周期研究基金投资风格漂移情况，通过构建修正的EGARCH – M 模型，实证检验样本股票型基金在研究期间的投资风格漂移情况，最后通过比较分析整个周期内不同阶段所发生投资风格漂移的基金比例情况，推理出宏观经济周期对股票型基金投资风格漂移的影响，为政府部门提出有效的监管建议，从而为维护证券市场稳定发展提供决策参考。

5.3.1 样本选择与 EGARCH – M 识别模型构建

1. 样本选择与数据来源

因股票型基金容易发生投资风格漂移现象，故本节选取了 2005 年成立的 37 只开放式股票型基金作为研究样本，以 2009 年 3 月 2 日至 2014 年 2 月 28 日共五年作为研究期间。数据来源于聚源数据库、国家统计局网、证监会网、天天基金网等数据库与相关网站，主要包括我国宏观经济数据（GDP 当季同比增长率、居民消费价格指数 CPI 当月同比增长率）、基金单位净值、基金分红送配、基金业绩比较基准、各个风格指数的收盘价。采用的数据分析软件有 Excel 2010 和 Eviews 9.0。

被解释变量——基金日收益率 Y。因变量 Y 定义为 $Y_t = (\ln(NAV_t + D_t) - \ln NAV_{t-1}) \times 100$，其中，$NAV_t$ 是第 t 日的基金单位净值，D_t 是第 t 日的基金分红，NAV_{t-1} 是第 $t-1$ 日的基金单位净值。

解释变量——风格指数日收益率 X。每一只基金的风格指数日收益率是根据它的业绩比较基准公式，分别以每一个风格指数收益率的权重乘以风格指数收益率。如天治品质基金的业绩比较基准公式为 70.0% × 中信标普 300 指数收益率 + 30.0% × 中信标普国债指数收益率。那么风格指数日收益率 $R_t = (\ln P_t - \ln P_{t-1}) \times 100$，其中，$P_t$ 是第 t 日的指数收盘价，P_{t-1} 是第 $t-1$ 日的指数收盘价。

另外，一年期定期存款年利率 TDR 与银行间同业拆放利率。本节研究的基金业绩比较基准公式中涉及的一年期定期存款年利率直接使用中国人民银行公布的一年期定期存款利率，涉及的同业存款利息率直接使用上海银行间同业拆放利率（shanghai interbank offered rate）隔夜数据。

表 5 – 8 样本基金日收益率的描述性统计

基金简称	均值	中值	最大值	最小值	标准差	偏度	峰度	Jarque Bera 统计量
中银中国	0.0536	0.0887	5.1277	-6.2409	1.1941	-0.3720	5.1299	257.2663***
博时主题	0.0251	0.0000	4.4139	-5.7071	1.2465	-0.2090	4.6490	146.2543***
天治品质	0.0276	0.0671	4.4161	-5.8523	1.2872	-0.3825	4.1185	92.8051***
东吴嘉禾	0.0183	0.0994	4.3962	-6.3105	1.3801	-0.3905	4.1212	94.3667***
广发小盘	0.0195	0.0259	5.5976	-7.6115	1.5416	-0.3597	4.4280	129.2176***
华富优选	0.0085	0.0492	4.4072	-5.8470	1.4317	-0.3303	3.6727	44.9314***
宝盈增长	-0.0179	0.0386	4.6467	-6.6915	1.4275	-0.5981	4.9106	256.8143***

续上表

基金简称	均值	中值	最大值	最小值	标准差	偏度	峰度	Jarque-Bera 统计量
景顺鼎益	0.0215	0.0000	5.1422	-6.6971	1.3852	-0.3376	4.4631	131.2371***
泰达预算	0.0411	0.0325	2.5940	-3.3479	0.6999	-0.3056	5.3922	308.1023***
华泰盛世	0.0277	0.0594	5.3505	-7.5157	1.3728	-0.3829	4.9819	228.1500***
融通巨潮	-0.0023	0.0000	6.4079	-6.9067	1.4471	-0.1548	5.1017	228.0842***
国富收益	0.0198	0.0369	3.5961	-4.5588	1.0328	-0.3107	3.9090	61.2682***
中海分红	0.0282	0.0726	5.1598	-6.7878	1.3256	-0.4677	5.0212	250.7089***
华夏红利	0.0361	0.1254	5.0339	-6.5129	1.2823	-0.4252	4.5878	163.9670***
南方高增	0.0373	0.0896	4.4516	-5.8567	1.3107	-0.3442	4.0154	76.0646***
国联安安心	-0.0057	0.0000	4.1856	-6.2900	0.9476	-0.6335	8.3877	1548.206***
海富通股票	0.0174	0.0000	4.7253	-6.2856	1.4541	-0.3729	4.0130	79.9801***
博时稳定B	-0.0012	0.0000	2.4787	-4.2345	0.6039	-0.4564	9.2114	1992.101***
工银价值	0.0303	0.0831	5.0292	-6.2050	1.3353	-0.3610	4.1911	98.0407***
新华分红	0.0449	0.0696	4.9246	-6.1157	1.3109	-0.3399	4.7782	183.1622***
易方达收益B	0.0220	0.0193	1.5979	-1.3187	0.3008	0.1748	5.3228	278.8619***
易方达收益A	0.0207	0.0193	1.5867	-1.3221	0.3008	0.1709	5.3192	277.7595***
银华优选	0.0367	0.0090	6.1198	-6.3384	1.4103	0.2297	4.2929	95.1453***
大摩资源	0.0470	0.0865	4.5477	-7.0916	1.2520	-0.4933	5.3190	320.9971***
交银精选	0.0144	0.0388	4.6834	-6.0728	1.3629	-0.3085	4.4141	120.3019***
天弘精选	0.0028	0.0551	5.8929	-7.9940	1.3746	-0.6005	5.6122	417.7750***
上投α	-0.0034	0.0782	4.5153	-6.1693	1.2898	-0.3923	4.1936	103.1169***
兴全趋势	0.0278	0.0600	4.2545	-5.1324	1.0869	-0.3177	4.7399	173.4160***
申万新动力	0.0071	0.0535	5.0689	-7.8036	1.4915	-0.4177	4.6027	165.0933***
富国天惠	0.0482	0.0970	5.6395	-5.6327	1.3441	-0.2778	3.9822	64.3652***
华宝动力	0.0287	0.0691	4.3052	-6.3313	1.2745	-0.4865	5.0188	253.8368***
招商成长	0.0103	0.0456	5.3216	-6.5620	1.3721	-0.4020	4.7376	185.2691***
华夏收入	0.0383	0.0811	4.8964	-6.4966	1.2600	-0.4183	4.8247	203.6582***

续上表

基金简称	均值	中值	最大值	最小值	标准差	偏度	峰度	Jarque – Bera 统计量
建信价值	0.0336	0.0566	4.5525	-5.9849	1.2678	-0.4013	4.6425	168.8997***
诺安股票	0.0129	0.0710	4.8765	-6.2768	1.2341	-0.4326	4.7721	196.5374***
广发聚丰	0.0195	0.0740	5.4908	-6.9714	1.3379	-0.3223	4.5516	142.6877***
国联安精选股票	0.0380	0.0000	5.9514	-7.2888	1.4050	-0.3945	5.2045	277.0861***

注：***，**和*分别代表在1%，5%和10%的显著性水平上显著。

从表5-8统计结果可以看出，37只样本基金的日收益率序列的偏度均不为0，峰度也均大于3，Jarque – Bera 统计量在1%显著性水平下均拒绝序列服从正态分布的原假设，表明基金日收益率序列不服从正态分布，具有偏度、尖峰特征。对各风格指数日收益率序列的描述性统计分析也得出了类似结论。将所选取的基金收益率与风格指数收益率作回归分析，并进行ARCH – LM检验，检验结果发现样本基金均存在波动聚集ARCH效应，且具有高阶ARCH效应，即GARCH效应，因此，本节采取GARCH族模型对基金日收益序列建模是合理的。

2. 模型构建

根据表5-8的描述性统计结果可知，样本基金日收益率序列具有尖峰厚尾、波动聚集等特征，即存在高阶ARCH效应。据此，本节参照彭耿（2014）构建的修正EGARCH – M模型，以基金日收益率 Y 为因变量，以风格指数日收益率 X 为自变量，构建EGARCH – M计量模型为

$$Y_t = \theta_0 + \delta\sigma_{t-1} + \theta_1 X_t + \mu_t$$

$$\ln\sigma t^2 = \omega_0 + \alpha\left[\frac{|\mu_t - 1|}{\sqrt{\sigma_{t-1}^2}} - \sqrt{\frac{2}{\pi}}\right] + \gamma\frac{\mu_t - 1}{\sqrt{\sigma_{t-1}^{t-1}}} + \beta\ln\sigma_{t-1}^2 + \omega_1\varepsilon_t^2$$

其中，σt^2 为基金的条件方差，ε_t^2 为风格指数的条件方差。通过判断 θ_1 和 ω_1 的正负号即可得知基金在研究期间内是否发生了投资风格漂移（只要其中一个参数为负即可判断该基金在研究期间内发生了投资风格漂移）。

5.3.2 实证分析与结果讨论

1. 宏观经济周期的划分和选取

本节借鉴一般的宏观经济周期划分法，把一个周期划分为复苏期、过热期、滞胀期和衰退期四个阶段。由于经济增长和通货膨胀是两个非常重要的宏观经济现象，本节借鉴卢文伟（2014）的方法，从经济增长和通货膨胀两个维度，

选取国内生产总值和居民消费价格指数作为经济周期划分指标。由于无法获取国内生产总值的月度数据和居民消费价格指数的季度数据,但仅使用年度数据划分经济周期会影响准确性,故本节最终采用国内生产总值(GDP)当季同比增长率和居民消费价格指数(CPI)当月同比增长率作为宏观经济周期的划分指标。表5-9为经济周期划分标准。

表5-9 宏观经济周期阶段划分标准

阶段	国内生产总值(GDP)	居民消费价格指数(CPI)
复苏期	上升	下降
过热期	上升	上升
滞胀期	下降	上升
衰退期	下降	下降

在研究期间选择上,考虑到样本基金是2005年设立的,要选择已经运行了一段时间的基金,这样样本才具有良好的代表性,根据2004—2014年的国内生产总值(GDP)当季同比增长率和居民消费价格指数(CPI)当月同比增长率的走势图(图5-1),本节选取了国内基金市场高速发展的一个完整的宏观经济周期,2009年3月2日至2014年2月28日这五年为研究期间,具体经济周期划分结果见表5-10。

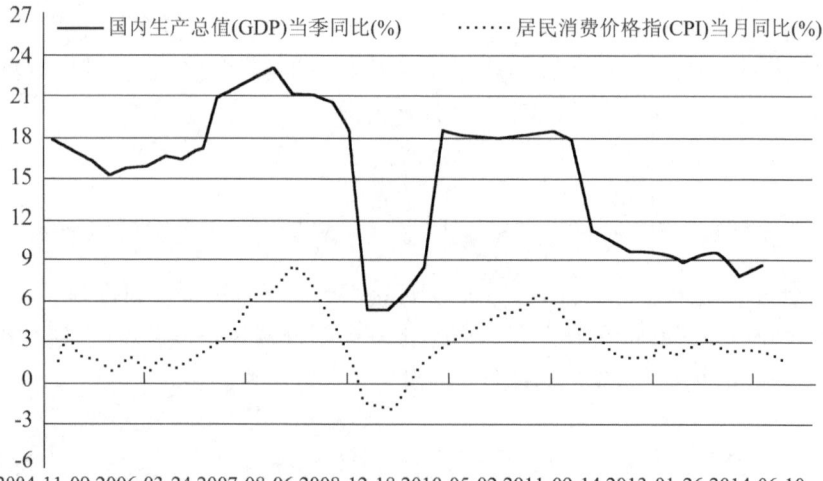

图5-1 GDP和CPI走势对比图

表 5-10　宏观经济周期划分结果

时间	经济周期
2009 年 3 月 2 日至 2009 年 7 月 31 日	复苏期
2009 年 8 月 3 日至 2010 年 3 月 31 日	过热期
2010 年 4 月 1 日至 2011 年 9 月 30 日	滞胀期
2011 年 10 月 10 日至 2014 年 2 月 28 日	衰退期

2. 实证结果与分析

使用修正 EGARCH-M 模型对 37 只样本股票型基金投资风格漂移情况进行分析,根据样本基金日收益序列的尖峰厚尾和波动聚集特征,具体修正方法是将 EGARCH-M 模型设定为 (1, 1) 阶,error(误差)设定为 GED(generalized error,广义误差),ARCH-M 设定为 Std. Dev(标准差)。根据表 5-8 的描述性统计结果采用这样的修正是比较符合数据客观特征的。实证分析结果见表 5-11 所示。

表 5-11　研究期间(一个周期)模型关键系数实证结果

基金简称	θ_1	ω_1	基金简称	θ_1	ω_1	基金简称	θ_1	ω_1
中银中国	0.94441*** (65.7642)	-0.0205 (-0.2851)	国富收益	1.520598*** (70.52255)	-0.083928 (-0.375625)	天弘精选	1.2389*** (51.2114)	-0.05048 (-0.7116)
博时主题	0.9769*** (115.7142)	2.5512** (2.1458)	中海分红	1.062223*** (61.9926)	0.005962 (0.152305)	华夏收入	0.9832*** (82.4172)	-0.00145 (-0.0103)
天治品质	1.064718*** (86.6869)	0.1165 (1.2902)	华夏红利	1.272587*** (78.25354)	-0.001605 (-0.036014)	建信价值	1.0572*** (142.8891)	-0.0429*** (-4.9967)
东吴嘉禾	1.1566*** (78.284)	3.0743*** (10.3145)	南方高增	0.833167*** (50.09449)	1.036657* (1.685802)	诺安股票	0.9692*** (141.9666)	0.0231 (0.1732)
广发小盘	0.8433*** (82.9126)	1.294 (0.6012)	国联安心	0.308861*** (70.5618)	-0.036144 (-1.438525)	广发聚丰	1.0388*** (101.5854)	-0.0136 (-0.2426)
华富优选	1.2992*** (88.7548)	0.0055 (0.1551)	海富通股票	1.07876*** (110.2056)	-0.030024*** (-5.013235)	国联精选	1.0238*** (104.3481)	-0.0001 (-0.0003)
宝盈增长	1.2154*** (96.5548)	0.0717 (0.4679)	博时稳定 B	0.703769*** (9.117584)	-0.019379 (-1.065873)	上投 α	0.9807*** (97.68035)	-0.0381 (-0.3850)
景顺鼎益	1.0047*** (104.903)	0.0075 (0.3368)	工银价值	1.155224*** (105.26)	-0.054201 (-0.551707)	兴全趋势	1.3827*** (145.4201)	-0.7079 (-1.7075)

续上表

基金简称	θ_1	ω_1	基金简称	θ_1	ω_1	基金简称	θ_1	ω_1
泰达预算	1.3430*** (47.3351)	0.0694 (1.0812)	新华分红	1.417465*** (139.6252)	0.01444 (0.088472)	申万动力	1.0976*** (112.3036)	0.0010 (0.0181)
华泰盛世	1.1525*** (108.5238)	−0.0385 (−1.0930)	易方达收益B	0.579182*** (9.184955)	−0.385902 (−1.027175)	大摩资源	0.9123*** (71.6514)	0.0214 (0.5729)
融通巨潮	1.0097*** (1469.381)	−154.8749*** (−4.6036)	易方达收益A	0.591202*** (9.284704)	−0.377625 (−1.005484)	交银精选	1.0420*** (85.2596)	0.0127 (0.2508)
富国天惠	1.1658*** (87.4813)	1.162768 (1.1943)	银华优选	1.038559*** (90.74501)	−0.039738 (−1.034621)	招商成长	0.8786*** (115.8053)	−0.0062 (−0.0648)
华宝动力	0.8870*** (115.7317)	0.023367 (0.6984)						

表 5 – 11 数据结果表明，在整个研究期间内，37 只样本基金中，有 20 只基金发生了投资风格漂移，17 只基金没有发生投资风格漂移，基金风格漂移的数量比例占 54.05%，说明投资风格漂移现象较严重。为了进一步分析宏观经济周期对投资风格漂移的影响，下面对经济周期中不同阶段的投资风格漂移现象进行分析，实证结果如表 5 – 12 所示。

根据表 5 – 12 的实证结果就可以得出表 5 – 13 的结果，37 只样本基金在经济周期的四个不同阶段中发生投资风格漂移的情况：在复苏期，有 14 只基金发生了投资风格漂移，其余 23 只基金没有发生投资风格漂移；在过热期，有 13 只基金发生了投资风格漂移，其余 24 只基金没有发生投资风格漂移；在滞胀期，有 17 只基金发生了投资风格漂移，其余 20 只基金没有发生投资风格漂移；在衰退期，有 13 只基金发生了投资风格漂移，其余 24 只基金没有发生投资风格漂移。通过这四个阶段的实证数据归纳得出，经济周期的不同阶段发生投资风格漂移的基金数量相差不大。

表 5-12 经济周期中不同阶段的模型关键系数实证结果

经济周期	复苏期		过热期		滞胀期		衰退期	
基金简称	θ_1	ω_1	θ_1	ω_1	θ_1	ω_1	θ_1	ω_1
中银中国	1.17607*** (41.8321)	0.3393 (0.3781)	1.227377*** (71.4548)	-1.1353 (-0.087458)	0.835826*** (29.8619)	-0.1001 (-1.226757)	0.778805*** (33.2894)	-0.0258 (-0.359593)
博时主题	0.767447*** (31.0177)	-4.0694 (-0.832878)	0.883958*** (58.6020)	13.2424 (0.6275)	1.018942*** (63.7367)	5.34962** (2.1598)	1.048971*** (72.4154)	6.142337*** (3.0034)
天治品质	0.953952*** (30.4103)	-0.3769 (-0.695281)	1.165737*** (51.2463)	6.1933 (0.7738)	1.142724*** (40.3851)	0.8154 (1.6357)	0.956568*** (49.9916)	0.0397 (0.5880)
东吴嘉禾	0.91982*** (26.4646)	3.766803*** (22.4142)	1.077445*** (53.7656)	0.2811 (0.0718)	1.240161*** (36.4856)	0.3972 (0.6401)	1.192607*** (44.3763)	0.0260 (0.5317)
广发小盘	0.841783*** (22.4704)	8.4618 (1.5542)	0.872147*** (45.0439)	-0.6015 (-0.104425)	0.817762*** (44.3812)	3.135751*** (2.8672)	0.851316*** (51.0291)	-0.099076*** (-3.570234)
华富优选	1.061212*** (26.5252)	1.7706 (0.4976)	1.274275*** (66.7630)	-1.3410 (-0.158091)	1.335922*** (41.6348)	0.2212 (0.8617)	1.4547 (36.7699)	-0.0201 (-0.651998)
宝盈增长	1.048811*** (26.2582)	-0.1421 (-0.311309)	1.341559*** (70.1346)	-1.3125 (-0.904211)	1.148541*** (68.3083)	-3.338615*** (-2.584265)	1.241726*** (59.4751)	0.0839 (0.5413)

续上表

经济周期 基金简称	复苏期 θ₁	复苏期 ω₁	过热期 θ₁	过热期 ω₁	滞胀期 θ₁	滞胀期 ω₁	衰退期 θ₁	衰退期 ω₁
景顺鼎益	0.979133*** (47.4797)	3.9578 (1.2598)	1.041511*** (68.9507)	-0.0276 (-0.055517)	1.058572*** (60.0088)	-0.0001 (-0.000592)	0.941011*** (43.1978)	-0.016222* (-1.794979)
泰达预算	2.220824*** (32.1699)	4.2367 (0.1466)	1.760113*** (29.1718)	3.1177 (0.5312)	0.60524*** (16.2616)	0.1117 (0.6746)	1.352184*** (27.7473)	0.0288 (0.6460)
华泰盛世	1.225693*** (41.8626)	-0.5933 (-0.641821)	1.262765*** (76.1137)	0.6415 (0.5020)	1.044672*** (51.4236)	-0.116559** (-2.15971)	1.060869*** (51.9992)	-0.0220 (-0.446023)
融通巨潮	1.009355*** (345.5128)	428.9932** (2.2082)	1.003324*** (748.9072)	0.0001 (0.0683)	1.015314*** (735.4216)	-156.4744* (-1.895024)	1.009911*** (597.6590)	127.3681 (0.5329)
国富收益	1.438937*** (26.4077)	-1.6941 (-1.014041)	1.521674*** (110.6458)	-4.311751*** (-150.856)	1.566167*** (36.4005)	0.8265 (0.8311)	1.535855*** (41.7353)	4.960685*** (2.7683)
中海分红	0.998169*** (23.4047)	1.9707 (0.3919)	1.162307*** (36.7367)	1.6078 (0.8745)	1.022234*** (30.0749)	-0.0182 (-0.431012)	0.971148*** (27.7215)	0.1637 (0.7512)
华夏红利	1.233695*** (30.9562)	-0.2790 (-0.237702)	1.321253*** (88.0700)	-7.397945*** (-3.367915)	1.296811*** (38.4008)	-0.1684 (-1.329462)	1.208213*** (43.5036)	0.0045 (0.1092)

续上表

经济周期 基金简称	复苏期 θ_1	复苏期 ω_1	过热期 θ_1	过热期 ω_1	滞胀期 θ_1	滞胀期 ω_1	衰退期 θ_1	衰退期 ω_1
南方高增	0.670471*** (14.6699)	0.9684 (0.5052)	0.876547*** (29.7955)	0.644304* (1.8122)	0.839312*** (23.4849)	-0.0253 (-0.26338)	0.832653*** (28.5075)	1.3370 (0.8808)
国联安心	0.595065*** (32.2408)	2.2200 (0.9179)	0.610574*** (49.0702)	3.2884 (1.0364)	0.32178*** (41.3857)	2.714813*** (7.4324)	0.264613*** (45.9970)	-0.057697* (-1.73027)
海富通股	1.18599*** (29.5057)	0.3118 (0.5147)	1.031152*** (43.1322)	0.7807 (0.4579)	1.071644*** (47.7220)	-0.0363 (-0.490596)	1.136772*** (95.0636)	0.278398** (2.5034)
博时稳定B	1.178032*** (10.4908)	-18.3603 (-0.090039)	0.546615*** (4.1424)	36.0128 (0.3928)	0.797669*** (3.7490)	-0.106162*** (-3.84251)	4.302399*** (9.1904)	0.0027 (0.0300)
工银价值	1.012776*** (78.1377)	10.78536*** (2.9760)	0.842169*** (43.3246)	2.3930 (0.4248)	1.191219*** (62.3527)	0.1903 (0.2282)	1.256018*** (77.5850)	-0.1561 (-1.407706)
新华分红	1.205782*** (28.8351)	-1.098275* (-1.925102)	1.349291*** (48.1073)	-0.02911 (-1.701892)	1.406819*** (85.7342)	1.8031 (0.1874)	1.487988*** (97.9836)	11.02561*** (3.7823)
易方达收益B	0.57596*** (3.3678)	-3.420597*** (-4.976499)	0.3797 (1.3541)	12.7665 (1.3492)	0.674693*** (5.5996)	-1.304571*** (-6.369017)	0.625062*** (6.4468)	-7.1784 (-1.52083)

续上表

经济周期	复苏期				过热期				滞胀期				衰退期			
基金简称	θ_1		ω_1		θ_1		ω_1		θ_1		ω_1		θ_1		ω_1	
易方达收益A	0.57625***	(3.3238)	-3.563353***	(-4.857844)	0.3510	(1.2237)	12.5315*	(1.6952)	0.661238***	(5.4695)	-1.248017***	(-6.136511)	0.637571***	(6.2733)	-34.2110	(-0.696508)
银华优选	1.087866***	(29.5688)	-0.0395	(-0.003718)	0.968727***	(33.3933)	0.1547	(0.0880)	1.14378***	(48.9189)	0.0082	(0.0541)	0.980939***	(57.2853)	0.0630	(0.5782)
大摩资源	1.039002***	(28.9402)	10.95189***	(2.9293)	1.203964***	(117.7247)	-6.314613**	(-2.499153)	0.87298***	(41.1381)	-0.0662	(-0.6747)	0.78185***	(38.2014)	0.0120	(0.4268)
交银精选	1.398392***	(28.1396)	0.0025	(0.0242)	1.11721***	(57.0783)	6.3792	(0.7836)	1.080976***	(44.8928)	0.1029	(0.5269)	0.917544***	(46.6276)	0.0035	(0.2657)
天弘精选	1.581885***	(34.6456)	2.873325*	(1.7821)	1.39579***	(33.0998)	-0.0718	(-0.457966)	1.152305***	(21.9437)	0.2178	(0.6544)	1.011441***	(22.9127)	0.0259	(0.1074)
上投α	0.889418***	(40.8741)	0.6412	(0.0306)	0.90034***	(49.7706)	0.2606	(0.2680)	1.075717***	(52.5491)	-0.193624*	(-1.713289)	1.005049***	(60.2700)	-0.0436	(-0.359389)
兴全趋势	1.412816***	(48.1614)	9.4606	(1.5152)	1.484693*	(85.1668)	26.20052*	(1.8431)	1.372216***	(65.8742)	13.54457***	(2.9083)	1.32069***	(82.9312)	-0.778611**	(-2.520791)

续上表

经济周期	复苏期		过热期		滞胀期		衰退期	
基金简称	θ_1	ω_1	θ_1	ω_1	θ_1	ω_1	θ_1	ω_1
申万动力	1.046108*** (63.8841)	−0.0432 (−0.982528)	1.17024*** (42.7867)	1.818672** (1.9784)	1.233915*** (38.8831)	0.1055 (0.5108)	1.069862*** (79.8376)	1.7650 (0.3652)
富国天惠	1.048376*** (29.7561)	0.6356 (0.4163)	1.14607*** (62.3533)	−1.3207 (−0.210447)	1.168516*** (47.2491)	−0.1768 (−0.414461)	1.231143*** (52.4285)	2.336707* (1.9517)
华宝动力	0.841116*** (55.6438)	1.210812** (2.3832)	0.97939*** (73.9736)	2.3159 (0.0348)	0.816953*** (65.0952)	−0.0562 (−0.622582)	0.916852*** (61.3097)	0.0271 (1.0442)
招商成长	0.925221*** (73.3974)	6.897908** (2.3711)	0.996837*** (74.1618)	13.5549 (0.3729)	0.860307*** (43.3822)	−0.0464 (−0.110613)	0.821791*** (74.2879)	0.0746 (0.3419)
华夏收入	0.843491*** (25.6893)	1.6275 (0.2094)	0.981985*** (54.8067)	5.469222*** (2.6736)	0.989948*** (45.6876)	0.0599 (0.0876)	0.978829*** (42.1561)	4.257713*** (5.7271)
建信价值	1.133485*** (43.3056)	8.510908* (1.6856)	1.132093*** (88.1317)	−1.844435*** (−6.24006)	1.059382*** (69.0361)	0.5684 (0.6393)	0.958274*** (106.4125)	−0.0007 (−0.723463)
诺安股票	0.985651*** (54.3594)	−2.1312 (−0.363768)	1.037876*** (129.0151)	50.9919*** (8.8711)	0.921817*** (61.8661)	1.3675 (0.7202)	0.896416*** (69.4511)	0.0576 (0.2557)

续上表

经济周期	复苏期		过热期		滞胀期		衰退期	
基金简称	θ_1	ω_1	θ_1	ω_1	θ_1	ω_1	θ_1	ω_1
广发聚丰	1.014516*** (35.1095)	11.2410 (1.2659)	1.067505*** (72.9090)	10.52106** (2.0672)	1.072334*** (53.1650)	9.9692 (1.4931)	0.924234*** (46.4261)	4.024623*** (4.0751)
国联精选	1.148238*** (81.2584)	-5.500865** (-2.548721)	1.089099*** (112.8963)	-13.6303 (-1.403892)	0.994359*** (71.0426)	5.943734*** (2.7455)	0.899188*** (43.9090)	-0.0621 (-0.278455)

表 5-13 样本基金各阶段是否发生投资风格漂移情况汇总表

基金简称	复苏期	过热期	滞胀期	衰退期
中银中国	否	是	是	是
博时主题	是	否	否	否
天治品质	是	否	否	否
东吴嘉禾	否	否	否	否
广发小盘	否	是	是	是
华富优选	否	是	否	是
宝盈增长	是	是	是	否
景顺鼎益	否	是	是	是
泰达预算	否	否	否	否
华泰盛世	是	否	是	是
融通巨潮	否	否	是	是
国富收益	是	是	否	否
中海分红	否	是	是	否
华夏红利	是	是	是	是
南方高增	否	否	是	是
国联安心	否	否	否	是
海富通股票	否	否	是	是
博时稳定B	是	是	是	是
工银价值	否	否	否	否
新华分红	是	是	否	是
易方达收益B	是	否	是	是
易方达收益A	是	否	否	否
银华优选	是	否	否	否
大摩资源	否	是	是	是
交银精选	否	否	否	否
天弘精选	否	是	否	否
上投α	否	否	是	是
兴全趋势	否	否	否	是
申万新动力	是	否	否	否

续上表

基金简称	复苏期	过热期	滞胀期	衰退期
富国天惠	否	是	是	否
华宝动力	否	否	是	否
招商成长	否	否	是	否
华夏收入	否	否	否	否
建信价值	否	是	否	是
诺安股票	是	否	否	否
广发聚丰	否	否	否	否
国联精选股票	是	是	否	是
漂移基金数量（只）	14	13	17	13
未漂移基金数量（只）	23	24	20	24

从投资风格漂移比例上分析，复苏期、过热期、滞胀期、衰退期发生投资风格漂移的基金数量比例分别是 37.84%、35.14%、45.95%、35.14%，滞胀期发生投资风格漂移的基金数量比例相对较大，但是整体看来，不同经济周期下发生风格漂移的基金比例无太大差别，且都小于整个周期内发生风格漂移的基金比例 54.05%。这说明在经济周期的特定一个阶段，由于时间较短，而且经济波动是简单单向的，所以对基金投资风格漂移影响不够明显；而整个经济周期经济波动是复杂多向的，且时间较长，经济波动会较大，故基金发生投资风格漂移会更严重。从而得出结论：在短期，宏观经济周期对基金投资风格漂移无明显影响；但在长期，经济波动较大，基金投资风格漂移相对要严重。这与彭耿（2014）的研究结论正好相反。

3. 原因分析

根据上文的实证分析结果，本节认为导致股票型基金投资风格漂移以及宏观经济周期下的投资风格漂移现象在短期内无显著差异，但在长期具有正影响的原因可能有以下三点：

第一点，本节选取风格指数日收益率与基金日收益率进行比较，而它可能会随宏观经济周期发生变化，且时间越长，波动会越大。本节研究期间为 5 年，经济波动相对会较大，容易导致基金发生严重的投资风格漂移现象。故研究期间内每一个阶段发生投资风格漂移的基金数量比例会低于整个周期的基金风格漂移比例。

第二点，所选样本基金为 2005 年成立的 37 只开放式股票型基金，研究期间为 2009—2014 年，所选的基金至少已经运行了 4 年，相对比较成熟，在样本选择上主观因素较小，研究期间较长，结论相对也比较客观。而彭耿（2014）在选取样本基金上是逐个挑选且只选了 11 只基金，有可能因样本过小导致统计结果中各阶段发生投资风格漂移的基金数量比例差异较大。最终导致本节研究结论不同于彭耿（2014）的研究结论。

第三点，宏观经济周期对股市的传导作用较强，但对基金投资有一定的滞后。郑挺国和尚玉皇（2014）研究认为长期的股市曲线应该可以理解为是宏观经济的反映，即宏观经济的好与坏决定了股市长期的波动走势。而基金是投资股市的，通过股市传导给基金是需要时间的，比如基金建仓就需要一定的时间，即具有滞后性，故短期内经济波动对基金投资行为影响不明显，但长期这种影响作用会逐渐突显出来。

5.3.3 实证结论

本节从宏观经济周期的视角，考虑到基金数据的尖峰厚尾、波动聚集等特征，通过构建修正的 EGARCH – M 模型实证分析宏观经济周期对股票型基金投资风格漂移的影响，结果发现：样本基金普遍发生较严重的投资风格漂移现象，风格漂移比例皆超过了 35%；且经济波动较大，基金投资风格漂移相对要严重，风格漂移比例超过了 54%，并分析了造成这种现象的三点原因。本节研究还发现那些不容易受宏观经济周期影响，且不易发生投资风格漂移的基金产品相对较为成熟，无论是基金产品风格还是基金经理的投资理念都较稳健，为了政府部门有效监督引导基金投资行为，充分发挥基金维稳市场的作用，根据本节研究结论提出以下三点建议：

（1）加强防范滞胀期的基金投资风格漂移风险。虽然宏观经济周期在各个阶段发生投资风格漂移的基金数量比例无明显差异，但是滞胀期漂移比例最大，基金投资者需注意该时期基金发生严重的风格漂移风险。

（2）建议基金投资者理性投资、树立与投资风格相匹配的投资理念。国内基金市场还不成熟，容易受股市行情波动或宏观经济周期的影响，投资者需谨慎投资，在选择基金产品上要学会规避高风险和没有鲜明投资风格的基金，清楚把握并及时跟踪所选基金的投资风格，建议组合投资和多样化投资以降低风险。

（3）建议政府成立基金投资风格监管部门，促进基金产品多样化发展，维护证券市场健康稳定。所以投资者可以优先考虑选择此类基金产品。

5.4 基于 TGARCH – M 模型的基金投资风格漂移动态识别

通过梳理国内外相关文献，可以发现大多数研究投资风格漂移的文献主要运用的是比较分析法，即首先对基金投资风格进行识别，然后将实际投资风格与招募书所宣称的名义投资风格进行比较,以判断是否发生风格漂移。既有研究虽然取得了卓有成效的成果,但也存在一些有待完善之处。首先,比较分析法对风格漂移的识别不够直观;其次,现有文献大多没有将基金收益率序列所具有的尖峰、厚尾、波动聚集性、杠杆效应等特征考虑在内。彭耿(2014)在EGARCH模型中运用两个指标直接判断基金投资风格是否发生漂移,方法简便而直观,大大简化了识别的步骤,但却未充分挖掘EGARCH模型所拟合的基金收益率波动特征。因此,笔者在上述研究的基础上,基于GARCH族模型能充分体现金融时间序列的波动聚集性与杠杆效应,构建非对称的TGARCH-M模型对基金投资风格漂移现象进行动态识别,分别考察当证券市场出现牛市、熊市及震荡市等行情下我国股票型基金投资风格的漂移状况和波动性,并以此来验证以下假设:①我国股票型基金投资风格漂移现象存在于市场波动周期的各个阶段;②熊市中投资风格漂移现象更为严重;③牛市中投资风格漂移现象较之熊市有所缓解;④基金投资风格漂移与收益率的波动性有一定关系,即波动性越大,风格漂移会越严重。本节通过检验以上研究假设,旨在对我国股票型基金投资风格状况进行研判与原因挖掘,并为监管部门与投资者提供更多的投资建议与监管建议。

5.4.1 TGARCH-M 识别模型构建

自回归条件异方差模型(auto-regressive conditional heteroskedasticity model,ARCH)能够反映金融时间序列数据尖峰厚尾、杠杆效应、波动聚集性以及非正态性等特征,主要思想为:随机误差项 u_t 的条件方差 σ_t^2 与其前期值 u_{t-1} 的大小有关。然而,实践中却经常出现 u_t 的条件方差 σ_t^2 依赖于许多时刻之前的扰动项前期值的情况,意味着模型需要估计多个参数,此时,ARCH模型容易出现的问题是:如果滞后阶数 p 较大,无限制约束的参数估计可能会导致条件方差 σ_t^2 为负。对此,Bollersly 和 Tim(1986)引入广义自回归条件异方差模型(generalized autoregressive conditional heteroscedasticity model,GARCH),用一个或两个 σ_t^2 的滞后值代替许多项 u_t^2 的滞后值。GARCH族模型比较好刻画波动性,标准的GARCH(1,1)模型为

$$y_t = \gamma_0 + \gamma_1 x_{1t} + \cdots + \gamma_k x_{kt} + u_t \qquad (5-1)$$

$$\sigma_t^2 = \omega + \alpha u_{t-1}^2 + \beta \sigma_{t-1}^2 \qquad (5-2)$$

式(5-2)中,ω、α、β 是未知参数。进一步,由于通常认为金融资产的收益与所承担的风险成正比,因此可将代表风险的条件方差引入均值方程。这种利用条件方差来表示预期风险的模型被称为GARCH均值模型(GARCH-M),均值方程可表示为

$$y_t = \gamma_0 + \gamma_1 x_{1t} + \cdots + \gamma_k x_{kt} + \delta \sigma_t^2 + u_t \qquad (5-3)$$

其中，参数 δ 是条件方差 σ_t^2 的系数，表示可观测到的预期风险变动对 y_t 的影响程度，表示为风险报酬。GARCH – M 模型中的条件方差 σ_t^2 还可以被条件标准差 σ_t 或对数条件方差 $\ln(\sigma_t^2)$ 所替代（Engle 等，1987）。

现有研究表明，资本市场存在着"杠杆效应"，即价格波动率对市场下跌时的反应比对市场上涨时更为剧烈。由 Zakoian（1994）、Glosten 等（1993）提出的 TGARCH（门限 GARCH，又称 GJR）模型可用来描述这种非对称冲击，它在 GARCH – M 模型中加入了一个解释可能的非对称性附加项，是该模型的一个简单扩展。其条件方差被设定为

$$\sigma_t^2 = \omega + \alpha u_{t-1}^2 + \gamma u_{t-1}^2 d_{t-1} + \beta \sigma_{t-1}^2 \tag{5-4}$$

TGARCH 模型通过设定阈值 d_{t-1} 来描述信息冲击的影响：当 $u_{t-1} < 0$，即负的信息冲击时，$d_{t-1} = 1$，否则 $d_{t-1} = 0$。$\gamma u_{t-1}^2 d_{t-1}$ 称为非对称效应项，或 TARCH 项，只要 $\gamma \ne 0$，即存在非对称效应，其中"好消息"所带来的正冲击是 α 倍，"坏消息"所带来的负冲击是 α + γ 倍，γ 为负说明非对称效应的作用是使得波动减小（高铁梅，2009）。

金融资产收益率序列通常具有尖峰厚尾的非线性特征，故会选用非线性 GARCH 模型，通常 GARCH（1，1）已能充分捕获数据中的波动聚集性，因此在金融学术文献实证分析中很少使用 GARCH 的高阶模型。而 Wang 和 Pan（2014）对 TGARCH 模型的研究发现，相比于其他模型，TGARCH（1，1）模型在描述收益率的波动性方面效果最佳。

综上所述，本节以基于收益的基金投资风格识别方法（RBSA）为基础，构建 TGARCH 模型对基金的投资风格漂移现象进行动态识别，并对收益率波动性进行判断。建模步骤为：首先根据基金招募说明书中公告的基金业绩比较基准计算风格基准指数，其次通过对基金日收益率与风格基准指数日收益率回归得到均值方程，并将条件方差作为解释变量引入均值方程；最后构建条件方差方程，捕获波动的聚集性和不对称性，并在条件方差方程中加入风格基准指数条件方差，从收益和风险两个角度考察基金投资风格的漂移现象。本节构建的识别模型确定为 TGARCH（1，1） – M 模型，根据研究目的及方程拟合度对模型中的变量进行适当修正，模型为

$$R_{it} = \theta_0 + \theta_1 R_{it}' + \delta \sigma_t + u_t \tag{5-5}$$

$$\sigma_t^2 = \omega_0 + \alpha u_{t-1}^2 + \beta \sigma_{t-1}^2 + \gamma u_{t-1}^2 d_{t-1} + \omega_1 \varepsilon_t^2 \tag{5-6}$$

式（5-5）和式（5-6）中，R_{it} 表示第 i 只基金第 t 日的基金净值日收益率，R_{it}' 表示第 i 只基金第 t 日的基金风格基准指数日收益率，σ_t 为（5-5）中扰

动项的条件标准差①，ε_t^2 是风格基准指数的条件方差，d_{t-1} 为虚拟变量，表明负的信息冲击。根据系数 θ_1 和 ω_1 的符号，即可判断基金收益及风险与其风格基准指数收益及风险之间的关系，进而判断样本基金在研究周期内是否发生了投资风格漂移。Andrew 和 Kingsley 等（2008）按风格漂移原因，将基金投资风格漂移划分为主动漂移和被动漂移，主动漂移有可能造成基金与其风格基准的收益及风险呈负相关关系。根据该特征，本节可以判断基金投资风格是否发生了主动漂移，判断原则为：若系数 θ_1 和 ω_1 均显著为正，则表示基金的投资风格没有发生漂移现象，若系数 θ_1 和 ω_1 的符号有一个或全部为负，则表示基金投资风格发生了漂移现象。此外，根据 TGARCH 模型非对称效应的判断，如果 γ 显著为正，说明非对称效应使得波动变大，如果 γ 显著为负，说明非对称效应使得波动变小，若 γ 不显著，说明不存在非对称效应。

5.4.2　样本选择与数据处理

1. 研究期间与样本选取

（1）研究期间。

本节选取的研究期间为 2006 年 1 月 1 日至 2015 年 5 月 31 日，研究期间内每只基金共有 2284 个日净值，可相应算出 2283 个日收益率。对于不同阶段的基金投资风格漂移状况进行考察有助于研究风格漂移现象与市场波动周期的关系。在此期间内，我国证券市场经历了完整的牛市、熊市和震荡市的周期更替，其中又具体包含着大幅上涨、快速下跌、小幅回调、震荡下调和再次上涨等行情，各基金的真实投资风格在此完整期间可完全展现。根据上证综指月末收盘价格指数（图 5-2），本节将研究期间划分为五个子区间：2006 年 1 月 4 日（1180.96 点）至 2007 年 9 月 28 日（5552.30 点）为大幅上涨行情，记为期间一；2007 年 10 月 8 日（5692.75 点）至 2008 年 9 月 26 日（2293.78 点）为快速下跌行情，记为期间二；2008 年 10 月 6 日（2173.74 点）至 2010 年 3 月 26 日（3059.72 点）为小幅回调行情，记为期间三；2010 年 3 月 29 日（3123.80 点）至 2014 年 6 月 30 日（2048.33 点）为震荡下调行情，记为期间四；2014 年 7 月 1 日（2050.38 点）至 2015 年 5 月 29 日（4611.74 点）为再次上涨行情，记为期间五。

---

① 为使模型结果具有最好的显著性和拟合优度，实际操作时 ARCH-M 项会依次选择条件标准差、条件方差和对数标准差分别建模，选择最优的模型结果。因此在后文的模型结果中部分基金的 ARCH-M 项将是条件方差或对数标准差。

图 5-2　上证综指月末收盘价格指数

数据来源：Wind 资讯金融数据库。

(2) 基金样本。

目前，我国证券市场主要包括股票型基金、债券型基金和货币型基金三种证券投资基金品种。其中，债券型基金和货币型基金投资风格比较稳健，一般不易发生投资风格漂移，出现风格漂移的多为股票型基金，因此本节研究对象集中于股票型基金。根据研究区间，本节选取了 2006 年 1 月 1 日之前成立且已过封闭期的全部开放式股票型基金作为研究样本，剔除不容易发生风格漂移的被动指数型基金，以及业绩基准数据不全的基金，共选出 14 只基金作为样本。样本选取的依据是：①14 只样本基金的投资风格涵盖了平衡型、成长型、平稳型和指数增强型，能够较好地代表总体投资风格；②样本基金分别属于不同的基金管理公司，且都明确公告了基金的业绩比较基准，相关数据完整；③本节侧重于说明所构建的风格漂移动态识别测度的有效，样本数量虽然不多，但已对所构建识别测度的效果进行了展示。样本基金具体情况见表 5-14。

表 5-14　样本基金基本情况

基金代码	基金简称	投资风格	业绩比较基准
020001	国泰金鹰增长	成长型	上证 A 股指数
050002	博时裕富沪深 300	增强指数型	沪深 300 指数 ×95% + 银行同业存款利率 ×5%
110003	易方达上证 50	增强指数型	上证 50 指数
161607	融通巨潮 100	增强指数型	巨潮 100 指数收益率 ×95% + 银行同业存款利率 ×5%

续上表

基金代码	基金简称	投资风格	业绩比较基准
162204	泰达宏利行业精选	平稳型	富时中国 A600 指数收益率×70% + 中债国债总指数（财富）×30%
162605	景顺长城鼎益	成长型	富时中国 A200 指数×80% + 同业存款利率×20%
180003	银华道琼斯 88 精选	增强指数型	道琼斯中国 88 指数
200002	长城久泰沪深 300	增强指数型	沪深 300 指数收益率×95% + 银行同业存款利率×5%
213002	宝盈泛沿海增长	成长型	上证 A 股指数×80% + 上证国债指数×20%
257020	国联安精选	成长型	沪深 300 指数×85% + 上证国债指数×15%
310328	申万菱信新动力	成长型	沪深 300 指数×80% + 中信标普国债指数收益率×20%
377010	上投摩根阿尔法	成长型	沪深 300 指数收益率×80% + 中债总指数收益率×20%
519005	海富通股票	成长型	MSCI 中国 A 股指数×80% + 上证国债指数×20%
519997	长信银利精选	平稳型	中信标普 100 指数×80% + 中信普国债指数×20%

数据来源：Wind 资讯金融数据库。

2. 数据处理与分析

（1）收益率的计算。

为降低数据序列的非平稳性，收益率的计算均采用对数收益率形式。基金日收益率计算公式为：

$$R_t = (\ln(NAV_t + D_t) - \ln NAV_{t-1}) \times 100$$

其中，NAV_t 表示基金在第 t 日的单位净值，D_t 表示基金在第 t 日的分红。类似地，相关指数日收益率的计算公式可表示为：$R'_t = (\ln p_t - \ln p_{t-1}) \times 100$。其中，$p_t$ 是该指数第 t 日的收盘价，之后再根据基金招募说明书所宣称的业绩比较基准公式计算风格基准指数日收益率序列，具体计算公式见表 5-8。基金红利数据来源于天天基金网（fund.eastmoney.com），基金日净值、相关指数数据以及相关存款利率数据来源于 Wind 资讯金融数据库，数据处理由 Excel2010 软件完成。

（2）描述性统计及相关检验。

建模前应对模型数据进行分析检验，包括描述性统计分析、平稳性检验和 ARCH 效应检验，以验证所构建的模型是否合理。下文对样本中的 10 只基金对数收益率数据及 10 个指数收益率数据的检验结果加以展示，检验与分析均由 EViews 9.0 软件完成。

①描述性统计。

表 5-15　部分基金和指数日收益率序列的描述性统计

基金和指数	均值	中值	最大值	最小值	标准差	偏度	峰度	JB 统计量
020001	0.106	0.156	113.486	-113.768	3.823	-0.178	678.048	4.438E+07***
050002	0.007	0.121	8.235	-9.16	1.736	-0.432	5.78	806.138***
110003	0.064	0.06	85.75	-85.835	3.125	-0.157	498.74	2.338E+07***
161607	0.065	0.105	20.857	-17.12	2.013	0.189	14.416	12410.93***
162204	0.101	0.153	22.567	-22.997	1.882	-0.312	39.119	124134.5***
162605	0.094	0.114	6.054	-8.286	1.556	-0.367	4.73	336.075***
180003	0.068	0.057	52.183	-53.489	2.599	-0.35	172.199	2.723E+06***
200002	0.076	0.123	8.852	-8.297	1.75	-0.435	5.805	820.136***
213002	0.04	0.12	53.11	-52.954	2.559	-3.789	241.367	5.410E+06***
257020	0.067	0.119	71.399	-72.91	2.906	-1.709	350.203	1.147E+07***
沪深 300	0.073	0.124	8.931	-9.695	1.855	-0.446	5.846	846.165***
上证 50	0.06	0.064	9.233	-9.95	1.888	-0.254	5.866	805.956***
上证 180	0.069	0.104	8.949	-9.753	1.864	-0.407	5.892	858.498***
巨潮 100	0.07	0.097	9.081	-9.828	1.853	-0.344	5.93	861.718***
上证综指	0.06	0.11	9.034	-9.256	1.718	-0.452	6.507	1247.308***
深圳 100	0.08	0.143	8.899	-9.652	1.922	-0.474	5.43	647.077***
中信标普 100	0.067	0.087	9.101	-9.835	1.832	-0.352	5.921	858.804***
道中 88	0.059	0.083	21.981	-23.728	1.981	-0.431	20.275	28445.54***
上证国债	0.014	0.012	0.746	-0.542	0.07	0.795	22.411	36082.12***
中信标普国债	0.013	0.012	1.074	-0.934	0.097	0.446	22.098	34771.02***

注：***表示 1% 的显著性水平。

从表 5-15 可知，样本基金及相关指数的日收益率序列的偏度均不为 0，说明日收益率序列的分布呈现一定偏倚，具有不对称性；峰度均大于 3，表明序列具有尖峰的特征；Jarque-Bera 统计量在 1% 显著性水平下均拒绝服从正态分布的原假设，因此本节采用非线性模型是合适的。

②平稳性检验。

本节采用单位根检验（ADF 检验）对部分样本基金及相关指数收益率序列进行平稳性检验，结果如表 5-16。

表 5-16 部分基金和指数日收益率序列的单位根检验

基金代码	T 统计量	结论	指数名称	T 统计量	结论
020001	-37.906***	平稳	沪深 300 指数	-46.611***	平稳
050002	-46.686***	平稳	上证 50	-47.334***	平稳
110003	-44.477***	平稳	上证 180	-47.134***	平稳
161607	-38.463***	平稳	巨潮 100	-47.163***	平稳
162204	-52.372***	平稳	上证综指	-47.199***	平稳
162605	-45.935***	平稳	深圳 100	-45.587***	平稳
180003	-43.032***	平稳	中信标普 100	-47.177***	平稳
200002	-46.679***	平稳	道中 88	-50.472***	平稳
213002	-39.310***	平稳	上证国债	-21.690***	平稳
257020	-41.878***	平稳	中信标普国债	-49.515***	平稳

注：不同显著性水平下的 T 统计量临界值如下：-3.433（1%），-2.863（2%），-2.567（10%），*** 表示 1% 的显著性水平。

由表 5-16 可知，检验结果均拒绝存在单位根的原假设，说明所选样本基金及指数的日收益率序列是平稳的。

③ARCH 效应检验。

对所选取的基金收益率与风格基准指数收益率进行回归，再进行 ARCH-LM 检验，检验结果如表 5-17。

表 5-17 基金收益率和风格基准指数收益率间的 ARCH 检验

基金代码	F 统计量	LM 统计量	滞后阶数	结论
020001	250.465***	992.329***	7	存在 ARCH 效应
050002	71.612***	411.990***	7	存在 ARCH 效应
110003	251.667***	995.001***	7	存在 ARCH 效应
161607	154.723***	923.247***	10	存在 ARCH 效应

续上表

基金代码	F 统计量	LM 统计量	滞后阶数	结论
162204	179.748***	1006.453***	10	存在 ARCH 效应
162605	44.151***	371.024***	10	存在 ARCH 效应
180003	186.237***	1026.379***	10	存在 ARCH 效应
200002	7.145***	69.598***	10	存在 ARCH 效应
213002	60.717***	268.508***	5	存在 ARCH 效应
257020	103.382***	712.986***	10	存在 ARCH 效应
310328	22.784***	108.768***	5	存在 ARCH 效应
377010	115.949***	770.282***	10	存在 ARCH 效应
519005	183.755***	1018.832***	10	存在 ARCH 效应
519997	159.677***	940.572***	10	存在 ARCH 效应

表 5-17 结果表明所有样本基金均存在 ARCH 效应，并且具有高阶 ARCH 效应，即 GARCH 效应，因此建立 GARCH 族模型是合理的。

④模型选择。

应用最为广泛的非对称 ARCH 模型主要有 TGARCH 和 EGARCH 模型，为了比较这两种模型的优劣，可通过信息准则选择合理模型。本节以长期（整个阶段）和短期（上涨阶段）为例分别选取 5 只样本基金为代表，构造 TGARCH（1，1）- M 和 EGARCH（1，1）- M 两类模型，得到 AIC、SBIC、HQIC 结果如表 5-18 所示。

表 5-18 TGARCH 与 EGARCH 模型的信息准则比较

	基金代码	AIC 准则		SBIC 准则		HQIC 准则	
		TGARCH	EGARCH	TGARCH	EGARCH	TGARCH	EGARCH
长期	050002	-1.385	-1.387	-1.365	-1.366	-1.378	-1.379
	110003	4.181	4.195	4.201	4.216	4.188	4.203
	213002	3.559	3.955	3.579	3.975	3.566	3.962
	377010	1.813	1.814	1.833	1.835	1.821	1.822
	519005	2.903	3.266	2.923	3.286	2.91	3.273
短期	050002	0.046	0.015	0.123	0.091	0.076	0.045
	110003	5.038	3.954	5.115	4.031	5.069	3.985
	213002	5.502	4.909	5.578	4.986	5.532	4.939
	377010	1.567	1.656	1.644	1.61	1.598	1.579
	519005	5.257	5.39	5.334	5.344	5.288	5.313

表 5-18 表明，总体而言 TGARCH (1, 1) - M 和 EGARCH (1, 1) - M 的信息准则数值差别不大，对于长期基金，TGARCH 模型信息准则数值较小，对于短期基金，EGARCH 模型信息准则数值较小。针对两类模型的非对称效应，以 050002 基金为例，绘制信息曲线如图 5-3 所示。

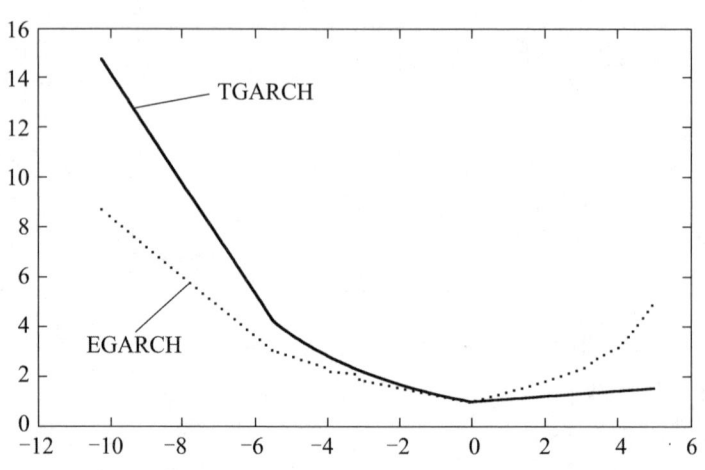

图 5-3　TGARCH 与 EGARCH 模型信息曲线对比图

由图 5-3 可知，TGARCH (1, 1) - M 模型能更明显地体现正负冲击的非对称效应。由于本节将考察基金投资风格漂是否与收益率波动有关，TGARCH 模型对于正负冲击所带来的波动识别更为简单，且适用于长样本区间，因此本节选择更能体现波动性的 TGARCH (1, 1) - M 模型。

5.4.3　实证分析与结果讨论

1. 分阶段基金投资风格漂移识别

为节约篇幅，本节仅展示模型中对识别投资风格漂移与否最为关键的两个系数 θ_1 与 ω_1，以及体现非对称效应的系数 γ 和冲击的倍数 α。

（1）期间一：上涨行情（2006 年 1 月 4 日至 2007 年 9 月 28 日）。

表 5-19　上涨阶段的 TGARCH - M 模型关键参数估计结果

基金代码	θ_1	ω_1	漂移	α	γ	正冲击的波动倍数	负冲击的波动倍数
020001	0.783*** (9.726)	0.718*** (2.719)	否	-0.135*** (-8.928)	0.252*** (6.723)	-0.135	0.117

续上表

基金代码	θ_1	ω_1	漂移	α	γ	正冲击的波动倍数	负冲击的波动倍数
050002	0.919*** (157.091)	0.011*** (4.022)	否	0.138* (1.733)	0.516*** (3.918)	0.138	0.654
110003	1.031*** (12.056)	5.534*** (2.864)	否	-0.072* (-1.957)	0.181** (2.465)	-0.072	0.109
161607	0.862*** (23.748)	-0.005 (-0.169)	是	-0.213*** (-5.345)	0.509** (2.405)	-0.213	0.296
162204	1.290*** (49.963)	-0.039 (-1.164)	是	0.301*** (2.524)	-0.211* (-1.852)	0.301	0.09
162605	1.014*** (55.818)	-0.004 (-1.109)	是	0.120*** (2.68)	-0.042 (-0.884)	0.12	0.12
180003	0.885*** (2.68)	3.302*** (2.765)	否	-0.12 (-1.018)	0.441* (1.932)	-0.12	0.321
200002	0.983*** (298.611)	-0.001* (-1.584)	是	0.245*** (4.427)	0.089 (1.459)	0.245	0.245
213002	0.954** (1.981)	3.722** (2.401)	否	-0.065 (-0.777)	0.282 (1.13)	-0.065	-0.065
257020	1.868*** (11.673)	2.803*** (5.554)	否	-0.201 (-1.464)	0.750* (1.918)	-0.201	0.549
310328	1.145* (1.71)	0.883* (1.648)	否	-0.102 (-1.130)	0.293 (1.097)	-0.102	-0.102
377010	0.968*** (73.476)	0.003 (1.429)	否	0.167*** (3.47)	-0.063 (-1.447)	0.167	0.167
519005	1.064*** (6.383)	8.260** (2.079)	否	-0.15 (-1.592)	0.380* (1.903)	-0.15	0.23
519997	1.069*** (2.86)	2.976** (2.203)	否	-0.094*** (-3.479)	0.372** (2.088)	-0.094	0.278

注：***、**和*分别表示1%、5%和10%的显著性水平，括号内为z统计量。

根据上文所述的基金投资风格漂移与否的模型判断原则，由表5-19可知，在股市上涨阶段，14 只样本基金中仅有 4 只基金发生投资风格漂移现象，这说明大部分基金坚持了自己的投资风格。从非对称效应来看，有 8 只基金的 γ 为正，说明非对称效应使得波动变大，利空消息所带来的冲击大于利好消息。

（2）期间二：下跌行情（2007 年 10 月 8 日至 2008 年 9 月 26 日）。

表 5-20 下跌阶段的 TGARCH-M 模型关键参数估计结果

基金代码	θ_1	ω_1	漂移	α	γ	正冲击的波动倍数	负冲击的波动倍数
020001	-0.622 (-1.370)	-1.578 (-0.273)	是	-0.195 (-0.931)	0.436 (1.27)	-0.195	-0.195
050002	0.971*** (367.165)	0.001*** (19.777)	否	-0.014*** (-52.819)	0.014*** (3.555)	-0.014	0
110003	0.891*** (120.896)	0.005 (0.857)	否	-0.062 (-0.919)	0.033 (0.45)	-0.062	-0.062
161607	0.983*** (30.629)	0.036 (0.926)	否	-0.107 (-0.969)	0.252 (1.324)	-0.107	-0.107
162204	0.924*** (61.091)	-0.044 (-0.967)	是	0.578*** (3.144)	-0.321 (-1.565)	0.578	0.578
162605	0.838*** (71.195)	-0.001 (-0.145)	是	0.253** (2.169)	-0.268** (-2.226)	0.253	-0.015
180003	0.744*** (69.524)	-0.001* (-1.585)	是	-0.021 (-1.203)	-0.028 (-1.003)	-0.021	-0.021
200002	0.987*** (216.625)	0.003*** (5.397)	否	0.021 (0.966)	-0.014 (-0.654)	0.021	0.021
213002	0.903*** (25.926)	-0.383* (-1.613)	是	-0.182*** (-4.400)	0.456*** (4.264)	-0.182	0.274
257020	1.049*** (68.586)	0.031*** (4.077)	否	-0.058 (-1.115)	-0.07 (-1.269)	-0.058	-0.058
310328	0.980*** (27.569)	-0.208 (-1.403)	是	-0.109*** (-4.365)	0.268*** (9.477)	-0.109	0.159
377010	0.844*** (71.473)	0.012 (0.984)	否	0.578** (2.507)	-0.573** (-2.442)	0.578	0.005
519005	1.024*** (92.157)	0.001 (0.309)	否	-0.043 (-0.845)	0.221** (2.115)	-0.043	0.178
519997	1.013*** (60.543)	0.023 (1.199)	否	0.231* (1.885)	0.028 (0.196)	0.231	0.231

注：***、**和*分别表示 1%、5% 和 10% 的显著性水平，括号内为 z 统计量。

由表 5-20 可知，股市下跌的大熊市阶段，所研究的 14 只样本基金中有 6

只基金的投资风格发生漂移，漂移现象出现次数较股市上涨阶段略多。从非对称效应来看，该阶段的非对称效应并不明显。

（3）期间三：小幅回调行情（2008年10月6日至2010年3月26日）

表5-21　小幅回调阶段的TGARCH-M模型关键参数估计结果

基金代码	θ_1	ω_1	漂移	α	γ	正冲击的波动倍数	负冲击的波动倍数
020001	0.734*** (62.204)	0.031** (2.307)	否	1.485*** (7.757)	-1.258*** (5.890)	1.485	0.227
050002	1.002*** (554.868)	0.0001 (1.47)	否	0.124** (2.356)	-0.134*** (-2.732)	0.124	-0.01
110003	0.958*** (278.781)	0.0002 (0.652)	否	-0.026*** (-191.679)	-0.001 (-0.027)	-0.026	-0.026
161607	1.016*** (430.959)	0.001* (1.579)	否	-0.016* (-1.922)	-0.091*** (-6.129)	-0.016	-0.107
162204	1.169*** (60.004)	0.033* (1.568)	否	0.096** (2.067)	-0.022 (-0.378)	0.096	0.096
162605	0.947*** (88.152)	-0.001 (-1.347)	是	0.069** (2.263)	0.043*** (3.076)	0.069	0.112
180003	0.923*** (132.493)	-0.0001 (-0.096)	是	0.129** (2.439)	-0.090* (-1.603)	0.129	0.039
200002	0.997*** (485.967)	3.12E-05** (2.251)	否	-0.009*** (-354.076)	-0.024** (-2.304)	-0.009	-0.033
213002	0.951*** (62.616)	-0.002*** (-4.638)	是	0.033*** (6.346)	-0.071*** (-11.946)	0.033	-0.038
257020	1.085*** (86.154)	0.022* (1.103)	否	0.113 (0.853)	-0.012 (-0.096)	0.113	0.113
310328	0.991*** (89.444)	-0.0004 (-0.674)	是	0.180*** (2.841)	-0.06 (-0.850)	0.18	0.18
377010	0.869*** (70.638)	0.001 (0.237)	否	0.134* (1.626)	-0.115 (-1.476)	0.137	0.137
519005	0.872*** (37.348)	-0.059*** (-3.845)	是	-0.291*** (-6.469)	0.464*** (3.777)	-0.291	0.173
519997	0.964*** (75.557)	0.0577*** (3.127)	否	-0.135*** (-5.238)	0.282*** (3.03)	-0.135	0.147

注：***、**和*分别表示1%、5%和10%的显著性水平，括号内为z统计量。

由表5-21可知，在股市回调阶段，所研究的14只样本基金中有5只基金的投资风格发生漂移，占比35.71%。发生非对称效应的基金中有6只γ为负，说明非对称效应使得波动变小，利空消息带来的冲击小于利好消息，即回调阶段，好消息可能引起收益率更大的波动。

（4）期间四：震荡下调行情（2010年3月29日至2014年6月30日）。

表5-22 震荡阶段的TGARCH-M模型关键参数估计结果

基金代码	θ_1	ω_1	漂移	α	γ	正冲击的波动倍数	负冲击的波动倍数
020001	0.908*** (59.165)	0.280*** (21.109)	否	0.068*** (5.01)	0.012 (0.699)	0.068	0.068
050002	1.001*** (727.25)	-0.004** (-2.271)	是	0.223*** (6.881)	-0.137*** (-4.731)	0.223	0.086
110003	0.959*** (439.18)	0.020*** (3.212)	否	0.070*** (5.645)	-0.054*** (-3.527)	0.07	0.016
161607	1.013*** (598.571)	-0.009*** (-5.993)	是	-0.016*** (-2.726)	0.080*** (4.877)	-0.016	0.064
162204	1.181*** (17.8)	-1.083 (-0.009)	是	-0.092*** (-8.239)	0.184*** (6.482)	-0.092	0.092
162605	0.929*** (60.024)	-0.355 (-62.083)	是	0.114*** (6.487)	-0.046** (-2.543)	0.114	0.068
180003	0.785*** (109.451)	-0.979 (-1.265)	是	0.712*** (6.33)	1.662*** (5.15)	0.712	2.374
200002	0.994*** (783.95)	0.008*** (138.697)	否	0.221*** (7.067)	0.173*** (3.927)	0.221	0.394
213002	1.230*** (85.381)	1.498*** (1381.138)	否	0.041** (2.263)	0.087*** (3.443)	0.041	0.128
257020	0.968*** (73.614)	-0.359 (-0.270)	是	0.347*** (9.293)	-0.160*** (-4.016)	0.347	0.187
310328	1.093*** (97.795)	1.015*** (342.737)	否	0.112*** (5.378)	-0.026 (-1.163)	0.112	0.112
377010	1.028*** (80.591)	0.143*** (76.154)	否	0.139*** (5.048)	-0.046* (-1.658)	0.139	0.093
519005	1.098*** (81.19)	-0.733*** (-161.15)	是	0.161*** (5.117)	-0.010*** (-3.456)	0.161	0.151
519997	1.024*** (75.836)	0.003 (0.668)	否	0.066*** (4.216)	0.002 (0.102)	0.066	0.066

注：***、**和*分别表示1%、5%和10%的显著性水平，括号内为z统计量。

由表5-22可知，在股市震荡阶段，所研究的14只样本基金中有7只基金发生了投资风格漂移，表明50%的基金样本未能坚持投资风格。

（5）期间五：再次上涨行情（2014年7月1日至2015年5月29日）。

表5-23　再次上涨阶段的TGARCH-M模型关键参数估计结果

基金代码	θ_1	ω_1	漂移	α	γ	正冲击的波动倍数	负冲击的波动倍数
020001	0.657*** (7.826)	0.7483* (1.704)	否	-0.041*** (-3.731)	0.211** (2.43)	-0.041	0.17
050002	1.018*** (142.41)	0.0005* (1.088)	否	0.048 (1.307)	-0.0278 (-0.544)	0.048	0.048
110003	0.930*** (159.221)	0.0001 (0.573)	否	0.227** (2.171)	0.146 (1.097)	0.227	0.227
161607	1.017*** (235.386)	0.0002*** (8.095)	否	0.001*** (117.274)	-0.045*** (-19.771)	0.001	-0.044
162204	1.224*** (28.712)	0.349** (3.109)	否	0.037 (0.39)	0.727*** (3.368)	0.037	0.764
162605	0.787*** (14.051)	0.004 (0.587)	否	-0.035*** (-54.809)	0.025 (1.515)	-0.035	-0.035
180003	0.888*** (51.239)	0.007 (1.01)	否	0.085 (0.912)	0.255 (1.528)	0.085	0.085
200002	1.004*** (860.952)	-0.0006*** (-5.228)	是	0.067*** (4.096)	0.067*** (4.096)	0.067	0.134
213002	0.894*** (12.755)	0.540** (2.09)	否	0.077 (0.514)	0.249 (1.417)	0.077	0.077
257020	0.674*** (13.585)	0.138* (1.691)	否	0.525*** (2.622)	-0.326 (-1.568)	0.525	0.525
310328	0.917*** (32.109)	0.004** (4.23)	否	0.0006 (0.041)	-0.056*** (-80.063)	0.001	-0.055
377010	0.766*** (14.627)	0.054 (1.268)	否	0.215* (1.823)	-0.038 (-0.355)	0.215	0.215
519005	1.028*** (25.87)	0.012 (0.74)	否	0.206** (2.064)	-0.075 (-0.804)	0.206	0.206
519997	0.445*** (6.268)	0.029*** (4.013)	否	-0.067*** (-4.329)	0.051** (2.002)	-0.067	-0.016

注：***、**和*分别表示1%、5%和10%的显著性水平，括号内为z统计量。

由表5-23可知，在股市再次上涨阶段，14只样本基金中仅有1只基金的投资风格出现了漂移，表明在牛市中，大部分基金可以坚守投资风格，且非对称效应并不明显。

2. 整个阶段基金投资风格漂移识别

表 5-19 至表 5-23 展示了不同市场波动周期下 TGARCH-M 模型对基金投资风格漂移的识别情况。表 5-24 展示了 2006 年 1 月 1 日至 2015 年 5 月 31 日整个阶段的基金投资风格漂移情况。

表 5-24　整个阶段的 TGARCH-M 模型关键参数估计结果

基金代码	θ_1	ω_1	漂移	α	γ	正冲击的波动倍数	负冲击的波动倍数
020001	0.979*** (321.414)	-1.128*** (-9.949)	是	5.126*** (90.922)	-3.364*** (-38.819)	5.126	1.762
050002	0.998*** (1071.72)	-0.001** (-2.347)	是	0.172*** (11.292)	-0.090*** (-6.611)	0.172	0.082
110003	0.932*** (7.063)	-0.34 (-0.003)	是	-0.051*** (-8.408)	0.117* (1.873)	-0.051	0.066
161607	1.007*** (14247)	-2.728*** (-20615.77)	是	12.112*** (97.887)	25.824*** (46.51)	12.112	37.936
162204	1.139*** (36.054)	0.782*** (2.822)	否	-0.051*** (-4.512)	0.120*** (6.995)	-0.051	0.069
162605	0.928*** (149.7)	-0.004 (-1.175)	是	0.085*** (8.87)	0.031** (2.315)	0.085	0.116
180003	0.854*** (1875.74)	0.939*** (798.87)	否	2.869*** (193.564)	-1.877*** (-87.384)	2.869	0.992
200002	0.995*** (1571.69)	-0.003** (-2.555)	是	0.517*** (23.683)	-0.325*** (-13.278)	0.517	0.192
213002	0.807*** (103.721)	-0.221** (-3.250)	是	14.522*** (16.158)	-14.119*** (-15.755)	14.522	0.403
257020	1.218*** (205.793)	-1.676*** (-7.329)	是	0.592*** (13.143)	4.156*** (9.91)	0.592	4.748
310328	1.171*** (267.798)	-0.817*** (-5.449)	是	0.344*** (7.466)	4.909*** (61.573)	0.344	5.253
377010	0.928*** (141.013)	-0.003 (-0.265)	是	0.164*** (7.613)	-0.057*** (-2.858)	0.164	0.105
519005	1.097*** (137.042)	-66.537*** (-18.622)	是	0.373*** (9.133)	0.684*** (10.177)	0.373	1.057
519997	0.842*** (60.541)	-0.805 (-0.030)	是	-0.112*** (-15.888)	0.415*** (9.181)	-0.112	0.303

注：***、**和*分别表示1%、5%和10%的显著性水平，括号内为 z 统计量。

由表 5-24 可知，14 只样本基金中有 12 只基金发生了投资风格漂移现象，仅有 2 只基金未发生风格漂移，可见，若拉长考察期，股票型基金投资风格漂移现象较为严重。此外所有的样本基金均具有非对称性，有 8 只基金的 γ 为正，说明负向冲击比正向冲击更容易增加波动，但与风格漂移与否并无明显关系。

3. 实证结果汇总

将不同股市行情下 14 只样本基金的投资风格漂移识别结果汇总至表 5 - 25 和表 5 - 26。

表 5 - 25 基金投资风格漂移识别汇总结果

基金代码	上涨阶段		下跌阶段		回调阶段		震荡阶段		上涨阶段		整个阶段	
	漂移	γ	漂移	γ	漂移	γ	漂移	γ	漂移	γ	漂移	γ
020001	否	+	是	0	否	-	否	0	否	+	是	-
050002	否	+	否	+	否	-	是	-	否	0	是	-
110003	否	+	否	0	否	0	否	-	否	0	是	+
161607	是	0	否	0	否	0	否	+	否	0	是	0
162204	是	-	是	0	否	0	否	+	否	+	否	+
162605	是	0	是	-	是	+	否	-	否	0	是	+
180003	否	+	是	0	否	0	否	+	是	0	是	+
200002	是	0	否	0	否	0	否	-	是	0	是	0
213002	否	0	是	+	是	-	否	+	否	0	是	-
257020	否	+	否	0	否	0	否	-	否	0	是	+
310328	否	0	是	+	是	0	否	0	否	0	是	0
377010	否	0	否	-	否	0	否	0	否	0	否	-
519005	否	+	否	+	是	+	否	-	否	0	是	+
519997	否	+	否	0	否	0	否	0	否	+	是	+

表 5 - 26 各阶段投资风格漂移的基金数及比例

	上涨阶段	下跌阶段	回调阶段	震荡阶段	上涨阶段	整个阶段
风格漂移	4	6	5	7	1	12
基金数占比	28.57%	42.86%	35.71%	50%	7.14%	85.71%

从表 5 - 25 至表 5 - 26 可见，总体上我国开放式股票型基金投资风格漂移现象比较严重，风格漂移基金数占比 85.71%，其中股市下跌和震荡阶段基金投资风格漂移现象更为普遍，分别占比 42.86% 和 50%，而在股市上涨阶段，大部分基金经理可以坚守自己的投资风格。整体来看，样本基金风格漂移与否与 γ 系数的正负并无明显关系，说明投资风格漂移没有对非对称效应所造成的波动增

大或是减小产生影响,但是信息的冲击通常会有滞后效应,因此投资风格漂移与对正负信息反应之间的关系还需要进一步验证。

5.4.4 实证结论

本节考虑了金融时间序列数据的尖峰厚尾特征,对 GARCH 族模型分别进行讨论,考虑到基金收益率序列可能存在非对称性及与风险正相关特性,在此基础上构建了适用于我国股票型基金投资风格漂移识别的 TGARCH-M 模型,从收益及风险两个角度识别基金投资风格的主动漂移,提供了一种新的投资风格漂移识别方法。与其他投资风格漂移识别方法相比,该模型的判别方法简单直观,与 EGARCH 模型相比,该模型能更好地拟合长期数据,更明显地体现出非对称效应。本节利用该模型对所选取的 2006 年之前成立的 14 只股票型样本基金从 2006—2015 年期间不同阶段的投资风格漂移进行动态识别,根据中国股票大盘走势,整个研究期间可划分为上涨、下跌、回调、震荡和再次上涨五个阶段。主要得出以下四点结论:

(1) 从长期看,股票型基金的投资风格漂移现象比较普遍,且漂移现象存在于市场波动周期的各个阶段,这主要源于中国股市的不稳定性,考察期内中国股市经历了大涨大跌,风格基准指数同样经历大起大落,基金经理为保证业绩很难自始至终坚持投资风格,该结论验证了本节的第 1 个假设。

(2) 在熊市及震荡时期,股票型基金投资风格漂移现象更为普遍,该时期大盘整体走势低迷,基金经理为追求高业绩更倾向于脱离业绩比较基准,改变投资风格,该结论验证了本节的第 2 个假设。

(3) 在股市上涨阶段,大部分基金没有发生投资风格漂移,由于牛市中大盘整体高涨,坚持招募书中所宣称的投资风格同样可以获得较高业绩,因此基金经理不会轻易选择转变投资风格,该结论验证了本节的第 3 个假设。

(4) 实证发现,在长期基金收益率普遍存在非对称效应,在股市上涨阶段,利空消息会造成收益率更大的波动,但是总体来看,基金是否发生风格漂移与正负信息冲击造成的波动性大小并无明显关系,并且出现虽然发生漂移,但波动却更小的情况,说明此时基金经理选择调整投资策略是出于降低风险的考虑,由此可见,在基金普遍存在投资风格漂移现象的情况下,漂移所带来的影响不一定是负面的,因此假设 4 未得到支持,基金投资风格漂移不一定会加剧收益率的波动。

5.5 分形市场理论及基于分形维的投资风格识别思想

国内学者樊智和张世英 (2002) 在简单系统回顾有效市场理论的内涵并指

出其存在不足的基础上，将非线性科学中的分形理论引入到金融市场效率研究领域中，分析了分形时间序列的经济含义以及提出了分形市场理论的意义。该理论认为：资本市场是由大量具有不同投资期限的投资者组成，信息对各种不同投资者的交易时间有着不同的影响。资产价格的变化不是随机游走，而是具有增强趋势的长记忆性，今天或未来的资产价格变动与初始状态之间并非相互独立，而是持续相关的，即过去的信息将对未来的价格波动产生长期的影响。为了检验这种长记忆性，Mcleod 和 Hipel（1978）最早通过自相关系数总和的特征来定义长记忆过程，即如果一个随机序列 $X(t)$ 的 k 阶自相关系数 ρ_k 满足 $\lim_{n\to\infty}\sum_{k=-n}^{n}|\rho_k|\to\infty$，那么该序列 $X(t)$ 具有长记忆性。

  分形时间序列一般具有两个分形特征：一是自相似性，即任意局部与整体之间具有某种相似性；二是标度不变性，即日、周、月等不同时间标度下的时间序列之间具有相似或统计自相似性。现实资本市场中，资产价格波动是一个不规则的和突变的分形时间序列，发生过许多有效市场理论所不能解释的市场异象，比如股价为什么会出现暴涨、暴跌甚至股市崩盘等，而分形市场理论可以解释这些市场异象。以往学者在股票市场上运用分形理论进行了大量实证研究，结果发现股市具有多重分形特征，但在基金市场鲜有学者涉及，现有文献中关于投资风格识别方法都是建立在有效市场假说之上的，均没有考虑到资本市场呈分形特征的现实背景。而国内学者大量文献实证研究表明：我国资本市场并未达到完全有效，呈弱式有效，普遍具有分形特征。基于此，本章放宽了有效市场假说，运用分形市场理论首次对基金投资风格进行识别研究，提出了基于分形维的方法对基金投资风格进行识别，为基金经理与投资者进行投资风格识别提供了一种更加贴近现实市场的新方法。克服以往主流投资风格识别方法没有考虑分形资本市场的缺陷，使风格识别的结果更加符合分形市场现实背景，提高风格识别模型的客观性与准确性。

  引入分形理论来准确研究基金投资风格漂移问题显得非常有必要，主要基于以下四点考虑：①信任是基金业的灵魂，投资者就是凭借信任二字把自有资金委托给基金经理进行投资理财，但在实际投资过程中，基金经常发生投资风格漂移现象，这与信任是相违背的，所以需要从侧面来约束基金经理发生较严重的投资风格漂移现象；②基金投资风格漂移现象难以被投资者事先预期，而其对基金投资组合收益水平乃至风险水平起关键性的影响作用，具有显著的业绩贡献度；③目前我国基金信息披露时间间隔较长，投资组合定期公布，最短周期是每季度公布一次，最详细的组合是每半年公布一次，因此，难以通过观察投资组合的变化来预测风格漂移；④我国基金市场发展时间短，基金收益率并不服从正态分布，基本呈现出复杂的分形特征。

5.5.1 分形理论在资本市场应用研究中的文献回顾

有效市场理论是数量化资本市场理论的基石,在过去半个多世纪里一直主宰着数量化投资金融学的理论研究。有效市场理论是基于线性研究范式建立的,具体指理性投资者以线性反馈机制对信息作出反应,即他们在接收到信息时作出反应,而不是以累积的方式对一个事件作出反应。线性研究范式暗含了资产收益率应该服从或近似服从独立正态分布,但随着资本市场的不断发展与完善,学者们发现了许多不服从正态分布的现象,资产收益率大多具有尖峰厚尾特征,这无疑对有效市场理论提出了极大挑战。基于这种现实背景,有必要引入非线性研究范式的分形理论对资本市场系列研究进行探索。目前,关于分形理论在资本市场应用方面已取得了一些研究成果,但大多都集中在股票、债券、外汇等市场,在基金市场尤其是基金投资风格领域还未涉及。

至今,分形理论已在资本市场应用研究中取得了一些有价值的成果。最早 Peters(1994)用 R/S 分析法对股票市场进行研究时,将 Mandelbrot(1975)创立的分形思想应用于资本市场,提出了分形市场理论。并分析了有效市场理论在实践中的不足,突破了有效市场理论独立、线性、正态、静态等假定,从非线性角度强调市场信息反应程度和投资时间标度对投资者行为的影响,认为所有稳定市场都存在分形结构。该理论简单来说就是分形几何在证券市场中的直接应用。

分形理论在资本市场中的最新应用研究成果有:国内学者黄诒蓉和罗奕(2006)认为股市分形结构的研究对有效市场理论提出了巨大的挑战,将有力解释有效市场理论无法解释的一些市场异象,为人们认识资本市场特征提供可靠依据。司马则茜、蔡晨和李建平(2008)基于分形理论提出了将 CPI 与 GDP 指标来衡量银行操作性风险的发生,并以中美两国银行操作性风险损失数据进行实证,研究结果表明:其操作风险具有明显的分形特征。王鹏、魏宇和张蕾(2009)把分形理论引入到我国债券市场中,实证结果表明:我国交易所债券市场的价格变动是以分形布朗运动方式进行的,呈现出典型的特征指数 $\alpha < 2$ 的稳定帕累托分布,说明分形特征广泛存在于我国交易所债券市场各时间标度下的收益中。陈丽(2010)引入分形理论来建立经济系统的分形均衡,以使经济均衡的描述更接近于经济现实,通过比较分析分形均衡与一般均衡得出了一般均衡是分形均衡的一个特例,最后得到分形均衡下的福利经济学定理。国外学者 Triki Mohamed Bilel 和 Selmi Nadhem(2009)以 G7 股票市场数据为样本,采用分形迪克检验与修正 R/S 分析法研究发现股票市场具有长记忆性分形特征;Siow – Hooi Tan,Lee – Lee Chong,Peik – Foong Yeap(2010)以 1985 年 1 月至 2009 年 12 月的马来西亚股票牛熊市场数据,采用同样的方法,实证结果表明:

在早期尤其在 1997 年金融危机之前，股票市场具有长记忆性等分形特征，能以一定的概率对股票价格进行预测。苏木亚和郭崇慧（2017）考虑到金融时间序列的非线性特征，提出了基于谱映射的非线性 Sharpe 模型，实证发现该模型对基金投资风格识别效果要优于经典 Sharpe 模型，该研究成果给我们研究基金投资风格漂移风险问题需要引入非线性科学的启示。

5.5.2 基于分形维的投资风格识别思想

分形维主要有 Hausdorff 维、盒子分形维、信息维、关联维等。它们之间的关系可用一个广义分形维公式来表示：$D_q = \dfrac{1}{q-1} \lim\limits_{\delta \to 0} \dfrac{\log \sum_{i=1}^{N} p_i^q}{\log \delta}$，当 $q=0$ 时，D_0 为盒子分形维；当 $q=1$ 时，D_1 为信息维；当 $p_i = \dfrac{1}{N(\delta)}$ 时，信息维 D_1 就为 Hausdorff 维；当 $q=2$ 时，D_2 为关联维。

定义（光滑集）：若 F 为 R^n 空间中的光滑 m 维曲面，则 $D_F = m$，特别地，光滑曲线的维数是 1，光滑曲面的维数是 2。

由于基金收益率与风格资产指数收益率的分形时间序列是介于光滑曲线与光滑曲面之间的一条不规则曲线，根据该定义可知，其分形维数应介于 1～2 之间，维数的大小则反映了曲线的不光滑程度。

对于实际分形体而言，分形维数会随选取尺度的改变而不同，其原因就在于实际分形体不具有无限层次的自相似性，只是统计意义上的自相似性；对于分形时间序列而言，分形维数反映的是时间序列参差不齐程度，描述了时间序列填充空间的能力和观测值偏倚变化的程度，从而找出引起时间序列偏倚的原因。本章以开放式股票型基金为研究样本，创新性地提出用分形维来反映不同基金所构建的投资组合因宏观和微观的经济信息、所属行业、行业前景和成长性等差异所导致的价格收益率序列的不规则和不光滑程度；同时也反映基金所构建投资组合的公开的、未公开的以及基金经理选股择时能力等信息。不同风格资产指数时间序列应具有不同的分形维数，但应与相同风格的基金投资收益序列的分形维数相同或至少没有显著性差异，即如果某一只基金呈现大盘成长型投资风格，那么基金收益时间序列的不规则和不光滑程度应与大盘成长型风格资产指数序列相一致，分形维数没有显著性差异。通过比较基金收益率序列与风格资产指数序列的不规则和不光滑程度，用基金收益率序列的分形维分别与不同风格资产序列的分形维作差，取 $\min |D_i - D_j|$ 所对应的风格资产即为基金 i 的投资风格，其中 D_i 为第 i 只基金的分形维，D_j 为第 j 种风格资产指数的分形维，即通过分析其分形维数之间是否存在显著性差异来对基金投资风格进行

识别。

5.5.3 盒子分形维数的测算方法

由于盒子分形维数具有较直观简单的算法，因此本章采用盒子分形维数来对基金投资风格进行识别。根据计盒子的原理构造如下盒子分形维测量方案，具体步骤如下：

(1) 设覆盖盒子的尺度 δ 分别是 $N/2^1, N/2^2, N/2^3, \cdots N/2^{\text{int}[\log_2(N)]}$；

(2) 以不同的 δ 分别统计所覆盖到分形时间序列点集的盒子数 $M(\delta)$，分别求出 $1/\delta$ 和对应的 $M(\delta)$；

(3) 画出 $\log M(\delta) - \log(1/\delta)$ 双对数图形，然后采用 OLS 拟合双对数图的斜率即为被测分形时间序列的盒子分形维数。

5.6 基于盒子分形维的基金投资风格识别研究

5.6.1 样本选取与数据处理

选取 2005 年 6 月之前成立且已过封闭期的 79 只开放式股票型基金作为研究样本。研究期间为 2005 年 7 月 1 日至 2010 年 3 月 26 日，共 19 个季度，包含大幅上涨、快速下跌和小幅回调的完整周期行情。风格资产指数收益率采用中信标普公司推出的 6 种纯风格资产指数：大盘纯成长指数（LPG）、大盘纯价值指数（LPV）、中盘纯成长指数（MPG）、中盘纯价值指数（MPV）、小盘纯成长指数（SPG）、小盘纯价值指数（SPV）等周收盘价，共有 239 个周，可得 238 个周收益率序列。通过研读大量基金招募说明书，发现很多基金宣称的比较基准风格指数都是这 6 种纯风格资产指数的线性组合，因此具有较好的代表性。数据来源于聚源数据库与中信标普公司网站。对数据进行对数预处理，对数处理的好处有两点：一是可增加数据的光滑度；二是把各期的对数周收益率累加之后就是累计对数周收益率。

基金周收益率的具体计算公式为

$$r_{it} = \frac{NAV_{it} - NAV_{i,t-1} + D_{it}}{NAV_{i,t-1}}, \quad R_{it} = \ln(1 + r_{it})$$

其中：r_{it}, R_{it} 分别表示基金 i 在第 t 周的简单收益率与对数收益率；NAV_{it} 表示基金 i 在第 t 周的单位净值；D_{it} 表示基金 i 在第 t 周的分红派息。

风格资产周收益率的具体计算公式为

$$R_{it} = \ln(1 + r_{it}) = \ln(1 + p_{it}/p_{i,t-1}) \approx \ln(p_{it}/p_{i,t-1}) = \ln p_{it} - \ln p_{i,t-1}$$

其中：R_{it}，p_{it} 分别表示风格资产 i 在第 t 周的对数收益率与收盘价。

由于篇幅限制，以大盘纯成长型（LPG）风格资产为例，画出三种时间标度（日、周、月）下的收盘价格走势图，见图 5-5。

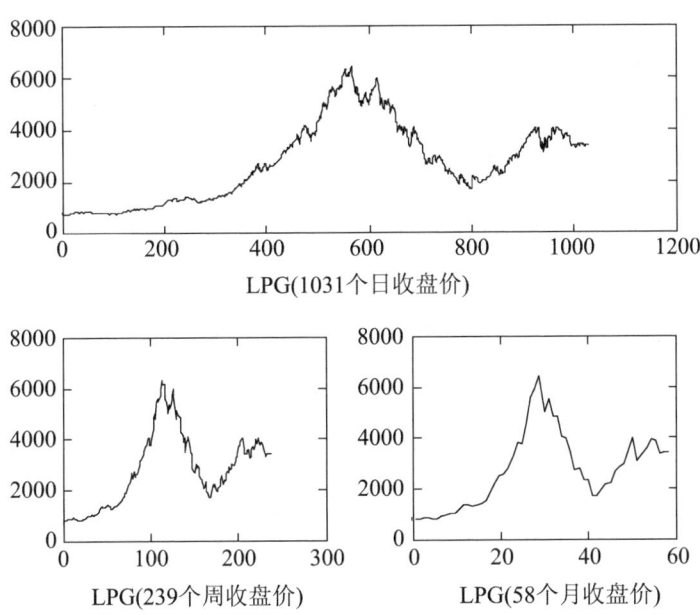

图 5-5 三种时间标度下的 LPG 风格资产收盘价走势图

对 6 种风格资产周收益率序列进行正态性检验，发现偏度均小于 0，峰度均大于 3，呈左偏尖峰厚尾特征，JB 统计量的值在 1% 显著性水平下均拒绝收益率序列服从正态分布的零假设（表 5-27），说明 6 种风格资产指数周收益率序列均不具有随机游走的特性，具有相关性的性质。为了进一步检验序列是否存在非线性相关性，首先必须排除存在线性相关的可能性，Box 和 Pierce（1970）最早提出了 Q 统计量来检验时间序列的线性相关性，是用简单的样本相关系数对滞后各期之间的相关程度分别进行独立性检验，原假设 $H_0: \rho_1 = \rho_2 = \cdots = \rho_m = 0$，Q 统计量为 $Q_{BP} = N \sum_{k=1}^{m} \rho_k^2 \sim \chi^2(m)$，其中 N 为样本容量，$\rho_k$ 为样本 k 阶自相关系数。但该方法对小样本不太适合，后来 Ljung 和 Box（1978）提出在小样本具有更好近似性质的修正 Q 统计量 $Q_{BP} = N(N+2) \sum_{k=1}^{m} \rho_k^2 / (N-k) \sim \chi^2(m)$。当 $m = 15$ 时，LB 检验结果见表 5-27，LB 统计量的值在 1% 显著性水平下均拒绝收益率序列具有线性相关性假设，说明风格资产指数序列存在非线性的相关。从图 5-2 中也可以看出在日、周、月三种标度下的大盘纯成长型风格资产走势图具有相似性，说明具有标度不变性的分形结构；在每个标度下的图形中，可以看出具有位置平移自相似性，说明具有自相似性的分形结构。从这两点说明风格资产具有分形特征，呈现长记忆性特征，而不是有效市场假说认为的无记忆性，所以把分形市场理论引入到基金投资风格领域研究更符合证券市场的分形结构现实背景。本章基于此提出基于分形维数的投资风格识别方法，以挖掘股市风格的分形结构特征。

表5-27 风格资产指数周收益的描述性统计分析结果

风格资产指数	均值	标准差	偏度	峰度	JB统计量	Q统计量
大盘纯成长（LPG）	0.006	0.052	-0.47	4.18	22.41***	35.76***
大盘纯价值（LPV）	0.007	0.051	-0.26	3.88	10.41***	26.98**
中盘纯成长（MPG）	0.007	0.057	-0.26	4.37	21.05***	36.14***
中盘纯价值（MPV）	0.008	0.054	-0.37	3.84	12.16***	22.36*
小盘纯成长（SPG）	0.008	0.056	-0.44	4.28	23.70***	31.69***
小盘纯价值（SPV）	0.009	0.057	-0.48	4.71	38.07***	22.92*

数据来源：利用 Eviews 9.0 统计分析结果整理（说明：***、**、*分别表示0.01、0.05、0.1置信水平下的显著性，JB统计量服从自由度为2的χ^2分布，相应的临界值为9.21、5.99、4.61，LB检验的Q统计量服从自由度为15的χ^2分布，相应的临界值为30.58、25.00、22.31）。

5.6.2 实证分析与结果讨论

通过以上介绍的分形维数测算方法来对开放式基金的投资风格进行识别研究，根据以上各变量计算公式，为了研究基金在整个行情期间内是否发生了投资风格漂移现象，把整个时期分成三个子时期，利用 Matlab 10.0 软件自行编程对以上样本的各子时期分别进行实证研究，风格资产指数序列的盒子分形维数计算结果见表5-28；基金收益序列的盒子分形维数计算结果见附录1。

表5-28 不同时期的6种风格资产指数周收益率盒子分形维数计算结果

风格资产	LPG	LPV	MPG	MPV	SPG	SPV
整个时期	1.5630	1.5801	1.5475	1.5619	1.5553	1.5478
大幅上涨	1.5209	1.4986	1.5268	1.4704	1.5093	1.4714
快速下跌	1.4722	1.4344	1.4688	1.4394	1.4309	1.4351
小幅回调	1.4288	1.4600	1.4394	1.4634	1.4531	1.4685

数据来源：笔者经 Matlab 10.0 软件编程计算结果整理。

根据表5-28的实证结果，把6种纯风格资产指数的分形维数进行比较分析，见图5-6。

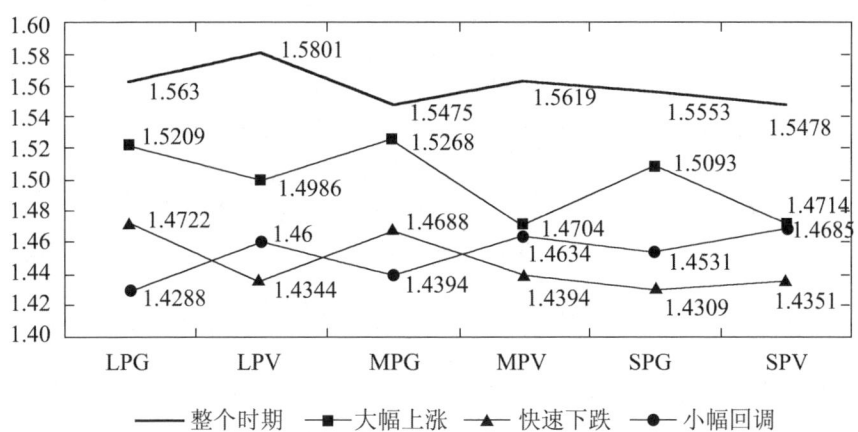

图 5-6 不同时期的 6 种纯风格资产指数周收益率盒子分形维数折线图

分形维数越大,表明该时间序列的不规则与不光滑程度越复杂(立体比平面复杂,而平面又比直线复杂)。从图 5-6 中发现不同时期的风格资产指数序列的分形维数均不相等,其中整个时期的分形维数普遍高于其他各子时期,大幅上涨时期高于另两个子时期,而快速下跌与小幅回调之间的维数交错复杂,表明股市风格在较长时期内更复杂;不同风格资产指数的不同时期的分形维均不相等,表明股市风格不是单一分形的,难以用一个分形维数来准确刻画局部详细结构,具有多重分形特征,在整个时期内股市发生了风格漂移甚至轮换现象。

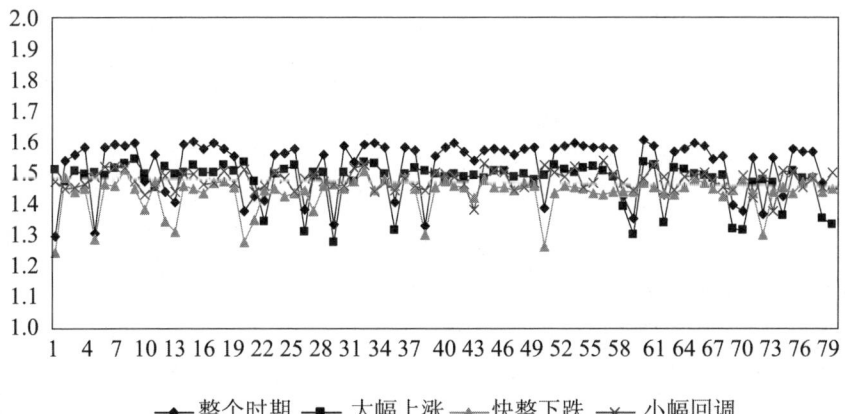

图 5-7 不同时期的 79 只基金周收益率序列盒子分形维数折线图

从图 5-7 中易知:基金收益率序列在整个时期的分形维数普遍高于其他各

子时期的分形维数，大幅上涨时期高于另两个子时期，而快速下跌与小幅回调之间的维数交错复杂，表明基金投资风格在较长时期内具有不一致性，这与风格资产指数序列结论相一致；不同基金的分形维数也不相同，表明可通过风格资产指数与基金收益率序列分形维数的比较分析进行风格识别。同一基金不同时期的分形维数不同，表明基金在整个时期内发生了投资风格漂移现象。为了测量投资风格漂移程度，下文将借鉴基尼系数思想来构建风格一致性指标对此进行刻画。

表 5-29　开放式基金投资风格识别实证分析结果汇总表

基金类型	基金数量	研究时期	大盘成长	大盘价值	中盘成长	中盘价值	小盘成长	小盘价值
股票非指数型	36	整个行情	2	13	16	1	2	2
		大幅上涨	2	8	2	12	7	5
		快速下跌	2	1	10	13	6	4
		小幅回调	2	0	4	2	5	23
积极配置型	36	整个行情	3	17	11	0	5	0
		大幅上涨	4	15	5	5	3	4
		快速下跌	8	0	7	9	10	2
		小幅回调	2	2	4	1	2	25
股票指数型	7	整个行情	1	5	1	0	0	0
		大幅上涨	1	4	1	0	0	1
		快速下跌	0	0	1	4	2	0
		小幅回调	0	1	2	2	1	1
合计	79	整个行情	6	35	28	1	7	2
		大幅上涨	7	27	8	17	10	10
		快速下跌	10	1	18	26	18	6
		小幅回调	4	3	10	5	8	49

数据来源：笔者经 Matlab 10.0 软件编程实证分析结果整理。

根据附录 1 的实证研究结果进行分类整理得到表 5-29 的数据，从该表可知我国开放式股票型基金无论是在完整的周期行情，还是在各个分行情（大牛、大熊、小幅回调）基本呈现投资风格不一致的现象，期间发生了所谓的风格漂移现象，与基金发行宣称时的投资风格相违背，存在着风格错配。按行情分期研究表明：在整个周期行情中，有 35 只基金呈现大盘价值型投资风格，28 只基金呈现中盘成长型投资风格；在大幅上涨时期，有 44 只基金呈现大、中盘价值型投资风格；在快速下跌时期，有36只基金呈现中、小盘成长型投资风格，26只基金呈现中盘价值型投资风格；在小幅回调时期，有49只基金呈现小盘价值型投资风格。这些均表明不同行情时期都有一种主导投资风格，大部分基金具有较严重的风格趋同现象，市场的风格轮换导致了基金经理为获取超额收益而追随市场主导风格，这与目前我国资本市场非完全有效、呈分形结构有关，从而导致羊群效应比较严重。按基金类型研究表明：股票指数型基金侧重于大、中盘价值型投资风格，这与指数基金的价值投资理念相符合；股票非指数型基金侧重于大、中盘价值与成长投资风格；积极配置型基金侧重于中小盘成长型投资风格。

基尼系数是用来分析居民收入分配差距状况的一种有效方法，在国内外得到了广泛运用。为了测算基金投资风格漂移程度，本章创新性地借鉴该方法的思想构建投资风格一致性指标（consistency of investment style，CIS），据此来分析基金投资风格漂移程度的大小。CIS 指标的计算公式为

$$CIS = 1 + \frac{1}{n} - \frac{2}{n^2 \overline{D}}[D_1 + 2D_2 + 3D_3 + \cdots + (n-1)D_{n-1} + nD_n]$$

其中：n 为基金研究时期数；$\overline{D}$ 为各期分形维数的均值；$D_1, D_2, \cdots, D_{n-1}, D_n$ 为由大到小排列的各期分形维数。D 为时间序列的分形维数，则风格一致性指标 $CIS \in [0, 1/6)$。因为时间序列的分形维数 D 介于直线与平面之间，所以 $D \in [1, 2]$，而很容易证明 CIS 为单调函数，当分别取两个极端值1与2，其最小值为0，最大极限值为1/6。由此给出 CIS 指标判断标准为：$CIS \in [0, 1/6)$，即越接近1/6，表示投资风格漂移程度越大，越接近于0，表示投资风格一致性越高。在0.01以下表示投资风格基本一致；在0.01～0.04之间表示风格发生了一定程度的漂移；在0.04～0.08之间表示风格漂移程度较严重；在0.08以上表示风格漂移程度很严重，即风格发生了轮换。

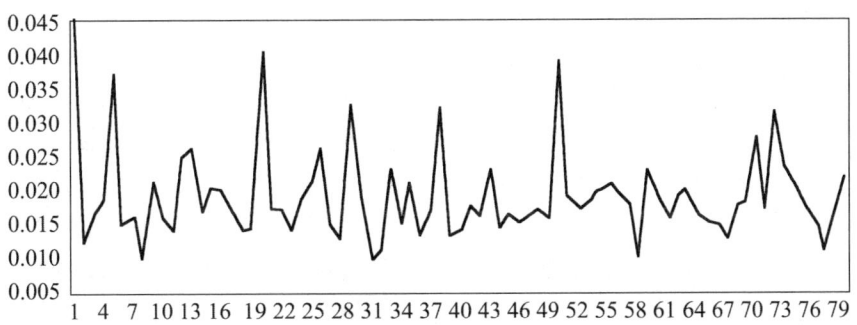

图 5-8　整个时期的 79 只开放式股票型基金投资风格漂移 CIS 指标值折线图

利用 Matlab 10.0 软件自行编程实现对 CIS 指标的计算，结果见图 5-8，从

该图可知：CIS 指标值在 0.01～0.02 有 62 只基金，占 78.5%；大于 0.04 只有 1 只基金（华安创新股票基金）；在 0.03～0.04 之间有 6 只基金；在 0.02～0.03 之间有 16 只基金；在 0.01 以下有 1 只基金（华夏回报混合基金）。也就是说，大部分基金存在风格错配，均发生了一定程度的风格漂移，而风格一致性的基金或风格漂移较严重的基金都比较少（各只有一只），这为基金经理构建一种适度风格漂移策略提供了现实可行性。

5.6.3 实证结论

从本质上说，我国基金市场是一个典型的分形市场，股市风格资产指数呈现尖峰厚尾、非正态性、非线性、长记忆性、非周期循环、自相似性、分形维、分形分布、多重分形等明显的分形结构。本章虽然只是基于分形维对基金投资风格进行识别研究，但预示着对有效市场理论下的基金投资风格研究进行修正研究的方向，起到抛砖引玉的作用，主要得出了以下两点结论：

（1）目前，运用分形理论对资本市场的研究大多都集中在股票市场上，对基金市场的研究鲜有学者涉及，本章把分形理论引入到基金投资风格领域研究还是首次，以 79 只开放式股票型基金的周收益率数据为研究样本，在分析风格资产收益呈现非线性分形特征的基础上，提出了基于分形维的投资风格识别方法 FDSR，避免了 Sharpe 模型中的风格资产共线性等问题，采用该方法对我国 79 只开放式股票型基金进行风格识别，通过计算比较基金收益率与风格资产指数序列的分形维数是否存在显著差异来对基金投资风格进行准确性识别，结果发现不同时期都有一种主导的投资风格，风格趋同性较严重，从而导致大部分基金发生风格漂移现象。同时为监管层与投资者挖掘基金的真实投资风格提供了一种新的识别方法，以免基金发生风格漂移所带来的不可预期风险。从分形维的投资风格识别思想上看：基金收益率序列与风格资产指数序列的分形维数大部分不是完全绝对相等关系，而只是在统计意义上不存在显著性差异，可能是由于基金在实际投资过程中有部分比例的债券，而风格资产指数是完全按照股票进行编制的，没有考虑债券的因素，因此存在一定误差，但不显著。

（2）"投资者是水，基金是船，信任是帆，扬帆才能远航"，对于靠一张基金契约书招揽千万基民的基金业而言，信任是基金业的灵魂，投资者就是凭信任二字把自有资金委托给基金经理进行投资理财，但在实际投资过程中，基金经常发生投资风格漂移现象，这与信任是相违背的。通过对投资风格进行准确性识别可以从侧面来约束基金经理发生较严重的风格漂移现象。为了量化投资风格漂移程度，借鉴基尼系数的思想构建了投资风格一致性指标 CIS，利用该指标测算发现 78.5% 的基金发生了一定程度的风格漂移现象，风格一致性与风格漂移较严重的基金较少，说明证券监管部门与信息披露制度起了一定的作用，但又没有发挥很充分的作用，这为基金经理在季度内（因为基金信息披露周期最短为季度）构建适度风格漂移策略提供了现实可行性。当然，为了防止基金经理发生较严重的风格漂移，监管部门应完善基金信息披露制度，让投资者也参与监督。

5.7 基于弹性分形维的基金投资风格漂移研究

5.7.1 基金投资风格漂移的价格弹性分形维

综合国内外已有文献不难发现：目前分形理论应用研究大多都集中在股票市场、银行、债券市场等方面，在基金市场尤其是基金投资风格领域至今仍是空白。基于此，本章借鉴分形维和经济弹性定义，在分析业绩比较基准风格指数对基金业绩影响的基础上，给出了基金投资风格漂移的价格弹性分形维定义，并推导出其计算公式，最后利用价格弹性分形维对我国 18 只开放式基金投资风格漂移进行实证研究，为基金经理与投资者对基金投资风格漂移识别及控制提供了一种符合分形市场现实背景的新方法。

值得注意的是，本章研究的属于一种广义的投资风格，这是相对于传统文献中通常采用大、中、小盘及价值、成长等 6 种投资风格而言的，通过认真分析基金招募说明书发现：基金在招募说明书中都会宣称自身的业绩比较基准风格指数，为区别其他风格基金，每只基金都有自己独特的宣称，进一步还发现很多基金宣称的业绩比较基准风格指数大多都是这些常用投资风格指数的线性组合。根据线性组合原理，笔者将风格指数的一种线性组合定义为一种新的投资风格，即定义基金宣称时的业绩比较基准风格指数就属于一种投资风格，而不局限于以往研究文献中采用的狭义投资风格。不难发现，这种广义的投资风格便于操作，具有更强的实用价值，因为投资者能够通过观察基金收益是否跑赢业绩比较基准风格指数来测定基金是否发生了投资风格漂移现象以及风格漂移所带来的风险究竟有多大等一系列问题。如果采用抽象的大、中、小盘及价值、成长等仅有的 6 种投资风格指数，投资者无法准确比较与衡量到投资风格是否真正发生了漂移。而且，广义的投资风格便于比较不同风格的基金，能够清晰刻画出不同基金的投资风格及检验到基金是否真正发生了风格漂移现象。

为了揭示出基金投资风格漂移的分形特征，本章借鉴经济学中的弹性定义，给出基金投资风格漂移价格弹性公式，通过计算价格弹性来揭示其中蕴含的分形这一复杂非线性特征。弹性是用来刻画一个经济变量（自变量 x）变化对另一个经济变量（因变量 y）的影响敏感程度。假设 $y=f(x)$，可通过测算弹性系数大小来定量刻画 x 变化一个单位对 y 的影响敏感程度。则 y 关于 x 的弹性定

义为

$$\sigma = \left|\frac{\Delta y}{y} \Big/ \frac{\Delta x}{x}\right| \approx \left|\frac{\mathrm{d}y}{y} \Big/ \frac{\mathrm{d}x}{x}\right| = \left|\frac{\mathrm{dln}y}{\mathrm{dln}x}\right| = \left|\frac{\mathrm{dln}f(x)}{\mathrm{dln}x}\right|$$

在激烈竞争的基金市场中，基金为区别于其他风格基金以吸引特定风格的投资者购买本基金，基金发行时往往会在招募说明书中标榜自己独特的投资风格，并公布自己的业绩比较基准风格指数，这样投资者就可根据业绩比较基准风格指数的收益水平及自身的风险容忍度来选择基金产品。正常情况下，基金业绩的好坏会跟比较基准风格指数的价格走势有很大关系，即基金资产（日）净值可看成业绩比较基准风格指数（日）收盘价格的函数，即 $NAV = f(p)$，如果基金投资风格保持鲜明一致，没有发生漂移，那么基金净值波动应该与业绩比较基准风格指数价格波动规律没有显著性差异；如果基金投资风格发生了漂移现象，那么应该有违背于业绩比较基准风格指数的价格波动趋势。现在的问题是：投资风格漂移究竟会如何影响基金业绩的变化呢？鉴于此，根据弹性定义给出基金投资风格漂移的价格弹性公式为

$$\sigma_p = \left|\frac{\Delta NAV}{NAV} \Big/ \frac{\Delta p}{p}\right| \approx \left|\frac{\mathrm{d}NAV}{NAV} \Big/ \frac{\mathrm{d}p}{p}\right| = \left|\frac{\mathrm{dln}NAV}{\mathrm{dln}p}\right| = \left|\frac{\mathrm{dln}f(p)}{\mathrm{dln}p}\right|$$

$$= \left|\lim_{\theta \to 0} \frac{\ln f(p_t) - \ln f(p_{t-\theta})}{\ln p_t - \ln p_{t-\theta}}\right| = \left|\frac{R_{i,t}}{R'_{i,t}}\right|$$

其中，NAV 是基金单位净值，p 为业绩比较基准风格指数收盘价，$R_{i,t}$、$R'_{i,t}$ 分别为基金、业绩比较基准风格指数的对数收益率。通过对比价格弹性 σ_p 与分形维 D_δ 的定义容易发现：价格弹性具有分形维的特征，这里称为价格弹性分形维；同时还发现价格弹性约等于基金净值对数收益率与业绩比较基准风格指数对数收益率的比值，根据这个比值可知：如果基金投资风格没有发生漂移，那么基金收益率应该与业绩比较基准风格指数收益率相等或至少没有显著性差异，即价格弹性分形维在1的附近，因此，我们不妨将价格弹性分形维等于1的直线定义为基金投资风格一致性基准线；如果基金投资风格发生了漂移现象，那么基金收益率应该与业绩比较基准风格指数收益率具有显著性差异，即价格弹性分形维显著不等于1，也就是说会偏离基金投资风格一致性基准线。假定 σ_p 为常数维分形（不存在多重分形现象），所以可采用 OLS 法对 D_δ 进行拟合估计，拟合出的斜率就是单一分形维。

5.7.2 样本选取与数据处理

选择2003年成立的18只开放式基金（7只股票型基金和11只积极配置型基金，见表5-30）为研究样本，数据期间为2005年7月1日至2010年3月26日的日收盘价格。样本选取和研究期间确定的依据是：①这18只基金来自于多家基金公司，宣称了不同的业绩比较基准风格指数；②在研究期间，这些基金

都经历了大幅上涨、快速下跌和小幅回调等一个完整的周期行情,各基金的真实投资风格可以在此期间充分体现出来。因此,样本具有较好的代表性。样本容量为1154个日收盘价,可计算出1153个日收益率序列,数据来源于聚源数据库与天天基金网,数据处理与实证分析采用Eviews 9.0 与 Matlab 10.0 软件,采用 OLS 方法对价格弹性分形维进行拟合估计。

基金日对数收益率的具体计算公式为

$$r_{it} = \frac{NAV_{it} - NAV_{i,t-1} + D_{it}}{NAV_{i,t-1}}, \quad R_{it} = \ln(1 + r_{it}) \quad (6-1)$$

其中:r_{it},R_{it} 分别表示基金 i 在第 t 日的简单收益率与对数收益率;NAV_{it} 表示基金 i 在第 t 日的单位净值;D_{it} 表示基金 i 在第 t 日的分红派息。

业绩比较基准风格指数日对数收益率的具体计算公式为

$$R_{it} = \ln(1 + r_{it}) = \ln(1 + p_{it}/p_{i,t-1}) \approx \ln(p_{it}/p_{i,t-1}) = \ln p_{it} - \ln p_{i,t-1} \quad (6-2)$$

其中:R_{it},p_{it} 分别表示业绩比较基准风格指数 i 在第 t 日的对数收益率与收盘价。

表 5-30 2003 年成立的 18 只开放式基金投资风格及业绩比较基准风格指数

基金代码	基金名称	基金类型	投资风格	业绩比较基准风格指数
162203	泰达荷银稳定股票	股票型	价值型	65% × 新华富时 A600 稳定指数 + 35% × 上证国债指数
162202	泰达荷银周期股票	股票型	价值型	65% × 新华富时 A600 周期指数 + 35% × 上证国债指数
162201	泰达荷银成长股票	股票型	价值型	65% × 新华富时 A600 成长指数 + 35% × 上证国债指数
217001	招商安泰股票	积极配置型	成长型	75% × 上证 180 指数 + 20% × 中信标普国债指数 + 5% × 银行存款利率
260101	景顺长城优选股票	股票型	成长型	银行一年期定期存款利率的 2 倍
240001	华宝兴业宝康消费	积极配置型	成长型	80% × 上证 180 和深证 100 总市值加权指数 + 20% × 中信标普全债指数
519011	海富通精选混合	积极配置型	积极成长型	65% × MSCI 中国 A 指数 + 35% × 上证国债指数

续上表

基金代码	基金名称	基金类型	投资风格	业绩比较基准风格指数
110002	易方达策略成长混合	股票型	积极成长型	75%×上证A股指数+25%×上证国债指数
210001	金鹰成份优选混合	积极配置型	收益型	75%×上证180和深证100总市值加权指数+25%×中信国债指数
160603	鹏华普天收益混合	股票型	收益型	70%×中信综合指数+25%×中信国债指数+5%×银行存款利率
070003	嘉实稳健混合	积极配置型	稳健成长型	巨潮200（大盘）指数
161605	融通蓝筹成长混合	积极配置型	稳健成长型	95%×深证100指数+5%×银行存款利率
020003	国泰精选基金	股票型	稳健成长型	中信标普全债指数
240002	华宝兴业宝康配置	积极配置型	稳健成长型	80%×上证180和深证100总市值加权指数+20%×中信标普全债指数
151001	银河稳健混合	积极配置型	稳健成长型	75%×上证A股指数+25%×中信标普国债指数
255010	国联德胜安稳健混合	积极配置型	平衡型	65%×国泰君安指数+35%×上证国债指数
200001	长城久恒平衡混合	积极配置型	平衡型	70%×中信标普综指+30%×中信标普国债指数
270001	广发聚富混合	积极配置型	平衡型	80%×中信标普300指数+20%×中信标普全债指数

数据来源：笔者根据聚源数据库与天天基金网整理而成。

5.7.3 实证结果与分析

根据上面介绍的价格弹性分形维计算公式及测算方法，来对我国2003年成立的18只开放式基金的投资风格漂移价格弹性分形维进行测算，测算结果见表5-31。

表 5-31　18 只开放式基金投资风格漂移价格弹性分形维测算结果

序号	基金代码	弹性分形维 σ_p	P-value	序号	基金代码	弹性分形维 σ_p	P-value
1	162203	0.781770	0.0000	10	160603	0.934451	0.0000
2	162202	0.752686	0.0000	11	070003	0.352876	0.0000
3	162201	0.754500	0.0000	12	161605	0.643484	0.0000
4	217001	0.830392	0.0000	13	020003	0.466306	0.0000
5	260101	0.332539	0.0000	14	240002	0.785709	0.0000
6	240001	0.796109	0.0000	15	151001	0.920868	0.0000
7	519011	1.091220	0.0000	16	255010	0.900734	0.0000
8	110002	1.039321	0.0000	17	200001	0.770173	0.0000
9	210001	0.957088	0.0000	18	270001	0.826959	0.0000

注：P-value 值为价格弹性分形维的 t 统计量的显著性水平。

从表 5-31 的实证结果中发现：大部分基金收益都没有与业绩比较基准风格指数收益完全同步吻合，价格弹性分形维均不等于 1，而是分布在 1 的左右，即在投资风格一致性基准线上下波动（图 5-9），表明基金没有很好地遵守宣称时的投资风格，均存在不同程度的投资风格漂移现象。其中，海富通精选混合、易方达策略成长混合、金鹰成份优选混合、鹏华普天收益混合、银河稳健混合与国联德胜安稳健混合等 6 只基金的弹性分形维在 1 的上下 10% 附近，表明基金收益率与业绩比较基准风格指数收益率相差不大，基金的投资风格相对比较稳健，这些基金宣称的投资风格是积极成长型、收益型、稳健成长型与平衡型；招商安泰股票与广发聚富混合 2 只基金的弹性分形维在 0.826～0.831 之间，表明发生了一定程度的投资风格漂移现象，这 2 只基金宣称的投资风格是成长型与平衡型；泰达荷银稳定股票、泰达荷银周期股票、泰达荷银成长股票、华宝兴业宝康消费品、华宝兴业宝康配置、长城久恒平衡混合等 6 只基金的弹性分形维在 0.753～0.796 之间，表明发生了较大程度的风格漂移现象，这些基金宣称的投资风格是价值型、成长型、稳健成长型与平衡型；景顺长城优选股票、嘉实稳健混合、融通蓝筹成长混合与国泰精选基金 4 只基金的弹性分形维在 0.332～0.644 之间，表明发生了非常严重的风格漂移现象，这些基金宣称的投资风格是稳健成长型与成长型。

综合以上实证结果并对比图 5-6 发现：基金宣称的投资风格大多只是销售标签而已，实际上没有起到很大的投资指导作用，基金经常发生无序的投资风格漂移现象，且成长型基金更倾向于发生投资风格漂移；在 18 只基金中有 16 只基金（占 88.9%）的弹性分形维小于 1，即基金收益小于比较基准风格指数收益，说明投资风格漂移减少了投资收益，同时增大了漂移风险；根据价格弹性分形维与投资风格一致性基准线综合得到基金投资风格漂移的阈值大约为 0.9，小于 0.9 表明发生了较大程度的风格漂移，大于等于 0.9 表明基金投资风格稳健性较好。投资风格漂移会误导投资者，让他们失去选择基金产品判断标准的方向，因此，可通过设定一个阈值来作为基金公司控制较严重的投资风格漂移的临界点，避免投资风格漂移过大所带来的不可预期风险。

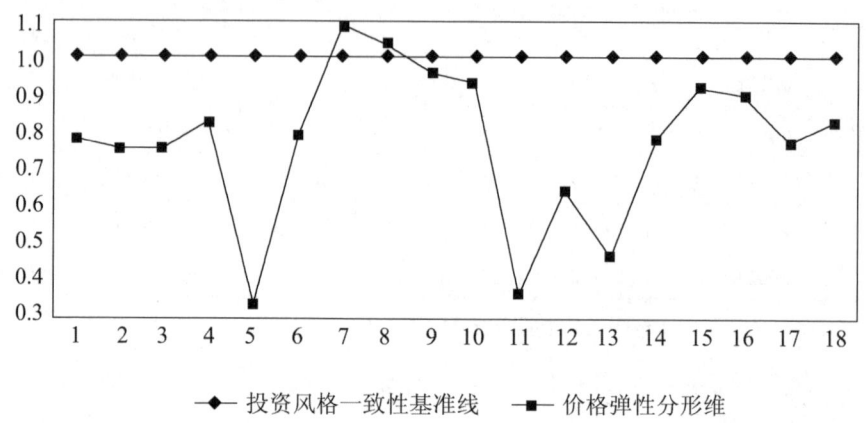

图 5-9　基金投资风格一致性及 18 只基金投资风格漂移价格弹性分形维对比图

5.7.4　实证结论

资产价格波动确实包含了很多丰富信息，且市场上总是会出现价格背离价值的现象，基金经理要区分不同信息对价格的影响作用，从而确定自己的风格投资策略。另外，风格投资策略的确定取决于对资本市场规律的把握，不同偏好的投资者具有不同的投资理念，也会选择不同风格的基金。本章再次运用分形维对基金投资风格漂移问题进行探索研究，并给出了投资风格漂移的价格弹性分形维计算公式，通过推导挖掘出其经济含义，进一步提出将业绩比较基准风格指数作为基金投资风格是否发生漂移的指标。以我国 2003 年成立的 18 只开放式基金日单位净值与相应业绩比较基准风格指数日收盘价为研究样本，实证结果表明：这些基金投资风格漂移具有明显的分形特征，提出的价格弹性分形维正好是基金对数收益率与业绩比较基准风格指数对数收益率的 OLS 拟合斜率，为研究基金投资风格漂移提供了一种新范式。通过计算投资风格漂移价格弹性分形维不仅可以得到我国开放式基金投资风格漂移的阈值，而且可能成为进一步测度与控制投资风格漂移风险的工具。特别地，从价格弹性分形维的计算结果均为正数又可发现：当比较基准风格指数价格的波动越大时，提示基金公司或基金经理预防投资风格漂移风险的意识要加强；从价格弹性分形维的计算结果基本都小于 1 还可发现：投资风格漂移所带来的风险大于所带来的收益，该结论从 2010 年、2016 年我国股票型基金出现大面积亏损，而债券型基金出现大丰收，备受投资者青睐中也可说明。这暗含了基金公司需要加大投资风格漂移的控制，避免发生过大的风格漂移风险。

5.8　基金投资风格漂移原因分析与监管建议

根据上文几个风格识别模型的实证结果得出，不管采用哪种识别方法，均发现我国开放式股票型基金普遍存在投资风格漂移现象，且在股市下跌阶段风格漂移现象更为严重。造成基金普遍存在投资风格漂移现象的可能原因有以下五点。

1. 宏观经济波动预期

证券收益率会受到股票市场波动、经济环境变化的影响。同时基金经理在投资时会将股票市场波动、经济环境变化作为重要的参考依据。在宏观经济的影响下，基金经理们要对其投资组合进行调整，以便于其更好地适应市场的变化，投资风格漂移也成为经济波动的产物。同时，中国市场具有很明显的政策市特征，在很大程度上受到市场资金的推动，因此基金管理者通过预测财政经济政策的变动、货币政策的走向以及外汇占款等中长期因素并采取一定措施能够在一定程度上优化基金的业绩。在上一期 CPI 增长率以及季度 GDP 增长率等宏观经济变量及其变动轨迹的基础上，基金经理通常会对未来一定期间内二级市场的风格转换和热点板块做出一定程度的预测，从而捕捉市场机会。

2. 股票市场发展尚不成熟

我国股票市场起步较晚，发展还不成熟，非理性成分大，股价经常大起大落，如 2015 年 6 月至 2016 年初发生过多次的股价异常波动，股指振幅非常大，股市总体效率不高，因而无法反映上市公司的发展状况和整体经济情况。且大多数投资者缺乏专业投资知识，风险意识淡薄，盲目跟风追涨杀跌，骤然大量进出，这些都加剧了股市的震荡，也使得股票型基金经理受其影响，不断变换投资风格。

3. 业绩压力

基金投资风格会受到业绩压力的影响，主要体现在：基金经理在以前工作中表现优秀，业绩突出，他们不会随便更改投资风格；过去业绩不好的基金经理会更加主动去寻求市场机会从而更容易改变投资风格。业绩压力对基金投资风格的影响可以从三个方面进行分析：①业绩优良的基金经理会评估当前盈利能力并倾向于坚持宣称的投资风格；业绩较差的基金经理会更加主动去寻求市场机会从而更容易改变投资风格。同时，过去业绩不佳的基金经理更易被替代，而新上任的基金经理则倾向于否定前任的投资风格。②在宏观经济不景气、股市持续低迷的情况下，基金经理为保住自己的业绩更倾向于模仿现有的具有优良业绩的基金投资组合，从而改变自己的投资风格。③基金业绩的排名压力迫使那些排名落后的基金经理容易跟风排名靠前的基金经理的投资组合，从而改变原有投资风格。这也可以解释熊市阶段基金发生风格漂移现象比牛市阶段严重。

4. 信息披露机制不完善

目前我国按季度披露基金投资组合的相关信息，并且只发布前十大重仓股，披露的信息难以全面反映两次季报披露之间基金经理的真实投资活动。这种信息披露机制容易导致信息不对称，有经验的基金经理会在季报披露前的时点将持仓尽可能调回到契约允许的范围之内，这为基金经理追求较好的业绩排名而变更投资风格提供了机会。

5. 基金经理的年轻化和频繁更换

从整体来讲，美国基金经理的平均年龄是44岁；与同时期相比较我国基金经理的平均年龄却偏低，仅为35岁。再加上中国的基金经理普遍学历比较高，就业时间比较晚，约有1/3的基金经理管理基金产品的经验不到两年。如此年轻的基金经理队伍，如此短的从业经历，如此频繁的变动频率，谈何基金投资风格的稳定和一致。如果经常调整基金经理，会导致投资风格经常漂移。同时随着时间的不断变化，如果基金经理调整过于频繁，新的基金经理替代业绩不好的基金经理，新的基金经理往往会否定前任基金经理的投资风格，这就会导致基金风格漂移。此外，如果基金经理一直从事资产管理，会降低基金投资风格漂移的程度。

基金投资风格漂移现象在一定程度上是出于维持基金的收益或降低投资风险的考虑，但违背合同约定的风格漂移也损害了投资者的知情权，风格漂移现象就像是一把双刃剑，若能带来不错的排名和收益，则被认为无可厚非，若发生漂移后却排名垫底，则会遭到一致的口诛笔伐。基金经理为了更好的排名而放弃约定的投资风格，归根到底是公募基金整体不合理的激励机制造成的。为此，本节为监管部门、基金管理公司与投资者提出以下三点建议：

（1）优化基金经理的激励约束与考评机制。目前我国基金公司绩效考核的标准常以短期业绩为主，这助长部分基金经理为了自身利益，更加注重当前利益的行为，因此基金公司应该改善激励约束机制，通过引入长期指标的考评方式来激励约束基金经理，鼓励基金经理关注长期业绩，减少短期行为。

（2）建立基金投资风格监管机制，及时披露基金的投资风格。政府可尝试建立基金投资风格监管机制，对每只基金按照所公布的基金投资风格进行监管，一旦基金实际投资风格与契约风格不同，就要求基金公司及时更新招募说明书，通知到投资者，以便投资者充分获悉基金实际的投资风格及其对投资风险与收益的影响。基金公司内部同样要加强监管基金的投资风格，以免公司信誉受损。

(3) 引导投资者加强学习投资知识，树立长期价值投资的理念。个人投资者的理性投资意识十分重要，个人投资者注重长期价值投资理念，需要个人投资者学习基金投资知识，提升专业知识，掌握投资技巧，选择符合自己风险收益偏好的基金产品。愿意长期持有基金，就会减小基金管理短期的业绩压力，促使他们长期集中持有优质证券，实现长期价值增值。这样有利于基金固守契约风格，基金投资风格将变得更加鲜明，客观地评价基金业绩，监督基金经理投资行为，减少基金投资风格漂移现象的发生。

5.9 本章小结

本章针对传统Sharpe基金投资风格识别模型没有考虑基金收益率序列的尖峰、厚尾、波动聚集性、杠杆效应等特征，先后分别提出岭回归、EGARCH-M、TGARCH-M模型来对基金投资风格漂移现象进行识别研究，结果发现模型识别效果具有一定程度的改进，但这些方法都没有考虑到资本市场的分形特征，所以接着在分析我国股市风格资产呈分形特征的基础上，把分形市场理论探索性地引入到基金投资风格领域，提出了基于盒子分形维的投资风格识别方法FD-SR，并以我国79只开放式股票型基金为样本，实证结果表明：该方法能较好地对基金投资风格进行准确性识别，大部分基金具有风格错配现象，比现有的两种主流风格识别方法更符合目前分形市场的现实背景，为基金经理与投资者提供了一种更加贴近现实市场的投资风格识别方法，使识别效果更加准确客观；并借鉴基尼系数的思想构建了风格一致性指标CIS来量化投资风格漂移程度，结果发现78.5%的基金发生了一定程度的风格漂移现象，风格一致性与风格漂移较严重的基金较少，这跟目前基金信息披露制度不完善有关。

最后进一步基于分形维和经济弹性定义，在分析业绩比较基准风格指数对基金业绩影响的基础上，给出了基金投资风格漂移的价格弹性分形维定义，并推导出该分形维数的计算公式，其含义就是基金对数收益序列与比较基准风格指数对数收益序列的OLS拟合斜率。以2003年成立的18只股票型基金为研究样本，计算出基金投资风格漂移的价格弹性分形维，实证结果表明：基金投资风格漂移均呈现出明显的分形特征；根据价格弹性分形维与投资风格一致性基准线得到基金投资风格漂移的阈值，且发现88.9%的基金因投资风格发生漂移降低了投资收益，却放大了风格漂移风险，从而为控制较严重的投资风格漂移现象提供决策依据与衡量标准。

当然，本章研究还存在一些不足之处。首先，本章5.1节提出的是基于岭回归的弱式风格识别模型，只针对Sharpe模型的多重共线性进行了改进，对其他缺陷还没有逐一改进，对其中的风格资产系数为负数的解释也不够清晰。其次，5.3、5.4节所构建的EGARCH-M、TGARCH-M模型可以对"是否发生漂移"做出判断，但不能判定风格漂移的方向，且受到 ARCH 类模型建模前提的限制，考察期内分别仅有 37 只与 14 只基金数据符合条件，样本容量较小，也没有考察投资风格漂移与自身波动性和业绩持续性之间的关系等。再次，提出的基于分形维投资风格识别模型，只是通过比较基金收益序列与风格资产指数序列之间的分形维数是否存在显著性差异来对投资风格进行识别，本质上也属于"透过现象看本质"，对其中分形维的理论内涵、分形维数差异的显著性检验还需要进一步探讨。随着对基金市场分形结构的进一步深入研究，也产生了一些问题：一个分形维数是否能很好地描述市场的分形结构？基金收益序列的相关性及其分布是否一致？这些问题的深入思考必须对分形局部结构进行更细致的研究。随着广义分形维与多重分形谱含义的挖掘与分解，该方法的作用将越来越大。对基金投资风格漂移收益的双长记忆性、多重分形特征及其谱含义的挖掘与投资风格漂移所带来的风险测度等问题，下一章将对基金投资风格漂移收益的长记忆性及其多重分形谱进行有效挖掘，以便为构建出一种精确的基金投资风格漂移风险测度模型提供有价值的信息。这将是下面几章重点研究的内容。

第6章

基金投资风格漂移对股市波动的影响研究

6.1 基金投资风格漂移对股市波动的影响研究背景

证券投资基金是证券市场中重要的机构投资者,开放式基金是主要的基金产品,特别是股票型基金受到金融界的追捧,已成为基金业中非常重要的组成部分。因此,随着证券市场的发展,开放式基金对维护股票市场稳定的作用越显突出。但是在实际投资过程中,基金管理人或基金经理由于业绩压力等原因发生投资风格漂移,而这又会加剧股市的波动性。所谓股市波动性是指未来不可预测的股价或者投资者收益反复无常的变化,它没有很强的规律可循,但它却是衡量股市一项非常重要的指标。股市波动与基金投资风格漂移具有非常紧密的联系,股票型基金对股票市场的稳定作用越发突出,投资者的投资行为促成了股票市场的波动性,投资者的不当投资行为加剧了股票市场波动,而作为最主要的机构投资者,基金起着维护股票市场稳定的责任,频繁发生风格漂移会加剧股市的波动,过度波动将会不利于股市的健康稳定发展,进一步影响股市反映经济晴雨表的功能。因此,研究股市的波动性就显得非常重要。

综上所述,本章研究股票型基金投资风格漂移及其对股市波动性的影响无疑具有重要的理论价值与现实意义。通过本章的研究能够让投资者得到有关基金投资风格真实信息以及股市的波动信息,从而可以指导自己进行有效投资,更好地规避风险,获得投资收益,实现对投资的有利控制;也可以使基金公司有目的地加强对基金产品的创新设计;同时还可以让监管部门掌控基金的情况,更好地进行监督和引导,促进基金业的良好发展。

6.2 基金投资风格漂移与股市波动关系的文献回顾

6.2.1 基金投资风格漂移文献回顾

在基金投资风格漂移方面的文献综述前面章节已经很系统地介绍了，下面再补充与股市波动相关的代表性文献：Kim，Shukla 和 Tomas（2000）研究发现大多数基金或多或少都会发生投资目标的变化。Gurun，Umit G 和 Coskun，Ali（2012）研究了对冲基金和共同基金的特征，发现这两种基金在面临套利风险时，往往容易发生投资风格漂移。曾晓洁、黄嵩和储国强（2004）运用 Sharpe 模型来研究我国基金风格漂移，得出股票型基金普遍存在很多不规范的投资行为。郭文伟、宋光辉和许林（2010）从基金经理的个人特征着手来研究风格漂移现象，结果发现：具有海外学习背景、职业资格证书及从业经验的基金经理会比较忠于自己的投资风格，同时基金经理变更的频率和基金运营时间长短也会影响风格漂移。刘敏和曹衷阳（2012）利用三因素模型对开放式股票型基金投资风格漂移进行测量得出，小市值和大市值成长型基金均表现出相对较好的风格一致性，风格差异比分别为 33.33% 和 35.00%，但中市值成长型基金风格漂移严重，风格差异比率为 77.78%；价值型基金风格差异平均比率为 65.21%；平衡型基金风格差异平均比率为 85.70%。唐元蕙（2013）研究发现仅在市场下跌时，风格漂移才能提高基金的选股能力，而在市场上升期，风格漂移对于选股能力而言则不存在显著关系。陈健和曾世强（2014）通过使用面板数据从风险定价角度研究基金投资风格的趋同性和差异性，发现积极成长、价值投资和价值优化基金投资组合中的非系统风险被定价，对这些风格基金的投资者而言，承担非系统风险获得了收益补偿。彭耿（2014）通过构建修正 EGARCH - M 模型来识别基金投资风格漂移，结果发现：在较长时期内，基金投资风格不存在严重的漂移现象，但在较短时期内，基金投资风格没有表现出较大的漂移度；相对于股市上涨阶段，股市下跌阶段基金投资风格发生漂移的概率更高。孟庆斌等（2015）研究发现：基金经理的职业忧虑水平会影响基金投资风格的冒险程度，职业忧虑越高，基金的投资风格越保守，且能力较差的基金经理倾向于采取冒险的投资风格。

6.2.2 股市波动性效应文献回顾

下面主要从股市波动性效应方面进行文献梳理：Dieterich 和 Chris（2012）研究表明：股市的波动性会在很短时间内频繁发生，投资者需根据短期的股市波动做出投资策略的选择调整。Leivo 和 Timo H（2012）研究表明：在股市波动性条件下，股市对投资者的收益回报与股市的动量指标具有很强的相关关系。Hsieh 和 Pei Lin（2013）使用微观模型来解释股市波动性的变化，认为股市的波动性不仅与投资者的投资行为有关，还与政府政策和经济周期等因素有关。Hunter 等（2013）实证研究了不同的波动性指数对股市波动性的影响，得出不同的指标具有不同的作用。张伟（2013）在滚动时态的 Sharpe 因子模型上考察了完整时期发生风格漂移基金的风格漂移得分（SDS），发现样本基金 SDS 大多分布在（0.5, 0.9）区间内，基金的风格漂移程度较大。短期来看，基金风格漂移会引起基金重仓股的波动，这种冲击影响持续时间较短，即没有持续性。Ranish，Benjamin 和 Michael（2013）通过考察投资者在投资市场中的投资行为，发现在不同地区、不同投资者的偏好下，其利用股市波动性的投资策略也不同，股票收益率在不同的投资者中显示不同的结果。市场中投资者行为各异。胡乔等（2009）主要通过 GARCH（1, 1）和 EGARCH（1, 1）这两个模型来模拟收益率波动，结果表明：使用这两个模型对股市收益率进行模拟的效果很好，这说明 ARCH 效应明显存在于我国股市中，也就是股市是具有这种波动性效应的。在牛熊市行情中，基金会增加或者减小股市的波动，这也说明开放式基金的投资在不同行情下会有不同的作用效果。我国股市波动也受到了开放式基金的投资行为的影响。

　　基金作为股市的机构投资者，它的参与可使市场更加活跃，运作范围更加规范，从而可以稳定股市，减弱股市的浮动；另外，以基金过去的表现为标准来选择股票买卖时机主要有正反馈与负反馈交易行为，负反馈交易即会买入近期表现不好的股票，卖出比较成功的股票，结果是产生了对消的作用，达到稳定股市，而正反馈交易却相反。在开放式基金和股市波动性二者之间的关系方面，现有文献大概有三种观点：①促退论（减缓股市波动）：开放式基金加剧股市波动性，李胜利（2007）在对我国 112 只股票基金研究发现：开放式基金对股市的波动有影响，但是这种影响是非对称的。谢赤、张太原和禹湘（2008）采用了 EGARCH 模型对股市收益率进行 Granger 检验和 VaR 模型检验后得出：基金行为和股市收益之间存在相关，尤其是基金比较倾向于采取与股市波动方向相应的投资行为，这种投资行为会增强股市的波动。魏立波（2010）以沪深股票市场中 78 只基金重仓股为样本，以股票流通市值、股票波动率、基金持股比重为指标实证研究了开放式基金对股票市场波动性的影响，结果表明：开放式基金的投资行为在一定程度上加剧了股票市场的波动性。②促进论（加速股市波动）：开放式基金降低股市波动性：步国旬等（2005）采用季度数据检验考察基金持股比例和所持股票的流动性、收益性、波动性之间是否显著相关，研究结果显示：基金持股比例越高越有利于降低股票在随后季度中的波动性，说明基金作为机构投资者确实起到了稳定股市的作用。③中性论（对股市波动无任何的可测影响）；开放式基金与股市波动性无一致影响；徐妍（2003）等研究得出开放式基金虽然会使得股市变得动荡，但同时可以吸引大量资金，在对股市产生波动的同时也会产生非负面的影响。何基报和王霞（2005）研究认为在市场其他条件确定的情况下，基金和股市的波动性没有必然的关系，股市的波动性和市场投资者之间是非线性关系。

综合上述文献可以看出，基金投资风格漂移现象普遍存在，至今没有得出一致的结论；在牛熊市行情中，基金会增加或减小股市波动的原因，即基金的投资行为是否会影响到我国股市的波动。鉴于此，结合我国股票市场目前还是非完全有效的，普遍存在 ARCH 效应，且基金收益存在长记忆性和厚尾分布等特征，本章首先采用 Fama – French 的三因素模型来识别股票型基金投资风格漂移现象，然后采用 EGARCH 模型来研究投资风格漂移与股市波动性之间的关系。

6.3 基金投资风格漂移及其对股市波动影响的实证研究

6.3.1 基金投资风格漂移的实证分析

1. 样本选择与数据来源

在研究期间选择上，本章选取 2005 年 7 月 1 日至 2014 年 10 月 31 日作为研究期间，包含大幅上涨、快速下跌、小幅回调和震荡下调完整的股市行情，具有较好的代表性。并且这几个不同阶段的划分也有助于把实证结果进行纵向比较分析。其中，2005 年 7 月 1 日（1055.59 点）至 2007 年 9 月 28 日（5552.30 点）为大幅上涨行情（即大牛市），标记为期间一；2007 年 9 月 28 日（5552.30 点）至 2008 年 9 月 26 日（2293.78 点）为快速下跌行情（即大熊市），标记为期间二；2008 年 9 月 26 日（2293.78 点）至 2010 年 3 月 26 日（3059.72 点）为小幅回调行情（即小牛市），标记为期间三；2010 年 3 月 26 日（3059.72 点）至 2014 年 10 月 31 日（2420.18 点）为震荡下调行情（即震荡市）标记为期间四；在研究期间内每只基金共有 2156 个日净值，相应可算出 2155 个日收益率。

在基金样本选择上，遵循三个原则：①必须在样本研究期间之前就已经成立。受研究期间的影响，本章选取的样本基金是在 2005 年 7 月 1 日这个时点前成立，并且一直持续运行到研究期末；②分散选择原则，将基金的选样扩散到不同的基金公司；③所选基金在各名义投资风格的分布上必须兼顾，包含成长型、价值型及平衡型。目前，我国证券市场只有股票型基金比较容易发生投资风格漂移现象。因此，综合以上考虑，本章选取的样本基金是在 2005 年 7 月 1 日之前成立且已过封闭期的 56 只开放式股票型基金，以保证研究结果具有较好的代表性。本章所采用的风格指数均来自中信标普公司。

2. 实证结果与分析

虽然有部分学者研究表明四因素模型是在三因素模型基础上增加了动量因素，要优于三因素模型，但大量实证表明股改以后的中国股市不存在显著的动量效应。因此，本章还是选择采用 Fama – French 三因素模型的因子载荷方法，对我国股票型基金的投资风格漂移情况进行识别分析。

Fama 和 French（1993）提出了三因素模型，表达式为

$$r_{it} - r_{ft} = \alpha_i + \beta_i(r_{mt} - r_{ft}) + h_i HML_t + s_i SMB_t + \varepsilon_{it}$$

在这个模型中，HML_t 是高账面市场价值与低账面市场价值的比值，SMB_t 是小盘股组合收益减去大盘股组合收益的值。截距 α_i 代表的是基金 i 超额业绩，r_{it}、r_{mt} 和 r_{ft} 是指基金 i 的收益率、市场基准利率与无风险利率。若 HML_t 系数 h_i 显著大于零，则这个基金更倾向于是价值股，若 SMB_t 的系数 s_i 显著大于零，则这个基金更偏好小盘股。

在无风险收益率选择方面，本章以张宗益和项慧玲（2010）采用国内通行的做法，选用同期一年期银行定期存款利率并扣除 20% 利息税后作为无风险利率，并把同期调整后的利率按 360 天折算成日收益率。

在市场基准选择方面，本章构建一个涵盖沪深两市股票和国债市场的复合市场基准。这一基准组合的 80% 将反映 A 股市场的变动，另外 20% 反映国债指数的变动，计算公式为

市场基准组合收益率 =（2/3 × 中信标普 300 指数收益率 + 1/3 × 中信小盘指数收益率）× 80% + 中标国债指数收益率 × 20%

本章以三因素模型为基础，利用 Eviews 9.0 软件分别对四个期间和总期间的相关数据进行多元线性回归，得到的实证结果分别从规模属性和成长 – 价值属性两个维度去统计四个期间加上总期间的不同投资风格的基金数量，结果如图 6 – 1、6 – 2 所示。

（1）各研究期间的投资风格特征分析。

研究期间一是我国股市市场历史上前所未有的大牛市，在这个阶段，因为人民币升值导致的资本流入带来资产重估和牛市的赚钱效应吸引了许多投资者入市，基金规模同时也得以快速增大。因此，基金公司和基金经理不能优先配置大市值的上市公司股票。2007 年 10 月 16 日，上证指数的收盘价创下历史新高，达到了 6092 点。结合基金实际投资风格，发现绝大多数基金在这个期间内偏向于成长型。这说明，在股市大繁荣时期，包括基金在内的机构投资者，在面对巨大盈利诱惑的情况下，会违背原先对外声明的投资策略，只为了追求投资收益的高速增长。在研究样本中，不管先前所声称的投资风格如何，这 56 只基金全部都呈现出了成长型的投资风格。同时有 44 只基金规模属性呈现出大盘，也就是说，在这个大牛市期间里，大盘成长型投资风格的基金占比达到了

79%，同时名义投资风格为平衡型和价值型的基金都呈现出成长型风格，这两点特征都说明了大市值的股票在此期间得到了疯狂的追捧。

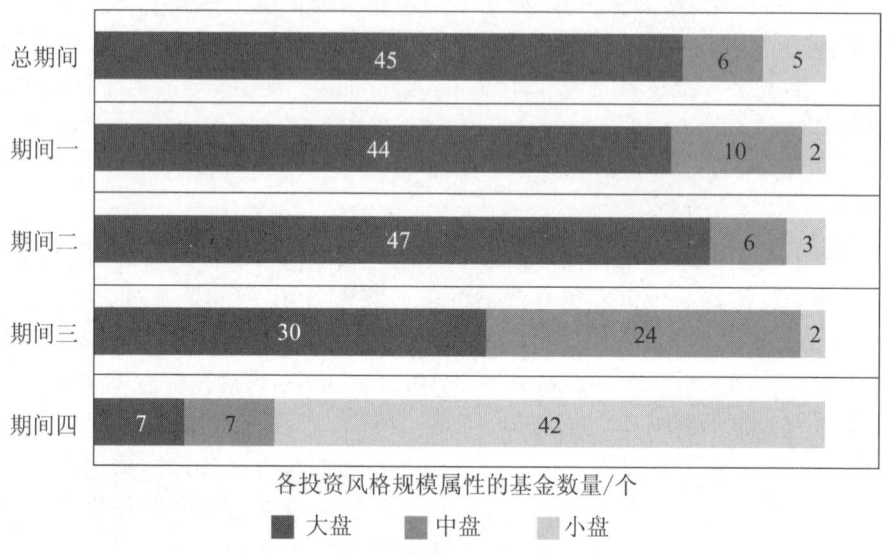

图 6-1　基金投资风格规模属性对比

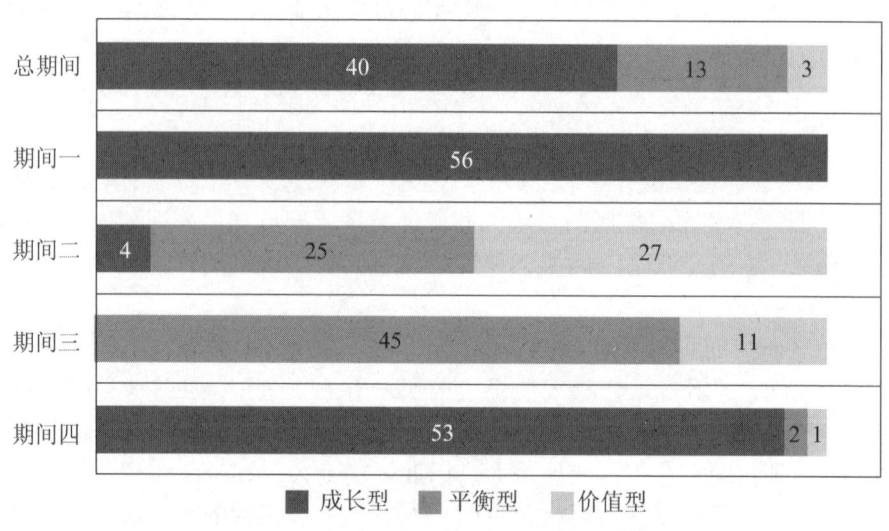

图 6-2　基金投资风格成长-价值属性对比

研究期间二的国际背景是美国次贷危机爆发后带来的金融危机。因次级抵押贷款机构破产，许多投资基金被迫关闭，导致股票市场剧烈震荡，对国际金融秩序造成了极大冲击和破坏。因此，我国股票市场也难以避免地一泻千里，上证指数从历史最高的6092点急挫到1700点左右，跌幅和速度让投资者措手不及，几乎所有投资者都损失惨重。因此在这阶段，基金经理为了把损失降到最低，及时调整投资策略，把资产配置于风险较小的价值类资产。同时，在大熊市下开放式基金的赎回比例会变得较大，基金公司为了应付这种不确定性较大的赎回行为，不得不准备一部分现金或随时可以变现的高流动性资产。基于此，期间二的基金投资风格集中于价值型和平衡型。在研究样本中，非成长型风格基金有52只，平衡型和价值型基金数量占比分别为45%和48%。

在研究期间三的初期，我国股市开始回暖，慢慢攀升到3300点附近。由于国际金融危机的影响尚未完全消散，不确定因素仍然存在，对于众多投资者来说，投资方向仍不清晰。从研究样本可以分析到，此期间的投资风格集中于平衡型，占比80%。值得注意的是，期间三中所有样本基金都是非成长型投资风格，与期间一中所有样本基金投资风格全部呈现出成长型形成两级化的反差，反映了我国基金投资风格漂移现象的确十分严重。在这个过程中，基金业虽损失惨重，但也收获了冷静，开始变得保守。由于平衡型基金处于成长型基金和价值型基金的中间，处于进可攻、退可守的一种相对中庸的有利地位，风格比较保守，而价值型和成长型相对比较激进。同时，相对于期间二，有17只大盘型基金在期间三漂移为中小盘型，反映出基金机构和基金经理跟随政策倾向而把资产更多偏移到中小规模的资产。

在研究期间四，中国经济增长速度逐年下滑并慢慢稳定在7%左右，这阶段通胀压力带来的价格管制及政策紧缩对市场形成压制，导致股票市场处于不对称"W"调整过程。在研究样本中，超过90%的基金（53只）重新呈现出成长型投资风格，同时，规模属性的风格漂移延续着期间三的趋势，中小盘型基金的数量占比从期间三的46.4%增加到88%。对于这一震荡市，有75%样本基金都表现出小盘成长型投资风格。这说明了在结构性机会主导环境下，基金经理普遍采取了积极灵活的资产配置策略，从而使管理业绩得到明显提升，博取投资者关注。

（2）模型拟合效果分析。

Fama - French 三因素回归模型的拟合程度好坏可以通过调整后的 R^2 系数来衡量。对四个研究期间的拟合程度系数进行汇总，如表6-1所示。总的来讲，除了期间三，其他三个阶段的拟合效果都是不错的，R^2 最大值为0.957，平均值约为0.86。但是期间三的可决系数的几个统计量相对其他期间都有比较大的区别，拟合程度明显下降。在期间三，刚刚经历完大熊市，政府为了维护市场稳定出台一系列救市政策，但由于外部环境的干扰，投资者仍然表现出对未来证券市场走势充满迷茫的情绪，内外部因素对市场形成互相制约的影响，先决系数较低，SMB、HML敏感系数大部分不显著反映出这阶段基金投资方向不明确，从而决定了投资风格的不稳定。另外，对比各个期间先决系数的标准差，可以看出，拟合程度的差异性排序为：熊市＞震荡市＞牛市。从这点可以得出：

基金经理在牛市阶段多数采取单一的投资风格和策略,而在震荡市以及熊市,虽然每个基金都有一个实际投资风格,但这个风格本质上是基于整个期间的一个平均意义上的风格,为了保证业绩和追逐高增长的利益,基金经理的短期投资行为更频繁、更大程度地偏离了该"平均风格"。

表6-1 各研究回归模型调整后的 R^2 比较分析

调整后 R^2	期间一	期间二	期间三	期间四
最大值	0.915	0.957	0.623	0.938
最小值	0.602	0.563	0.341	0.582
标准偏差	0.066	0.083	0.044	0.071
平均值	0.790	0.868	0.550	0.805

在研究样本中,56只样本基金的名义投资风格结构为:成长型35只,平衡型15只,价值型6只,三种投资风格分布相对比较均衡。

投资风格趋同性分析,基金在三种不同名义风格下的具体漂移情况(图6-3、6-4、6-5),图中分别显示了前后四个期间样本基金的实际投资风格分布结构。本章样本中的56只样本基金在不同的阶段,其投资风格的变化还是比较明显的。而且三种不同名义投资风格的基金风格漂移方向都是非常一致的。

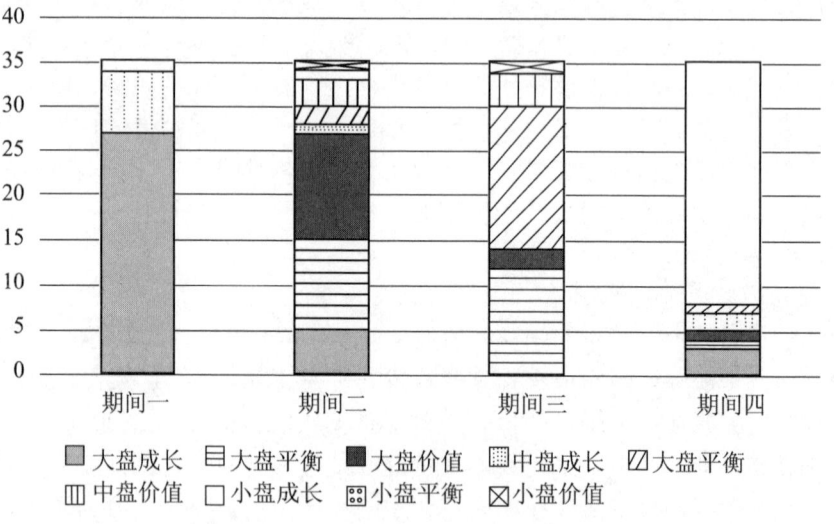

图6-3 名义成长型基金投资风格漂移情况

在大牛市的行情中,三种名义投资风格的样本基金绝大多数都呈现大中盘成长型投资风格,投资风格分布非常集中,趋同性非常强,基金投资行为存在很强的"羊群效应"。相对于大牛市,在大熊市行情中,投资风格有了较大的漂移，名义投资风格为成长型的样本基金中，有 15 只漂移成平衡型，16 只漂移成价值型。除此之外，投资风格出现了一定的分化，资产配置的"羊群效应"得到一定程度的减弱。在小牛市行情中，投资风格类型再次减少，"羊群效应"再次增强，样本基金的实际投资风格集中于当时的主流投资风格——大中盘平衡型。在震荡下调行情中，投资风格类型数目介于牛市和熊市之间，小盘成长型的投资风格成为主流。

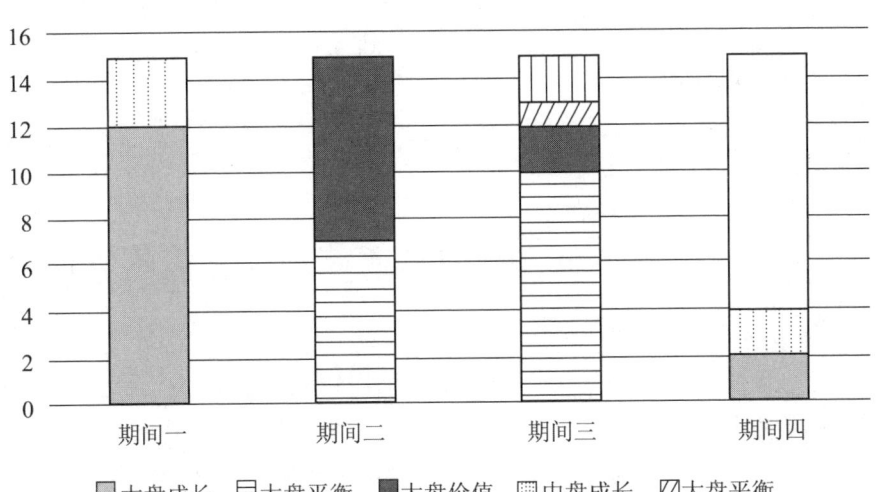

图 6-4　名义平衡型基金投资风格漂移情况

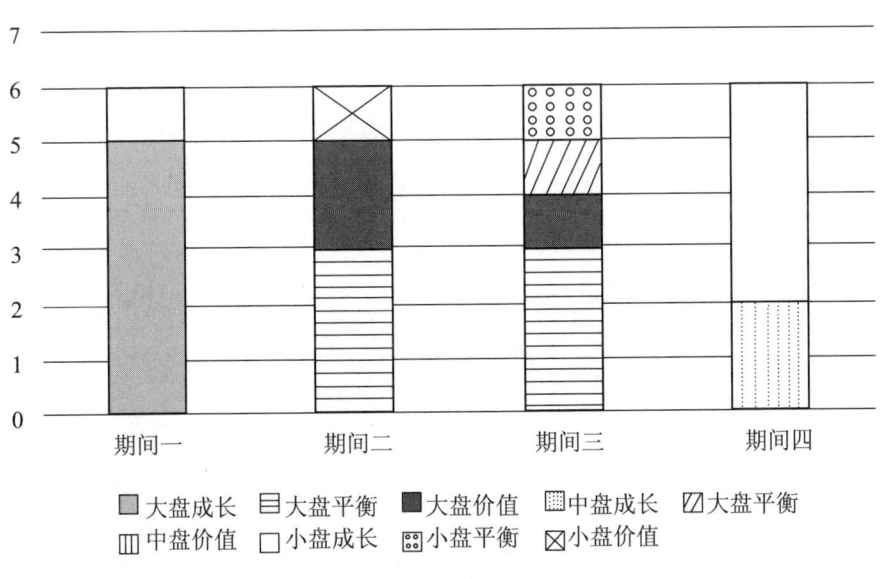

图 6-5　名义价值型基金投资风格漂移情况

由于中国基金之间交叉持股现象比较严重，牛市行情下股票普遍上涨，基金经理只需要通过"搭便车"采取主流的投资风格，也能获得相对差不多的业绩。再者，牛市行情下，整个基金市场处于扩张状态，对人才的需求较多，他们不必过于担心排名的不利会对他们的职业生涯造成很大的不利影响，因此他们没必要冒险去实施风险偏高的个性化投资策略。在熊市和震荡阶段，市场很难达成一个被大家认可的主流投资风格，基金经理会更积极地去寻找机会，再加上市场的波动容易使人产生投机心理，短线操作明显，投资风格也就开始出现分化，"羊群效应"减弱。

总的来说，基金投资风格确实存在随股市变换而变化的投资风格轮换现象，"羊群效应"普遍存在，且牛市比熊市更严重。

6.3.2 基金投资风格漂移对股市波动性影响的实证分析

1. 样本确定

结合上面的实证结果，为了保持研究的连续性，这里锁定了上文中投资风格漂移严重的 15 只股票型基金作为研究样本，采用 GARCH 族模型对其波动性进行刻画，从而反映出股票型基金投资风格漂移对股市波动性的影响。研究期间同上，对 15 组 2155 个收益率数据进行加权平均处理后得到 2155 个加权平均累计收益率数据。

2. 实证分析

股市的波动性度量通常可以用 ARCH 模型来进行刻画，这是因为 ARCH 模型自提出之时便应用于时间序列数据的波动性分析，而金融市场中的波动时间性特别强，所以一般情况下会选择使用 ARCH 模型对金融时间序列进行分析。ARCH 模型被提出之后经过完善拓展，又产生了 GARCH、EARCH、PARCH 等一系列的变形。对于股市的波动性分析，GARCH 克服了 ARCH 的很多缺陷，考虑到了干扰项和方差的滞后性，因此 GARCH 能够很好地对股市的波动性进行刻画。

时间序列数据是否为平稳性数据是建模分析的关键前提，这里采用 ADF 来对数据序列进行平稳性检验，结果发现基金累计收益率序列在 1% 显著性水平下认为是平稳性的。然后对基金累计收益率数据进行相关性检验，采用自相关函数（AC）和偏自相关函数（PAC）的命令，自相关检验结果发现，基金累计收益率序列的 1 阶 AC 和 PAC 特别突出地不为零，说明其存在 ARMA 效应，根据最优化模型配置原则，选择使用 ARMA（1，1）能够比较准确地来刻画它们之间的自相关性，结果表示存在自相关性。接着对基金日累计收益率序列进行统计特征分析，发现序列存在聚集效应，即存在 ARCH 效应，且在期间一和期间二的波动性会比期间三和期间四大。结合自相关检验结果,建立收益序列的 GARCH (1, 1) 模型来刻画波动性是比较合适的。实证结果见表 6-2 所示。

GARCH (1, 1) 模型的条件方差方程为

$$\sigma_t^2 = \alpha_0 + \alpha_1 \mu_{t-1}^2 + \theta_1 \sigma_{t-1}^2$$

表 6-2 全期间 GARCH (1, 1) 模型估计结果

参数	α_0	α_1	θ_1	$\alpha_1 + \theta_1$
全期间	1.37E-07 (0.0087)	0.0545 (0.0000)	0.9429 (0.0000)	0.9974

从表 6-2 可知,各系数均通过 5% 显著性检验,然后检查 ARCH 效应是否存在其残差序列中,结果得到统计量 R^2 的 P 值为 0.8166,大于显著性水平 0.05,因此认为残差序列已不再体现出 ARCH 效应,说明在这种情况下采用 GARCH (1, 1) 模型已经可以完全消除了 ARCH 效应。故可用 GARCH (1, 1) 模型对基金的累计收益率进行波动性分析。

为进一步分析杠杆效率,建立收益序列的 EGARCH (1, 1) 模型,结果如表 6-3 所示。

表 6-3 全期间 EGARCH (1, 1) 模型估计结果

参数	α_0	α_1	θ_1	γ_1
全期间	-0.1112 (0.0000)	0.0967 (0.0000)	0.0194 (0.0002)	0.9966 (0.0000)

从表 6-3 可得各系数均通过 5% 显著性检验,其中 $\theta_1 = 0.0194$,显著大于零,说明序列具有杠杆性结论,也说明了研究对象基金具有很大波动性。同时,由于非对称参数 θ_1 符号为正,说明正向的信息冲击会加大收益率波动,而负向冲击会降低收益率的波动。这和传统股票的信息冲击形式完全不同。另外,$\gamma_1 = 0.9966$ 非常接近 1,说明波动性削减速度较慢且将波动持续性强。检查 ARCH 效应是否存在其残差序列中,结果得到统计量 R^2 值伴随概率为 0.8386,大于显著性水平 0.05,因此认为残差序列已不存在 ARCH 效应,说明在这种情况下采用 EGARCH (1, 1) 模型已经可以完全消除了它的 ARCH 效应。故可用 EGARCH (1, 1) 模型对基金的累计收益率进行波动性分析。

接下来对期间一、二、三、四分别建立 EGARCH 模型进行分析,结果见表 6-4。

表6-4　各期间 EGARCH (1, 1) 模型估计结果

参数	α_0	α_1	θ_1	γ_1
期间一	-0.0695 (-0.0000)	-0.0705 (0.0000)	0.0884 (0.0000)	0.9886 (0.0000)
期间二	-0.2330 (-0.0335)	-0.7021 (-0.0809)	0.5234 (0.1750)	0.8143 (0.105)
期间三	-3.1334 (-0.0003)	0.2291 (0.0372)	-0.1237 (-0.0381)	0.8189 (0.0000)
期间四	-0.2125 (-0.0156)	0.0788 (0.0000)	-0.0188 (-0.0407)	0.9864 (0.0000)

从表6-4中可以看出，期间二的非对称参数不显著，期间一的非对称参数显著大于零，而期间三和期间四的非对称参数显著小于零。这意味着，在大牛市行情，研究对象基金的助涨作用比助跌作用要大。而在2008年9月后所经历的小幅回调和震荡下调行情中，负面消息对市场的冲击要大于正面信息对市场的冲击，也说明助跌作用更加明显，与大牛市的情况相反。另外，可以从滞后阶数和持续性参数看出这三个期间的序列都具有很明显的ARCH效应。

6.4　实证结果讨论

本章主要探讨了股票型基金投资风格漂移及其与股市波动性之间的关系。首先以 Fama - French 三因素模型为基础，以56只开放式股票型基金作为研究对象，选取2005年7月1日至2014年10月31日作为研究期间，其中把整个阶段分为大牛市、大熊市、小牛市和震荡市四个期间，然后把相关数据进行多元线性回归，分别得出56个样本基金四个阶段的实际投资风格；然后进一步分析出每个期间基金投资风格的趋同性情况；最后实证分析投资风格漂移与股市波动性之间的关系。主要得到以下三点结论：

（1）从静态上来说，实际投资风格偏离名义投资风格的现象很严重，所有的样本基金在四个不同行情的阶段中都发生过风格漂移。动态上来看，基金投资风格确实存在随股市变换而变化的投资风格轮换现象，并且很严重，随股市由大盘风格转换为中小盘风格，基金的投资风格也迅速跟着轮换，由大盘转为中小盘，成长型转为平衡型与价值型再转为成长型。

（2）开放式股票型基金投资风格的趋同性很高，具有明显的"羊群效应"。并且牛市行情中基金投资风格的趋同性更强，但在熊市和震荡行情中要弱一些。

（3）采取 GARCH 和 EGARCH 模型，选取我国15只投资风格漂移程度高的

样本基金进行波动性刻画。结果发现：在研究期间之内，容易发生投资风格漂移的股票型基金累计收益率具有显著的 ARCH 效应，可以用 GARCH 和 EGARCH 模型来对其波动性进行刻画，并且在 2009 年后具有明显的"杠杆效应"。

通过上面的实证分析结果，从整体期间来讲，即使股票型基金对"利空消息"的反应低于对"利好消息"的反应，但是通过对细分期间的 EGARCH 模型进行分析，可以看到这种情况仅仅出现在大牛市行情中。

然而本章所选取的 15 只样本基金中有 8 只样本基金的投资风格属于成长型。而在大牛市行情中，所有样本基金投资风格都属于成长型，故相对于其他的期间，大牛市行情的风格漂移情况最轻微。同时鉴于大牛市行情的特殊性，认为该期间样本基金的正向杠杆作用只能当特殊案例来处理，不能代表普遍的情况。

而经历大牛市和大熊市后，在小幅上涨和震荡回调的行情中，样本基金存在"杠杆效应"，如果杠杆效应系数是负数时，那么这就表明波动性程度受到负面信息的影响远远大于波动性程度受到正面信息的影响。而这一点与股市波动性起伏变化保持一致的方向，也即股市在经历了 2007、2008、2015 年的过山车升跌后，此时投资风格较为明显。在风格漂移现象的影响下，基金的波动性呈现出较明显的 ARCH 效应。

6.5 本章小结

本章首先采用 Fama – French 三因素模型实证研究我国 2005 年 7 月之前成立的 56 只股票型基金投资风格的分布及其在不同股市行情下的风格漂移情况；然后采用 EGARCH 模型来探讨投资风格漂移与股市波动性两者之间的关系。实证结果表明：基金投资风格存在着随股市行情变换的风格轮换现象以及明显的"羊群效应"，表现出严重的投资风格漂移现象。同时，基金因投资风格漂移会对其所持仓的股票产生波动性效应，从而进一步影响股市的波动性。最后，对实证结果进行了相关讨论。

第 7 章

基金投资风格漂移收益长记忆及多重分形谱研究

由前面两章的研究内容发现我国基金市场呈现分形特征，大多数基金发生了投资风格漂移现象，那么由此引发的问题是：基金投资风格漂移所带来的收益是否具有分形特征，甚至更复杂的多重分形特征呢？本章拟采用第 4 章所介绍的 ARFIMA – HYGARCH 模型与滑动窗口 MF – DFA 方法对投资风格漂移收益序列进行长记忆性与多重分形分析。运用多重分形理论来研究基金投资风格漂移收益序列的波动规律，相当于用不同倍数的放大镜来观察投资风格漂移现象，可以通过更加细致的分解达到更全面、更真实地认识基金市场的投资风格漂移收益的波动特征，为构建基金投资风格漂移风险测度模型提供理论基础与方法基础，这无疑具有重要的理论价值与现实意义。

7.1 基于 ARFIMA – HYGARCH 模型的投资风格漂移收益长记忆研究

7.1.1 基金投资风格漂移收益分形特征的研究背景

开放式基金已成为基金公司的主流产品，2001 年我国第一只开放式基金"华安创新股票"的发行标志着开放式基金开始进入高速发展时代，截至 2018 年 6 月底共发行了 4950 只开放式基金。在决定基金业绩因素方面：Sharpe (1992) 研究发现投资风格对基金投资组合收益起 90% 以上的决定性贡献作用，后来风格投资也就成为基金经理构建投资组合的主流量化投资方法。基金的不断大量创新发行意味着基金将面临残酷的激烈竞争。为抢夺基金市场的客户资源，吸引特定风格的投资者，基金在发行时会标榜自己独特鲜明的投资风格，以区别于其他投资风格的基金。因此，投资风格也就成了投资者选择基金产品的主要筛选机制，当然，这种筛选机制的有效前提是投资风格必须保持鲜明一致性。但国内外学者大量实证研究发现：基金在实际投资过程中，并没有坚守发行时宣称的投资风格，即经常发生所谓的风格漂移现象。正是这种风格趋同而导致的风格漂移加剧了投资者与基金经理之间的信息不对称程度，这样一来发行时的投资风格不但没有给投资者起到筛选机制作用，反而起到误导作用，大大损害了投资者利益。那么基金投资风格漂移所带来的收益及风险情况究竟如何呢？通过梳理国内外文献不难发现：以往学者研究大多集中在基金投资风格识别及漂移实证检验等方面，在基金投资风格漂移收益分形特征研究方面至今仍是空白。鉴于此，本章在分析基金投资风格漂移日收益序列呈尖峰厚尾与有偏特征的基础上，通过引入 skt 分布的分形差分自回归 ARFIMA 模型与双曲线记忆 HYGARCH 模型相结合来研究我国开放式股票型基金投资风格漂移日收益序列的双长记忆性分形特征，其目的是：第一，为大部分基金经常发生风格漂移现象提供一个有力的解释；第二，为构建一种适度风格漂移策略和一个较高精度的投资风格漂移风险测度模型提供方法基础；第三，为基金经理与投资者挖掘投资风格漂移所带来的收益与风险水平等有用信息提供一种科学的方法。

7.1.2 基金投资风格漂移收益的量化

基金投资风格漂移缺乏统一量化的比较基准风格指数，是进行投资风格漂移深入研究的主要瓶颈。基金投资风格是指基金经理按照某种共同属性或与某一市场异象相对应的证券组合而非单个证券来进行资产配置的一种新生投资哲学与方法。所谓投资风格漂移是指基金在资产组合构建过程中体现出来的实际投资风格偏离基金招募说明书中宣称的投资风格所导致的不一致现象。国内外学者已对投资风格漂移的存在性及其对基金业绩的影响做了大量研究，但至今鲜有学者对这种投资风格漂移现象进行深入研究，可能在于基金业对自身的投资风格一直没有给出一个明确定位，导致研究风格漂移缺乏明确的比较基准指数，由此造成量化上的困难。如何衡量各基金的投资风格漂移以及在基金不同成长阶段其风格稳定性如何？国内学者戴志敏（2003）根据投资目标来确定投资风格，通过设计基金净值偏离度指数分析基金净值变动与大盘指数变动的离差，以此来量化风格漂移，研究表明：基金具有投资风格趋同性现象。Idzorek 和 Bertsch（2004）在 Sharpe（1992）风格识别模型回归系数的基础上提出了 SDS 指标来量化基金在一定时期内的投资风格波动程度，基金的 SDS 值越大，说明发生风格漂移程度越大，风格越不稳定。张玲君（2011）引进 SDS 方法测量了风格漂移的程度，并进一步对基金投资风格漂移与基金经理选股能力的关系进行了探讨。这两种量化方法采用的都是基于大盘、中盘、小盘、价值和成长等仅有的几种比较基准风格指数,不具备完备性,而且难以反映基金实际的投资风格,缺乏可操作性与推广性。

通过大量研读基金招募说明书可以发现:每只基金在发行时不但会标榜自身的投资风格,还会向投资者在招募说明书中宣称本基金的业绩比较基准风格指数,比如易方达上证 50 指数基金(110003)宣称的业绩比较基准风格指数为:80% × 中信综合指数收益率 + 20% × 中信标普国债指数收益率。这向投资者暗含了该基金在未来构建投资组合策略时的风格是跟随宣称时的比较基准风格指数;又根据 Sharpe(1992)研究发现基金收益大约 90% 都来自于某种特定的投资风格,投资风格对基金业绩起决定性的贡献作用。这两点表明如果基金没有发生投资风格漂移的话,那么该基金的业绩应该与比较基准风格指数的业绩没有显著性差异甚至相等,投资者可根据宣称时的业绩比较基准风格指数与自身的风险容忍度来选择基金产品。基于此,假定影响基金业绩的其他因素不变,提出如下研究假设:

H_0:如果基金业绩跟比较基准风格指数的业绩有差异,那么这之间的业绩差异是由于基金投资风格发生漂移所导致的。

根据以上提出的假设,量化基金因发生投资风格漂移所带来的业绩计算公式为:基金投资风格漂移日收益率 = 100 × [基金日收益率—基金业绩比较基准风格指数日收益率]。因日收益率数据太小,对此做扩大 100 倍处理,转化为%单位。相当于用 100 倍的放大镜进行放大,根据分形的自相似性原理,这种处理不改变它们的本质特征。

采用基金在招募说明书中实际宣称的业绩比较基准风格指数作为风格基准指数,用基金收益与业绩比较基准风格指数收益之差来量化投资风格漂移收益,这样处理比以往基于 Sharpe 模型风格资产指数回归系数的方差(如 Idzorek 和 Bertsch(2004)提出的 SDS 指标)来量化投资风格漂移无疑增加了可操作性和提升了本书研究的实际应用价值,也拓展了基金投资风格的研究范围,在国内外还是首次①。

7.1.3 基金投资风格漂移收益的双长记忆性实证研究

1. 样本选取与数据处理

选择 2005 年上半年成立的 5 只开放式股票型基金(表 7-1)为研究样本,数据期间为 2005 年 7 月 1 日至 2010 年 3 月 26 日的日收盘价。样本选取和研究

---

① 笔者研究的属于一种广义的投资风格,即基金发行时实际宣称的业绩比较基准指数就属于一种投资风格,而不仅局限于常用的大、中、小盘及价值、成长等 6 种投资风格指数。容易发现,基金宣称的业绩比较基准风格指数大多都是这些常用投资风格指数的一种线性组合,一种新的组合就构成了一种新的投资风格。

期间确定的依据：①这 5 只基金分别属于不同基金公司，宣称不同的比较基准风格指数；②在研究期间，这些基金都经历了大幅上涨、快速下跌和小幅回调等一个完整的周期行情，各基金的真实投资风格可以在此期间体现出来。因此，具有较好的代表性。样本容量为 1154 个日收盘价，可计算出 1153 个日收益率，数据来源于聚源数据库与天天基金网，数据处理与实证分析采用 OXmetrics 7.1 与 Eviews 9.0 软件，应用拟极大似然估计法对参数进行估计。为了减弱数据的非平稳性，数据采用对数收益率，基金日收益率的计算公式为

$$r_{it} = \frac{NAV_{it} - NAV_{i,t-1} + D_{it}}{NAV_{i,t-1}}, R_{it} = \ln(1 + r_{it}) \qquad (7-1)$$

其中：r_{it}、R_{it} 分别表示基金 i 在第 t 日的简单收益率与对数收益率；NAV_{it} 表示基金 i 在第 t 日的单位净值；D_{it} 表示基金 i 在第 t 日的分红派息。

基金业绩比较基准风格指数日收益率的具体公式为

$$R_{it} = \ln(1 + r_{it}) = \ln(1 + p_{it}/p_{i,t-1}) \approx \ln(p_{it}/p_{i,t-1}) = \ln p_{it} - \ln p_{i,t-1} \qquad (7-2)$$

其中：R_{it}、p_{it} 分别表示业绩比较基准风格指数 i 在第 t 日的对数收益率与收盘价。

表 7-1　2005 年上半年成立的 5 只开放式基金投资风格及比较基准风格指数

基金代码	基金名称	基金类型	投资风格	业绩比较基准风格指数
350002	天治品质优选混合	股票型	稳健成长型	70% × 中信标普 300 指数 +30% × 中信国债指数
519996	长信银利精选股票	股票型	价值型	80% × 中信标普 100 指数 +20% × 中信国债指数
580001	东吴嘉禾优势精选	股票型	成长型	65% ×（60% × 上证 180 指数 +40% × 深证 100 指数）+35% × 中信标普全债指数
410001	华富竞争力优选	股票型	成长型	60% × 中信标普 300 指数 +35% × 中信全债指数 +5% × 银行存款利率
213002	宝盈泛沿海增长	股票型	稳健成长型	80% × 上证 A 股指数 +20% × 上证国债指数

数据来源：笔者根据聚源数据库与天天基金网整理而成。

根据上述公式计算出 5 只开放式基金投资风格漂移日收益率序列，表 7-2 列出了该 5 只基金的投资风格漂移收益序列的几个基本统计量值。

表7-2 5只开放式股票型基金投资风格漂移日收益序列的基本统计特征

基金代码	均值	标准差	峰度	偏度	JB统计量	ADF统计量	Z统计量
350002	0.0248	0.6366	5.9744	-0.2440	436.4775	-29.0567***	23.3028***
519996	0.0229	0.5264	6.2281	-0.4330	536.6615	-27.8800***	26.0014***
580001	0.0199	0.6062	5.3430	0.0329	263.9328	-30.5179***	25.0490***
410001	-0.0315	1.9464	825.12	-26.419	32604875	-33.3926***	24.0786***
213002	-0.0513	1.7523	779.01	-25.281	29053428	-33.2396***	23.8976***

数据来源：笔者利用 Eviews 9.0 统计分析结果整理（*** 表示在1%显著性水平下显著，JB统计量服从自由度为2的χ^2分布，1%的临界值为9.21，BDS检验的Z统计量是嵌入维数为15的计算值）。

从表7-2中可以看出：该5只基金的投资风格漂移日收益率序列的偏度均不为0，表明投资风格漂移收益序列是不对称分布，表现出一定的左偏或右偏特征；峰度均大于3，表明具有尖峰特征；JB统计量在1%显著性水平下均拒绝正态分布的原假设，表明均不服从正态分布；ADF统计量在1%显著性水平下均拒绝存在单位根的原假设，表明为平稳序列；运用BDS统计量进行独立同分布检验，结果均拒绝了独立同分布的假定。因此，采用ARFIMA模型对投资风格漂移收益序列进行建模是合适的。

2. 模型确定与参数估计

在确定ARFIMA-HYGARCH模型具体阶数时，不是采用通用的GARCH(1,1)来刻画条件方差的时变性，而是用数据说话，利用3个信息准则值的最小化原则来选择最优模型ARFIMA-HYGARCH的具体阶数，为了充分刻画基金投资风格漂移日收益数据的尖峰厚尾特征，假定残差序列服从skt分布。限于篇幅，仅列出天治品质优选混合基金投资风格漂移日收益ARFIMA-HYGARCH模型阶数的确定过程（表7-3）。

表7-3 350002基金投资风格漂移日收益序列的ARFIMA-HYGARCH模型阶数确定

SKT-ARFIMA (p_1, d_1, q_1)-HYGARCH (p_2, d_2, q_2)				Akaike	Shibata	Hannan-Quinn
p_1	q_1	p_2	q_2			
0	0	0	0	1.9309	1.9309	1.9359
0	0	0	1	1.7518	1.7517	1.7650
0	0	1	0	1.7516	1.7515	1.7649
0	0	1	1	1.7516	1.7514	1.7664
0	1	0	0	1.7398	1.7397	1.7530
0	1	1	0	1.7395	1.7394	1.7544
0	1	1	1	1.7394	1.7393	1.7543

续上表

SKT - ARFIMA (p_1, d_1, q_1) - HYGARCH (p_2, d_2, q_2)				Akaike	Shibata	Hannan-Quinn
p_1	q_1	p_2	q_2			
1	0	0	0	1.7334	1.7333	1.7466
1	0	0	1	1.7326	1.7325	1.7475
1	0	1	0	1.7326	1.7324	1.7474
1	0	1	1	1.7331	1.7329	1.7496
1	1	0	0	1.7323	1.7322	1.7472
1	1	1	0	1.7319	1.7317	1.7484
1	1	1	0	1.7318	1.7316	1.7483
1	1	1	1	1.7322	1.7320	1.7504

注：信息准则的对数似然函数值是在 skt 分布下的拟极大似然估计得到，当 p_1, q_1, p_2, q_2 任一个大于1时的信息准则值都大于当 $p_1=1$，$q_1=1$，$p_2=1$，$q_2=0$ 时的信息准则值。

通过表7-3中的计算结果表明：选择 SKT - ARFIMA（1，d_1，1）- HYGARCH（1，d_2，0）模型是最合适的，因为该模型的3个信息准则有2个信息准则值达到最小。同理对其他4只基金投资风格漂移日收益序列进行模型阶数的确定，可得出相同的结论。

下面就运用 SKT - ARFIMA（1，d_1，1）- HYGARCH（1，d_2，0）模型对5只基金投资风格漂移日收益序列进行参数估计，结果见表7-4所示。

表7-4 投资风格漂移收益的 SKT - ARFIMA（1，d_1，1）- HYGARCH（1，d_2，0）模型参数估计

基金代码	cst（M）	d_1	AR（1）	MA（1）	cst（V）	d_2	β	$\ln\xi$	ν	$\ln\hat{\alpha}$
350002	0.0295 (0.001)	-0.1729 (0.004)	0.4939 (0.000)	-0.1510 (0.037)	0.0241 (0.572)	0.2830 (0.046)	0.1590 (0.200)	-0.0468 (0.246)	5.3022 (0.000)	0.0974 (0.693)
519996	0.0194 (0.080)	-0.0616 (0.031)	0.1537 (0.513)	0.0798 (0.686)	-0.0067 (0.686)	0.3308 (0.001)	0.3038 (0.001)	-0.0790 (0.060)	8.2387 (0.000)	0.1275 (0.274)
580001	-0.0013 (0.949)	0.0375 (0.330)	-0.3392 (0.325)	0.4297 (0.178)	0.0226 (0.545)	0.3914 (0.046)	0.2408 (0.158)	0.0072 (0.847)	6.7319 (0.000)	0.0115 (0.950)
410001	0.0090 (0.708)	0.0231 (0.365)	-0.2119 (0.368)	0.2655 (0.246)	0.0978 (0.007)	1.0066 (0.000)	0.6367 (0.000)	-0.0925 (0.035)	3.7718 (0.000)	-0.0877 (0.256)
213002	-0.0113 (0.693)	0.0013 (0.992)	-0.0175 (0.993)	0.1387 (0.940)	0.1345 (0.112)	0.9967 (0.000)	0.6050 (0.000)	-0.0054 (0.879)	4.1702 (0.000)	-0.2192 (0.198)

注：参数估计值是假定新生变量服从 skt 分布采用拟极大似然法估计得到，括号中的值为参数估计的 P - value。

由表 7-4 中的参数估计结果发现：参数 d 在 0.05 水平下均显著，表明收益与波动过程存在明显的分形现象，刻画序列收益过程的长记忆性参数 d_1，东吴嘉禾优势精选、华富竞争力优选混合、宝盈泛沿海增长股票等 3 只基金满足 $0 < d_1 < 0.5$，说明该成长型基金的投资风格漂移收益序列 $\{R_t\}$ 为长记忆平稳过程，但参数估计均不够显著，另外 2 只基金在 0.05 显著性水平下均满足 $-0.5 < d_1 < 0$，说明价值型基金具有短记忆平稳过程；刻画序列波动过程的长记忆性参数 d_2，5 只开放式基金在 0.05 显著性水平下均满足 $d_2 > 0$，说明序列 $\{R_t\}$ 的波动过程具有长记忆性，且天治品质优选混合、长信银利精选股票、东吴嘉禾优势精选、宝盈泛沿海增长股票等 4 只基金还满足 $0 < d_2 < 1$，进一步表明成长型基金的投资风格漂移收益序列的波动过程记忆长度随着 d_2 的增大而增加。参数 $\ln\xi$ 小于 0，表明收益序列左偏，v 显著较大，表明收益序列具有明显的尖峰、厚尾与有偏特征，该结论与表 7-2 的描述性统计结果相一致。

3. skt 分布的 Person χ^2 吻合度检验

Palm 和 Vlaar（1997）指出 Pearson χ^2 吻合度检验能够比较真实分布和理论分布的接近程度，检验步骤是将标准化残差序列 $\{\hat{e}_t\}$ 按大小分成 g 个单元，n_i 是第 i 个单元的观测数，在理论分布是真实分布的原假设下，构建统计量 $P(g) = \sum_{i=1}^{g} \frac{(n_i - E(n_i))^2}{E(n_i)}$ 的渐进分布界于 $\chi^2(g-1)$ 与 $\chi^2(g-k-1)$ 之间，k 是参数个数，并指出对样本容量 N = 2252，可设 $g = 50$。对本书研究样本容量 N = 1153，这里大约取 $g = 30$。Person χ^2 吻合度检验结果见表 7-5。

表 7-5　修正的 Person χ^2 吻合度检验

基金代码	Cells (g)	Statistic	P – Value ($g-1$)	P – Value ($g-k-1$)
350002	30	16.1674	0.973590	0.646082
519996	30	26.1587	0.616996	0.125827
580001	30	30.0616	0.410934	0.051020
410001	30	32.5507	0.500660	0.014930
213002	30	18.8734	0.924492	0.464986

注：k 表示参数的个数，这里 $k = 10$。

从表 7-5 中的 Person χ^2 吻合度检验结果可知：在 0.01 显著性水平下接受 skt 分布的原假设，即由 ARFIMA（1, d_1, 1）- HYGARCH（1, d_2, 0）模型生成的新生变量真实分布是 skt 分布。

7.1.4　实证结论

本节利用第 3 章介绍的计量模型 ARFIMA – HYGARCH 研究了我国 2005 年

上半年成立的 5 只开放式基金投资风格漂移日收益序列的收益与波动过程的双长记忆性分形特征，通过 3 个信息准则确定 ARFIMA（1，d_1，1）- HYGARCH（1，d_2，0）为最优模型，Person χ^2 吻合度检验证实了在 0.01 的显著性水平下，skt 分布是基金投资风格漂移日收益序列的真实分布。在模型的参数估计结果中，在 0.05 显著性水平下，刻画收益过程长记忆性的参数 d_1 有两只基金在（-0.5，0）期间内；刻画波动过程长记忆性参数 d_2 有 4 只基金在（0，1）期间内，有 1 只基金显著在（0，1）期间外。该结论表明基金投资风格漂移日收益序列的收益过程具有长记忆性或短记忆性等不同分形特征，但波动过程均具有显著的长记忆性特征。同时也表明基金经常发生无序的风格漂移现象，没有形成稳健的投资风格指导思想，缺乏投资风格监管约束机制，这跟我国基金市场非完全有效呈分形特征有很大关系。

当然本节研究也存在一些不足之处，如这种双长记忆模型是基于单一分形分析的长记忆分形特征模型，不能同时刻画基金投资风格漂移收益序列的收益与波动过程的多重分形特征。因此，运用 MF - DFA 等多重分形分析方法对我国开放式基金投资风格漂移收益序列的多重分形特征进行分析，挖掘出基金收益波动的有用统计信息及其背后存在的巨大风格漂移风险隐患，能为构建基金投资风格漂移风险测度与控制模型提供理论支持。接下来的一节将运用改进后的 MF - DFA 方法对基金投资风格漂移收益序列的多重分形特征进行研究，以期为第 8 章提供有用的统计信息。

7.2　基于滑动窗口 MF - DFA 方法的投资风格漂移收益多重分形谱研究

7.2.1　基金投资风格漂移收益多重分形特征的研究背景

由于资本市场的非线性复杂性，分形埋论已被国内外学者大量应用于资本市场中的证券价格波动研究，认为价格波动是单一分形过程，即不同时间标度下的价格波动分布存在统计意义上的自相似性。上节已经研究了投资风格漂移收益序列具有双长记忆性分形特征，但还无法判断是否具有多重分形特征，如果收益序列的各局部结构是均匀一致的，则用一个整体分形维数（即单一分形理论）就能够很好地描述基金投资风格漂移收益波动；如果分形结构是非均匀一致的，那么仅用一个分形维数只能描述基金投资风格漂移收益波动的宏观面貌，而无法对其局部进行细致的刻画。但多重分形理论可以依据序列复杂程度，将序列分割成各个局部，从而能够更为全面地描述序列波动的特征。Yuan Ying，Zhuang Xin - tian 和 Jin Xiu（2009）用 $\Delta h = h_{\max}(q) - h_{\min}(q)$ 和 $\sigma_h =$

$\sqrt{\mathrm{var}(h(q))}$ 来测度金融市场的风险,Δh 和 σ_h 越大,多重分形强度越大,市场风险就越大,并验证了该风险测度方法在中国股市的合理性。基于此,本节运用 4.4 节改进后的多重分形消除趋势波动分析法(MF-FDA)对基金投资风格漂移日收益率序列进行探索研究,在确定投资风格漂移收益序列具有标度不变性等分形特征的基础上,分析投资风格漂移收益序列的多重分形谱,挖掘出投资风格漂移收益的各种波动信息,为基金经理预测市场风格轮换时变性与认识投资风格漂移风险的重要性,以及通过控制较严重的投资风格漂移来构建适度风格漂移量化投资策略提供贴近现实市场的理论支持。

7.2.2 投资风格漂移收益多重分形谱实证分析

1. 数据来源与描述统计

为了研究结果的对比分析,本节选择的样本仍用上节的 2005 年上半年成立的 5 只开放式股票型基金(表 7-1),研究期间为 2005 年 7 月 1 日至 2010 年 3 月 26 日,包含大幅上涨、快速下跌和小幅回调的完整周期行情,具有较好的代表性。共有 1054 个日收盘价,可计算出 1053 个日收益率数据,数据来源于聚源数据库与天天基金网站,其描述性统计结果见表 7-2。研究方法采用 4.4 节的滑动窗口 MF-DFA 方法,实证分析采用 Matlab 10.0 与 Eviews 9.0 软件。

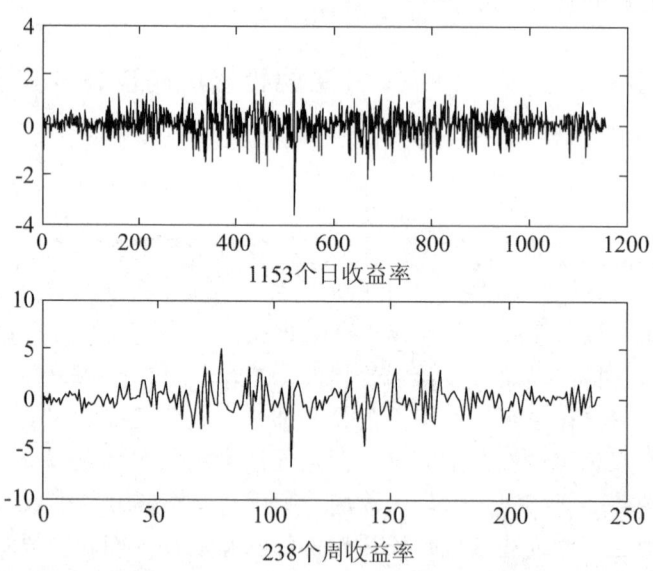

图 7-1 两种时间标度下的宝盈泛沿海增长股票基金(213002)漂移收益率波动图

为了分析投资风格漂移收益率序列的标度不变性特征,画出相应投资风格漂移日收益率序列走势图,由于篇幅的限制,以宝盈泛沿海增长股票基金(213002)为例,画出两种标度(日、周)下的投资风格漂移收益率波动图,具体见图7-1。

从图7-1可以看出日收益率与周收益率波动图有极大的相似性,这表明投资风格漂移收益率波动跟时间标度无关,具有标度不变性;在每个时间标度下的图形中,可以看出收益率序列具有位置平移自相似性,说明具有自相似性的分形特征。从这两点均能说明我国基金市场并不是完全有效的,基金投资风格漂移收益率序列具有分形特征。

2. 基金投资风格漂移日收益序列的多重分形分析

运用滑动窗口 MF-DFA 方法分别对以上5种基金投资风格漂移日收益序列和相位重构后的新序列进行滑动窗口 MF-DFA 分析,为了确定合适的拟合阶数,限于文章的篇幅,仅列出宝盈泛沿海增长股票基金(213002)的 MF-DFA 分析结果,利用 Matlab 10.0 软件自行编程进行实证研究,s 取值范围为 $[2j+2, N/4]$ 天,$j \in [1,5]$,当 q 取下列各值时,具体的广义 Hurst 指数 $h(q)$ 计算结果见表7-6。

从表7-6中的结果可知,只有1阶与2阶的 $h(2) > 0.5$,且多项式拟合的 R^2 均较大,但2阶的拟合效果最好,$R^2 = 0.9997$;另外,2阶比1阶的滑动窗口 MF-DFA 分析的 Δh 要小,即2阶的滑动窗口 MF-DFA 能有效减少由拟合多项式在分割连接点处的不连续性而产生新的伪波动误差;且发现当 q 从 -10 变到10时,运用滑动窗口 MF-DFA 方法分析的(213002)基金投资风格漂移日收益序列的广义 Hurst 指数 $h(q)$ 均随着 q 的增大而减小,均不为常数,甚至是关于 q 的非线性函数,这表明(213002)基金投资风格漂移日收益序列存在较明显的多重分形特征,若用单一分形模型对其进行刻画显然是不合适的。综上得知,采用2阶多项式拟合的滑动窗口 MF-DFA 进行多重分形谱分析是最合理的。

表7-6 滑动窗口 MF-DFA 的(213002)基金风格漂移日收益序列的广义 $h(q)$ 估计值

q	$j=1$	$j=2$	$j=3$	$j=4$	$j=5$
10	0.3340	0.3348	0.3343	0.3325	0.3302
8	0.3572	0.3565	0.3553	0.3533	0.3511
6	0.3913	0.3880	0.3854	0.3829	0.3808
4	0.4420	0.4351	0.4307	0.4276	0.4255
2	0.5114	0.5033	0.4987	0.4959	0.4943
1	0.5531	0.5453	0.5416	0.5397	0.5390

续上表

q	$j=1$	$j=2$	$j=3$	$j=4$	$j=5$
0	0.6013	0.5910	0.5881	0.5874	0.5879
-1	0.6494	0.6367	0.6345	0.6350	0.6368
-2	0.7176	0.6807	0.6773	0.6785	0.6812
-4	0.8262	0.7548	0.7440	0.7431	0.7469
-6	0.8822	0.8022	0.7853	0.7807	0.7850
-8	0.9133	0.8300	0.8099	0.8031	0.8076
-10	0.9328	0.8479	0.8262	0.8179	0.8226
Δh	0.5988	0.5131	0.4919	0.4854	0.4924
R^2	0.9959	0.9997	0.9542	0.9917	0.9436

数据来源：笔者经 Matlab 10.0 软件编程计算结果分析整理。

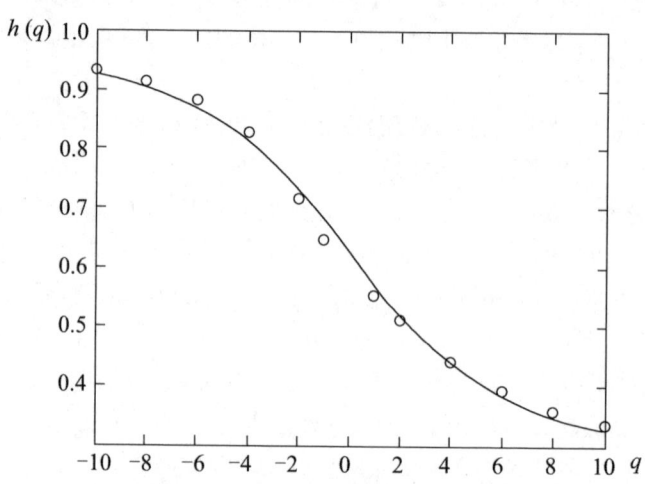

图 7-2　宝盈泛沿海增长股票基金（213002）风格漂移
原始收益序列 $h(q)$ 指数拟合图

同理，可对其他 4 只基金进行以上分析，以确定合适的拟合阶数，结果发现：均能得出类似的结论。因此，下面均采用 2 阶多项式拟合的滑动窗口 MF-DFA 方法对这 5 只基金投资风格漂移日收益原始序列与重构序列进行多重分形分析，具体结果见表 7-7。

表 7-7 投资风格漂移收益原始、重构序列广义 $h(q)$、
拟合参数与多重分形强度估值

q	350002 的 $h(q)$		213002 的 $h(q)$		519996 的 $h(q)$		410001 的 $h(q)$		580001 的 $h(q)$	
	原始	重构	原始	重构	原始	重构	原始	重构	原始	重构
10	0.3332	0.0017	0.3348	0.0035	0.4978	0.0057	0.1204	0.0025	0.1073	0.0135
8	0.3521	0.0049	0.3565	0.0103	0.5137	0.0020	0.1479	0.0090	0.1333	0.0042
6	0.3789	0.0129	0.3880	0.0184	0.5358	0.0108	0.1937	0.0166	0.1777	0.0063
4	0.4173	0.0227	0.4351	0.0286	0.5667	0.0211	0.2856	0.0259	0.2690	0.0185
2	0.5012	0.0356	0.5033	0.0427	0.6093	0.0341	0.5510	0.0380	0.5369	0.0333
1	0.5246	0.0443	0.5453	0.0523	0.6359	0.0422	0.7418	0.0460	0.7210	0.0424
0	0.5532	0.0590	0.5910	0.0669	0.6694	0.0541	0.7419	0.0589	0.7298	0.05567
-1	0.5818	0.0737	0.6367	0.0814	0.7028	0.0659	0.7420	0.0717	0.7385	0.0689
-2	0.6235	0.1038	0.6807	0.1029	0.7496	0.0841	0.7442	0.0935	0.7457	0.0911
-4	0.7054	0.1910	0.7548	0.1541	0.8301	0.1313	0.7734	0.1451	0.7912	0.1489
-6	0.7719	0.2581	0.8022	0.2030	0.8837	0.1779	0.7998	0.1882	0.8344	0.1958
-8	0.8187	0.3032	0.8300	0.2432	0.9200	0.2147	0.8215	0.2209	0.8672	0.2302
-10	0.8309	0.3348	0.8479	0.2749	0.9450	0.2422	0.8388	0.2458	0.8915	0.2556
Δh	0.4977	0.3363	0.5131	0.2714	0.4472	0.2479	0.7184	0.2433	0.7842	0.2691
σ_h	0.0302	0.0142	0.0334	0.0084	0.0246	0.0067	0.0793	0.0070	0.0889	0.0078
a	0.5668	0.7703	0.5165	1.0901	0.4921	0.8134	0.4940	1.0883	0.4845	0.8033
b	0.9228	1.1064	0.8509	0.7971	0.7709	1.0927	0.9253	0.8089	0.9395	1.0997
R^2	0.9887	0.8794	0.9997	0.9130	0.9849	0.9137	0.8602	0.9149	0.8976	0.9261
$\Delta \alpha$	0.7033	0.5223	0.7202	0.4516	0.6475	0.4260	0.9025	0.4281	0.9555	0.4532

数据来源：笔者经 Matlab 10.0 软件编程计算结果分析整理。

为了进一步分析基金投资风格漂移收益多重分形特征的成因，根据 Koscielny-Bunde 等（2006）介绍的方法拟合出独立参数 a、b。对表 7-7 宝盈泛沿海增长股票基金（213002）风格漂移收益原始序列的广义 Hurst 指数进行拟合，通过拟合得到 a = 0.5165，b = 0.8509，且 R^2 = 0.9997，表明拟合效果很好，其拟合效果如图 7-2 所示，因而可以计算出不同 q 值下的 $h(q)$ 的近似值。但发现相位重构后的序列 $h(q)$ 指数拟合的 R^2 均小于原始序列，表明因多重分形强度减弱，不能较好用此方法进行拟合。同理，对其他 4 只基金投资风格漂移收益的原始序列及相位重构后的序列 $h(q)$ 进行拟合，具体参数拟合结果见表 7-7。结果发

现：成长型基金的 Δh 和 σ_h 比稳健成长型基金的 Δh 和 σ_h 值均要大，而价值型基金的 Δh 和 σ_h 最小，说明成长型基金的漂移风险最大，其次是稳健成长型，漂移风险最小的是价值型基金，这为控制较严重的投资风格漂移风险提供了有力的理论支持。

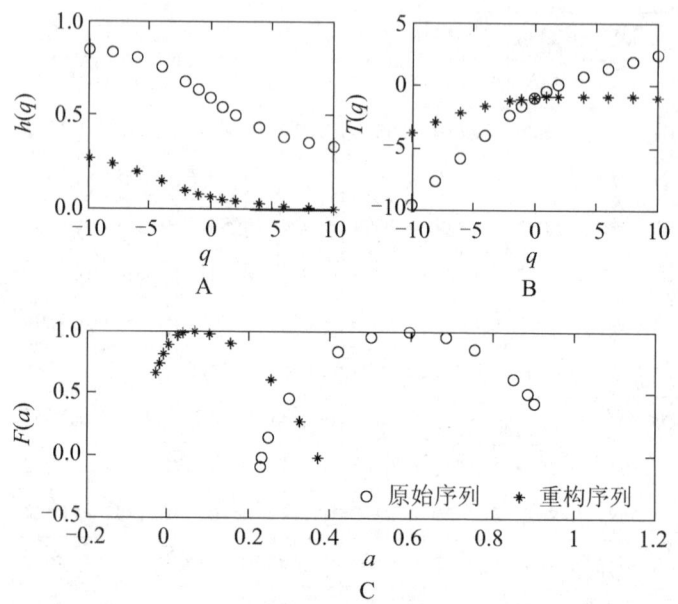

图 7-3　宝盈泛沿海增长基金（213002）风格漂移收益序列的 $h(q)$、$\tau(q)$、$f(\alpha)$ 图

从表 7-7 中的实证结果发现：当 $q \leqslant 2$ 时，原始序列的广义 Hurst 指数 $h(q)$ 显著大于 0.5，说明具有明显的持久性多重分形特征；而位置重构序列的广义 Hurst 指数均显著小于 0.5，说明具有反持久性多重分形特征。$h(q) - h^T(q) \neq 0$，且 $h^T(q) \neq 0.5$ 表明投资风格漂移收益序列的多重分形特征的原因主要是由数据的相关性所导致，表现出相关多重分形。以宝盈泛沿海增长股票基金（213002）为例，从图 7-3 也可看出，重构序列的 $h(q)-q$、$T(q)-q$ 曲线都要平坦些，而且原始序列的多重分形谱（0.7202）要比重构序列的多重分形谱（0.4516）宽很多，说明重构后的收益序列减弱了多重分形特征，持久相关性对投资风格漂移收益波动的多重分形变化起了重要作用。这种相关多重分形特征正好为基金经理捕捉股市风格轮换时机来构建获取短期超额收益的适度风格漂移策略提供现实可行性。

7.2.3　实证结论

本节运用滑动窗口 MF-DFA 方法与多重分形谱对我国 2005 年上半年成立

的 5 只开放式基金投资风格漂移日收益率序列进行了多重分形分析，实证结果发现：5 只基金投资风格漂移日收益率序列均存在较明显的多重分形特征；成长型基金的 Δh 和 σ_h 比稳健成长型基金的 Δh 和 σ_h 值均要大，而价值型基金的 Δh 和 σ_h 最小，说明成长型基金的漂移风险最大，其次是稳健成长型，漂移风险最小的是价值型基金；对原始序列比相位重构序列进行多重分形强度参数拟合的效果要好，表明重构序列减弱了多重分形特征，持久相关性对基金投资风格漂移收益的多重分形特征起了重要作用，主要表现出相关多重分形。我国基金投资风格漂移收益持久相关性存在的根本原因主要是我国基金市场还不够成熟，存在大量噪声等影响，市场信息以非线性的方式呈现，投资者也以非线性方式对市场信息做出相应反映。对有效市场假说提出了严峻的挑战，只有当信息积累到一定程度才会对信息做出反应，并按投资者所能接受的价格进行交易而不管价格能否反映价值，这导致了价格的有偏随机游走，因此市场未达到完全有效。针对这一情况，证券监管部门应该加强监管，健全法规，完善信息披露制度，从而让基金经理与投资者能够及时准确地掌握股市风格真实信息，做出有效的投资决策，以免基金投资风格漂移程度过大给投资者带来不可预期的风险。

7.3 本章小结

本章第 1 节以 2005 年上半年成立的 5 只开放式基金为研究样本，对基金投资风格漂移收益进行了量化，然后利用 3 个信息准则确定 ARFIMA（1，d_1，1）-HYGARCH（1，d_2，0）为最优模型，引入 skt 分布结合该模型来研究投资风格漂移所带来的收益及波动过程的分形特征，实证表明：该模型能够较好刻画投资风格漂移日收益序列的双长记忆性特征，其波动过程均存在显著的长记忆性，但收益过程存在长、短记忆性不统一现象，进一步说明基金经常发生无序风格漂移现象，也折射出其背后存在巨大漂移风险隐患。并利用 Person χ^2 吻合度检验证实了 skt 分布能较好地拟合基金投资风格漂移日收益序列的分布。

本章第二节运用改进后的滑动窗口 MF-DFA 方法对这 5 只基金的投资风格漂移日收益序列的多重分形特征进行研究，结果发现：5 只股票型基金投资风格漂移日收益率序列均存在较明显的多重分形特征；成长型基金比价值型基金具有更强的多重分形强度，说明漂移风险更大；对原始序列进行多重分形强度参数拟合的效果要比对相位重构序列好，表明重构序列减弱了多重分形特征，持久相关性对基金投资风格漂移收益的多重分形特征起了重要作用，主要表现出相关多重分形。

多重分形理论的发展有利于推动非线性科学在基金投资领域的应用，为认识基金市场风格本质特征提供坚实的理论依据。基金市场本质上是复杂的非线性系统，通过分析基金投资风格漂移收益序列的多重分形谱，能够挖掘出有关投资风格漂移收益的波动信息。如何将多重分形分析得到的信息应用到实际基金投资风格领域以及控制投资风格漂移风险将是非线性基金投资研究的重大突破。因此,对于基金的投资风格漂移风险研究具有迫切性,下一章将构建 MF-VaR 模型来测度基金投资风格漂移风险值,从风格漂移风险这个崭新的视角出发对基金的投资风格漂移进行系统研究,以期得到一些规律性的结论,从而为规范开放式基金产品创新发展与投资者选择基金品种提供一些有用建议。

第8章
基金投资风格漂移风险测度研究

8.1 基于 VaR – GARCH 族模型的投资风格漂移风险测度研究

8.1.1 基金投资风格漂移风险的研究背景

证券投资基金在我国资本市场中的地位日趋重要,已发展为个人、家庭理财的首选投资产品,一个发达的基金市场对提高金融稳定性、防范金融风险具有非常重要的作用。开放式基金已成为基金公司的主流产品,据 Wind 数据统计,截至 2009 年底,60 家基金公司共管理开放式基金 527 只,其中偏股型基金达 450 多只,约占 90%,但长年跑下来,为基民赚钱的竟是债券基金、货币基金及保本基金等固定收益类基金产品。在过去 9 年里,偏股型基金给基民赚的钱甚至没有跑赢 CPI,其主要原因是固定收益类基金的投资风格比较稳健,而偏股型基金容易发生投资风格漂移,给投资者带来了不可预期风险。为吸引特定风格的投资者以抢夺基金市场的客户资源,基金在发行时会标榜自己独特的投资风格,以区别于其他风格的基金。但在实际投资过程中,基金经理迫于基金业绩排名等各方面的压力经常发生投资风格漂移现象。基金业"受人之托,代人理财"的特性决定了诚信是基金公司的灵魂或立业之本,而维护诚信的关键就是要遵守并兑现承诺,但大量基金发生投资风格漂移及频频曝光的一些基金黑幕等现象反映出基金发展中道德风险的严重性。本书借鉴 VaR 的定义把投资风格漂移风险定义为由于基金经理在投资组合构建过程中所遵守的风格偏离了基金招募说明书中宣称的投资风格,从而导致基金在投资过程中遭受的可能最大损失。随着基金市场的快速发展,基金投资风格漂移现象越来越严重,这又使得基金公司所面临的赎回风险以及投资者所面临的投资损失进一步加剧;此外，投资者如何才能透过现象看本质，不被基金宣称的投资风格所蒙骗，能够对投资风格做出准确识别和对基金业绩做出客观评价。因此，研究开放式基金投资风格漂移的风险及其测度方法就显得非常有必要，主要有以下三点原因：①基金投资风格漂移现象难以被投资者事先预期，而其构成基金投资组合收益和风险水平的关键因素，具有显著的经济后果；②基金信息披露制度不频繁，投资组合定期公布，最短周期是每季度公布一次，最详细的组合是每半年公布一次，故难以通过观察投资组合的变化来预测风格漂移；③没有衡量就没有管理，要想对基金投资风格漂移进行有效管理，控制较严重的风格漂移，规范基金经理投资行为，需要对基金投资风格漂移所带来的风险进行衡量。资本市场的长记忆性等分形特征为基金经理发生投资风格漂移提供了现实可行性，基金经理宁愿违背在基金发行时宣称的投资风格而发生所谓的投资风格漂移，意味着其背后折射出有获得短期超额收益的机遇，但机遇与风险并存，其中可能带来的漂移风险大小就成了风格漂移能否成功的关键所在。基于这些考虑，本章对基金投资风格漂移风险测度进行研究，构建出一种科学的投资风格漂移风险测度方法，这对基金公司控制投资风格漂移风险、规范基金产品设计与发行、选拔投资风格稳健的基金经理，以及对基金行业制定投资风格漂移监管制度等无疑具有重大的理论价值与现实意义。

8.1.2　VaR – GARCH 族风险测度模型的文献回顾

在 VaR 风险测度方面：自从 Harry Markowitz（1952）在假定资产收益服从正态分布、利用方差测度其风险的基础上，针对投资组合选择问题创造性地提出了均值–方差模型，开创了度量投资风险的量化研究。此后，国内外学者不断对风险测度方法进行深入研究，各种新型测度理论和测量工具不断涌现。其中，市场中最为主流的风险测度方法是由 J. P. Morgan（1994）投资银行 Risk-Metrics 系统提出的 VaR，其计算方法有许多种，但大多都假定风险因素是服从正态分布。但 Giot 和 Laurent（2003）研究发现：实际的资产收益分布具有尖峰厚尾特征，而 VaR 主要集中关注资产收益分布的尾部特征，因此，在正态分布假定下计算 VaR 会低估风险值。为此，Bocker 和 Klüppelberg（2005）对操作风险的各特征分别建立随机过程，推导出了风险因素分布类型和 VaR 风险测度模型，但该模型在计算 VaR 时也会产生一定的误差。事实上，对于基金公司来说，如果在低估的风险值下进行投资运作，可能会使基金公司遭受巨大的损失。同时，VaR 方法并没有考虑到不同时间标度（日、周、月）下的资产价格波动之间的本质联系，这些联系中可能隐藏着许多非常重要的有关价格波动的间接信息，而这些间接信息对风险管理、资产组合构建等投资管理学中的基础课题研究具有重要的参考价值。国内学者郑文通（1997）最早把 VaR 风险测度方法引入到我国的金融风险管理领域,介绍了该方法的产生背景、计算原理与应用等,并对其引入到中国的必要性与现实意义做了分析。邵欣炜和张屹山(2003)针对传统利用 β 系数及方差来测度金融市场风险的缺陷,设计了一套基于 VaR 的证券投资组合风险评估及管理体系,实证研究表明:该评估体系不仅可以全面了解投资组合风险情况及每一项资产变化对组合整体风险的影响,还可以更好地进行风险管理,改善投资组合的风险收益特征。余素红、张世英和宋军(2004)指出了计算 VaR 的关键是确定市场因子的波动类型,通过比较 GARCH 与随机波动 SV 模型,结果发现:SV 模型更能准确刻画金融市场风险特征,计算出的 VaR 更具有动态性和准确性。肖智、傅肖肖和钟波(2008)引入 FI-GARCH 模型来刻画条件波动率的异方差性与长记忆性,运用 EVT – BM 方法捕捉收益率厚尾性,并以此对上证综指的动态 VaR 风险进行测度研究,实证结果表明:该模型能够更精确、合理地度量上证综指收益的 VaR 风险。林宇等(2009)引入 FIAPARCH 模型来刻画金融价格条件波动率的长记忆性、非对称性与异方差性等特征,引入 skt 分布捕捉收益率尖峰厚尾特征,并以此来测度金融市场动态风险 VaR;运用失败率检验和动态分位数回归法对风险测度模型准确性进行实证检验,结果表明:RiskMetrics 和 GARCH – N 测度金融市场风险的可靠性差;skt 分布比正态分布、t 分布更能准确反映资产收益分布实际特征;Skew – t – FIAPARCH 展示出比其他模型具有绝对优越的风险测度效果。国外学者 Ping – Tsung Wu 和 Shwu – Jane Shieh(2007)分别运用基于正态、t、skt 分布的 FIGARCH 模型计算了债券利率期货的 VaR 值,结果发现具有比 GARCH 模型更高的精度。Ming – Chih Lee、Chien – Liang Chiu 和 Wan – Hsiu Cheng(2010)以原油价格收益序列为研究样本,通过运用滚动 bootstrap 方法与 RiskMetrics 和 AR – GARCH 模型分别进行比较来计算 VaR 值,结果表明:滚动 bootstrap 方法比 RiskMetrics 和 AR – GARCH 模型都要好,计算的 VaR 值更精确,但 RiskMetrics 比 AR – GARCH 模型又要好些。

在 VaR 风险测度模型中,资产收益序列的尖峰厚尾现象使得传统正态分布假定受到严重质疑,因此,如何有效刻画时间序列的尖峰厚尾特征,给出其渐近分布形式及各种风险测度模型的准确估计方法和置信期间,是风险测度成功的关键。为了刻画厚尾特征,Bollerslev(1986)、Nelson(1991)先后提出学生 t 分布、广义误差 GED 分布来反映,但该两种分布属于对称分布,缺乏对与偏度有关的尖峰特征进行刻画,为此,Fernandez 和 Steel(1998)通过引入一个偏度参数,对 t 分布进行了扩展,提出了 skt 分布,该分布能较好地同时刻画序列的尖峰厚尾特征。因此,本章通过引入 skt 分布来刻画投资风格漂移收益序列的有偏尖峰厚尾特征,在以往基金投资风格文献研究中所采用的风格资产指数一般是笼统采用中信标普公司推出的风格指数系列来近似代替,仅有的 6 种风格指数很难说是一个完备的有效风格基准指数。为了增加研究的可操作性与现实意义,本章采用每只基金发行宣称时的业绩比较基准风格指数来作为量化基金投资风格漂移的标的。

在资本市场具有长记忆性特征的现实背景下,本章采用双长记忆性模型来对基金投资风格漂移日收益序列进行刻画。双长记忆性模型是GARCH族模型的衍生形式,采用长记忆性的计量模型来分别刻画时间序列的条件均值方程和条件方差方程,然后通过拟极大似然法估计其参数。

8.1.3　VaR – GARCH 族模型构建

1. skt 分布下的 GARCH 族计量模型

GARCH族模型是反映资本市场事变特征最常用的波动率测度模型,能有效捕捉资产收益率波动的聚集和异方差现象,在资产价格(收益)序列波动率的模拟和VaR风险测度方法中有着广泛的应用。自从Engle(1982)开创性地提出非线性金融时间序列自回归条件异方差ARCH模型以来,国内外学者先后对该模型做了很多扩展研究:为了捕捉条件方差的动态变化,Bollerslev(1986)提出了GARCH模型;接着Engle(1987)为了将市场中的风险与收益联系起来,将条件异方差作为解释变量引入到均值方程中,使其能够直接影响收益均值,从而建立了ARCH – M模型,同理可建立其他相应的GARCH – M族模型。Nelson(1991)指出GARCH模型虽然可以较好地解释波动持续性,但模型假定外部信息对金融资产序列的冲击是对称的,这与数据分布具有很强的非对称性相矛盾;且对所有参数的非负约束增加了模型参数估计的难度,从而建立了EGARCH模型。为了刻画杠杆效应,Glosten、Jagannathan 和 Runkle(1993)在GARCH – M模型中加入季节项来区分正、负冲击对价格波动的不同影响,提出了GJR模型;同时,Ding、Granger 和 Engle(1993)提出了一个不对称的GARCH模型,即APARCH模型,该模型比一般GARCH模型多了两个参数,其中一个参数就是用来捕捉杠杆效应;Zakoian(1994)假设新生变量服从t分布,在条件方差中加入了名义变量,以区分正向信息和负向信息对波动的影响,提出了TARCH模型。Baillie、Bollerslev 和 Mikkelsen(1996)针对传统GARCH族模型不能刻画资产序列的长记忆性缺陷,提出了分数协整条件自回归异方差FIGARCH模型,当$d = 0$时,就变成了GARCH模型,当$d = 1$时,就变成了IGARCH模型。Tse(1998)发现FIGARCH却不能有效刻画条件波动率非对称结构杠杆效应,于是提出了分数协整非对称自回归条件异方差FIAPARCH模型。Davidson(2004)又指出FIGARCH与FIAPARCH模型存在不平稳性(四阶矩的存在性问题)会导致结论有较大偏差,且其固定的振幅限制了模型对时间序列的估计精度,通过在FIGARCH模型的滞后项中引入新参数$\hat{\alpha}$进行扩展,提出了广义的FIGARCH模型,称为HYGARCH双曲线记忆模型。

在波动率模型的均值方程中，Andersen 等（2001）研究发现用 ARMA 模型难以准确刻画序列的长记忆性，提出用自回归分整移动平均（ARFIMA）模型可较好对此进行刻画。ARFIMA(p, d, q) 允许对序列进行分数 d 阶差分，综合考虑了长记忆和短记忆过程，是用 $p+q$ 个参数来描述短记忆过程，用参数 d 描述长记忆过程，可较好模拟那些相关程度比 ARMA 过程强，但又比 ARIMA 过程弱的时间序列，因此既优于单纯描述短记忆过程的 ARMA(p, q) 模型，又优于单纯描述长记忆过程的 FDN 模型。

在本书采用的 GARCH 族高级计量模型中所产生的新生变量并不是假定其服从常用的正态、学生 t 和 GED 等分布形式，而是以数据说话，在分析我国风格资产收益与基金投资风格漂移收益序列存在尖峰、厚尾与有偏特征的基础上，引入更贴近现实特征的 skt 分布来对新生变量进行准确刻画，其概率密度函数为

$$f(z_t|s,d) = \begin{cases} \dfrac{2}{s+1/s}\sigma g\left[s(\sigma z_t + \mu)\bigg|d\right], z_t < -\dfrac{\mu}{\sigma} \\ \dfrac{2}{s+1/s}\sigma g\left[\dfrac{\sigma z_t + \mu}{s}\bigg|d\right], z_t \geq -\dfrac{\mu}{\sigma} \end{cases} \quad (8-1)$$

其中，$g(\cdot|d)$ 为标准对称 t 分布的概率密度函数，s 是偏度系数，d 是自由度，d 越小，表示尖峰厚尾特征越明显，$\mu = \dfrac{\Gamma[(d-1)/2] \cdot \sqrt{d-2}}{\sqrt{\pi}\Gamma[d/2]}\left[s - \dfrac{1}{s}\right]$，$\sigma = \sqrt{s^2 + \dfrac{1}{s^2} - 1 - \mu^2}$ 分别是 skt 分布的均值与标准差。

2. VaR 风险测度方法

目前，资本市场中最为主流的风险测度方法是由 J. P. Morgan（1994）投资银行 RiskMetrics 系统提出的 VaR，根据 Jorion（1996）给出的权威 VaR 定义：是指在给定置信水平下，某资产或组合在一定时期内遭受的可能最大损失，用公式表示为 $P(\Delta P > \text{VaR}) = 1 - c = \alpha$，可推导出 $\text{VaR} = E(W) - W^* = W_0(\mu_p - R^*) = W_0 Z_{1-\alpha}\sigma_p\sqrt{\Delta t}$，其中 W_0、W^*、R^*、μ_p、σ_p、Δt、$Z_{1-\alpha}$ 分别表示资产组合的原始价值、最小价值、最小回报率、期望、方差、持有时间长度、置信水平 c 下的分位数[①]。易知计算 VaR 时主要考虑三个因素，即资产价格的分布特征、置信水平和时间长度。其中资产价格分布特征是关键，因为要计算给定置信水平下的最小价值或最低回报率，就必须要先知道资产价格的分布特征。但在实际中，由于资产收益率序列的概率分布难以确定，为了提高可操作性，常用 GARCH 族模型度量波动率，并将残差序列假定为不同的分布形式。后来，Laurent 和 Peters（2002）针对 GARCH 族模型的应用还专门编写了 G@RCH 软件，进一步推动了

---

① VaR 一般有绝对 VaR 和相对 VaR 两种形式，实际运用中大多采用相对 VaR，因此本研究也采用这种形式。

GARCH 族计量模型在度量波动率方面的发展。

为了检验本节所运用的 GARCH 族波动率模型的刻画精度，将选取 RiskMetrics – skt、GARCH – skt、EGARCH – skt、FIGARCH – skt、FIAPARCH – skt、HYGARCH – skt 这 6 种模型作比较分析①。在计量模型中，常假设资产收益率序列 $\{R_t\}$ 满足如下波动过程：$R_t = \mu_t + \varepsilon_t = \mu_t + \sigma_t z_t$，其中 μ_t 为收益率的条件均值，ε_t 为误差项，σ_t 为条件波动率且是时变的，z_t 服从均值为 0、方差为 1 的标准白噪音过程（新生变量），常假定服从正态分布、t 分布、GED 分布等多种形式。为了更好刻画投资风格漂移日收益序列分布的尖峰、厚尾与有偏特征，本章通过引入 skt 分布进行刻画，则上述 RiskMetrics、GARCH (1, 1)、EGARCH (1, 1)、FIGARCH (1, d, 1)、FIAPARCH (1, d, 1)、HYGARCH (1, d, 1) 6 种模型对条件方差的定义分别如下所示：

RiskMetrics：$\sigma_t^2 = 0.06\varepsilon_{t-1}^2 + 0.94\sigma_{t-1}^2$（令 z_t 服从 skt 分布）

GARCH (1, 1)：$\sigma_t^2 = \omega + \alpha\varepsilon_{t-1}^2 + \beta\sigma_{t-1}^2$（令 z_t 服从 skt 分布）

EGARCH (1, 1)：$\ln(\sigma_t^2) = \omega + \alpha z_{t-1} + \gamma(|z_{t-1}| - E|z_{t-1}|) + \beta\ln(\sigma_{t-1}^2)$（令 z_t 服从 skt 分布）

FIGARCH (1, d, 1)：$\sigma_t^2 = \omega + \beta\sigma_{t-1}^2 + [1 - \beta L - (1 - \varphi L)(1 - L)^d]\varepsilon_t^2$（令 z_t 服从 skt 分布）

FIAPARCH (1, d, 1)：$\sigma_t^\delta = \omega + [1 - (1 - \beta L)^{-1}\varphi L(1 - L)^d](|\varepsilon_t| - \gamma\varepsilon_t)^\delta$（令 z_t 服从 skt 分布）

HYGARCH (1, d, 1)：$\sigma_t^2 = \dfrac{\omega}{(1 - \beta L)} + (1 - \dfrac{\alpha(L)(1 + \hat{\alpha}((1 - L)^{d_2} - 1))}{\beta L})\varepsilon_t^2$（令 z_t 服从 skt 分布）

把上述各 GARCH 模型测算出来的条件波动率代入 VaR 计算公式即可求得基金投资风格漂移风险值。

3. 模型回测检验方法

为了检验本节所构建的基金投资风格漂移 MF – VaR 风险测度模型的有效性，先采用 Kupiec（1995）提出的失败频率检验法，计算溢出天数 E：

$$E = \sum_{t=1}^{n} E_t, E_t = \begin{cases} 0, 若\ VaR \geq R_t \\ 1, 若\ VaR < R_t \end{cases} \quad (8-2)$$

按照此方法，只要溢出天数 E 或溢出率在给定的 $1 - \alpha$ 置信期间内，表明模型通过检验。若给定 α 显著性水平，MF – VaR 模型的风险测度能力是足够精确的话，则该溢出天数 E_t 应该服从概率为 α 的贝努利（Bernoulli）分布，即提出原假设 $H_0: E_t \sim Bernoulli(\alpha)$；那么该分布的似然函数为

---

① 限于文章篇幅，对各种模型只讨论了服从 skt 分布，当然还可推广到正态、t、GED 等分布进行比较分析。

$$L(\alpha) = \prod_{t=1}^{T+F}(1-\alpha)^{1-E_t}\alpha^{E_t} = (1-\alpha)^T\alpha^F$$

其中：T 为 VaR 值的总个数，F 为 $E_t = 1$ 的个数，则 $T - F$ 为 $E_t = 0$ 的个数。Kupiec 推导出 LR 服从自由度为 1 的 χ^2 分布，即：

$$LR = -2\ln[(1-\alpha)^{T-F}\alpha^F] + 2\ln[(1-F/T)^{T-F}(F/T)^F] \sim \chi_1^2 \quad (8-3)$$

该式表明：在给定 α 显著性水平下，若所计算的 LR 检验值小于 χ_1^2 分布的临界值，则接受原假设 H_0；若 LR 检验的 P 值越大，则说明越不能拒绝原假设 H_0，即认为 MF – VaR 模型的风险测度精度越高。

为了进一步验证 MF – VaR 模型的风险测度精度时，除了考察 Kupiec 提出的失败频率检验法之外，还应联合考察发生 VaR 失败的观测值之间是否具有相关性，若发生 VaR 失败的观测值之间具有显著相关性，则对于基金公司来说，就很可能连续发生超过 VaR 的投资风格漂移风险，这是基金公司与投资者都不想看到的。为此，Engle 和 Manganelli（2004）提出了一种同时进行 VaR 失败频率检验和不具有相关性检验的联合假设检验，即为动态分位数回归的检验方法，该方法还能比较不同分位数下的模型预测精度。

该检验方法的步骤如下：

先构造一个回归：$E_t = X\lambda + \varepsilon_t$，其中 X 是一个 $T \times K$ 矩阵，第 1 列是一个所有元素为 1 的列向量，随后的 q 列分别是取值为 $E_{t-1}, E_{t-2} \cdots E_{t-q}$ 的列向量，最后的 $K - q - 1$ 列是附加的解释变量（包括所预测的 VaR 序列本身）。Engle 和 Manganelli（2004）证明了若溢出天数 E_t 序列同时符合失败率准确和不具有相关性的零假设联合检验，则动态分位数检验统计量 DQR 服从自由度为 K 的 χ^2 分布，即：$DQR = (\hat{\lambda}^T X^T X \hat{\lambda})/\alpha(1-\alpha) \sim \chi_k^2$。

8.1.4 基于 VaR – GARCH 族模型的基金投资风格漂移风险测度实证分析

1. 样本选取与数据处理

选择 2004 年设立的 8 只开放式股票型基金为研究样本（表 8 – 1），数据期间为 2005 年 7 月 1 日至 2010 年 3 月 26 日的日收盘价。样本选取和研究期间确定的依据：①这 8 只基金分别属于不同的基金公司，共有 4 种不同投资风格，每种投资风格各选择 2 只，宣称了不同的业绩比较基准风格指数；②在研究期间，这些基金都经历了大幅上涨、快速下跌和小幅回调等一个完整的周期行情，各基金的真实投资风格可以在此期间体现出来。因此，该研究样本具有较好的代表性。样本容量为 1154 个日收盘价，可计算出 1153 个日收益率序列，数据来源于聚源数据库与天天基金网，数据处理与实证分析采用 Eviews 9.0 与 OXmetrics 7.1 软件，运用拟极大似然估计方法对参数进行估计。为了减弱数据的非平稳性，数据采用对数收益率，基金日收益率与相应业绩比较基准风格指数日收益率的计算公式见第 7 章。

表 8-1 2004 年成立的 8 只开放式基金投资风格及比较基准风格指数

基金代码	基金名称	基金类型	投资风格	业绩比较基准风格指数
110003	易方达上证 50 指数	股票型	指数型	80% × 中信综合指数 + 20% × 中信标普国债指数
200002	长城久泰中标普 300	股票型	指数型	95% × 中信标普 300 指数 + 5% × 银行存款利率
160605	鹏华中国 50 混合	股票型	平衡型	65% × 上证 180 指数 + 30% × 深证 100 指数 + 5% × 银行存款利率
320001	诺安平衡混合	股票型	平衡型	65% × 中信标普综合指数 + 35% × 上证国债指数
398001	中海优质成长混合	股票型	成长型	75% × 沪深 300 指数 + 25% × 上证国债指数
400001	东方龙混合	股票型	成长型	30% × 新华富时 A600 成长指数 + 45% × 新华富时 A600 价值指数 + 25% × 新华富时中国债券指数
100020	富国天益价值股票	股票型	价值型	95% × 中信标普 300 指数 + 5% × 中信国债指数
090004	大成精选增值混合	股票型	价值型	75% × 新华富时中国 A600 指数 + 25% × 新华富时中国国债指数

数据来源：笔者根据聚源数据库与天天基金网整理而成。

根据第 7 章的公式可计算出 8 只股票型基金投资风格漂移日收益序列，表 8-2 列出了这 8 只基金的投资风格漂移日收益序列的几个基本统计量。

表 8-2 8 只开放式基金投资风格漂移日收益率序列的基本统计特征

基金代码	均值	标准差	峰度	偏度	JB 统计量	ADF 统计量	Z 统计量
110003	-0.0082	0.7677	5.0016	0.1379	196.1391***	-28.16217***	28.9390***
200002	0.0101	0.1348	41.360	-1.3108	71022.08***	-31.73827***	31.1324***
160605	0.0333	0.7254	5.7729	0.2361	380.0903***	-32.41263***	39.2476***
320001	0.0211	0.6177	24.004	-0.1920	21202.32***	-33.43907***	51.9239***
398001	-0.0466	2.7655	1021.2	-30.991	49991477***	-34.43244***	53.4351***
400001	-0.0002	1.0408	6.9947	0.0420	766.9597***	-41.32092***	37.7012***
100020	-0.0179	1.6701	602.35	-20.815	17340801***	-32.80304***	38.2383***
090004	-0.0127	2.0189	919.16	-28.624	40481152***	-33.77354***	50.1537***

数据来源：笔者利用 Eviews 9.0 统计分析结果整理（***表示在 1% 显著性水平下显著，JB 统计量服从自由度为 2 的 χ^2 分布，1% 的临界值为 9.21，BDS 检验的 Z 统计量是相关维数为 6 的计算值）。

从表 8-2 中可以看出：这 8 只基金的投资风格漂移日收益率序列的偏度均

不为 0，表明投资风格漂移收益序列是不对称分布，表现出一定的左偏或右偏特征；峰度均大于 3，表明具有尖峰特征；JB 统计量在 1% 显著性水平下均拒绝正态分布的原假设，表明均不服从正态分布；ADF 统计量在 1% 显著性水平下均拒绝存在单位根的原假设，表明为平稳序列；运用 BDS 检验的 Z 统计量进行独立同分布检验，结果均拒绝了独立同分布的假定。因此，采用 ARFIMA 模型对投资风格漂移日收益序列进行建模是合理的。

2. 模型阶数的确定

本节在确定 ARFIMA – HYGARCH 模型具体阶数时，不是采用通用的 GARCH (1, 1) 来刻画条件方差的时变性，而是用数据说话，利用 4 个信息准则的最小化标准来选择最优 ARFIMA – HYGARCH 模型的具体阶数，为了充分刻画数据的尖峰厚尾特征，假定新生变量服从 skt 分布。限于文章篇幅，仅列出鹏华中国 50 混合基金投资风格漂移日收益的 ARFIMA – HYGARCH 模型阶数的确定过程（表 8 – 3）。

表 8 – 3　鹏华中国 50 混合基金风格漂移收益的 ARFIMA – HYGARCH 模型阶数确定

SKT – ARFIMA (p_1, d_1, q_1) – HYGARCH (p_2, d_2, q_2)				Akaike	Shibata	Schwarz	Hannan-Quinn
p_1	q_1	p_2	q_2				
0	0	0	0	1.9237	1.9236	1.9544	1.9353
0	0	0	1	1.9152	1.9151	1.9503	1.9284
0	0	1	0	1.8984	1.8983	1.9334	1.9116
0	0	1	1	1.8999	1.8998	1.9393	1.9148
0	1	0	0	1.9207	1.9206	1.9558	1.9340
0	1	0	1	1.9128	1.9127	1.9522	1.9277
0	1	1	0	1.8969	1.8968	1.9364	1.9118
1	0	0	0	1.9198	1.9197	1.9548	1.9330
1	0	0	1	1.9119	1.9117	1.9513	1.9267
1	0	1	0	1.8961	1.8960	1.9355	1.9110
1	0	1	1	1.8975	1.8974	1.9413	1.9141
1	1	0	0	1.9204	1.9203	1.9598	1.9353
1	1	0	1	1.9127	1.9125	1.9565	1.9292
1	1	1	0	1.8967	1.8965	1.9405	1.9132
1	1	1	1	1.8982	1.8980	1.9463	1.9164
2	0	1	0	1.8970	1.8968	1.9408	1.9135

续上表

SKT - ARFIMA (p_1, d_1, q_1) - HYGARCH (p_2, d_2, q_2)				Akaike	Shibata	Schwarz	Hannan-Quinn
p_1	q_1	p_2	q_2				
2	1	1	0	1.8982	1.8980	1.9463	1.9163
2	0	1	1	1.8984	1.8982	1.9466	1.9166
2	1	1	1	1.8996	1.8994	1.9522	1.9195

注：信息准则的对数似然函数值是在 skt 分布下的拟极大似然估计得到的，当 p_1、q_1、p_2、q_2 任一个大于 1 时的信息准则值都大于当 $p_1=1$、$q_1=0$、$p_2=1$、$q_2=0$ 时的信息准则值。

表 8-3 中的计算结果表明：选择 SKT - ARFIMA（1，d_1，0）- HYGARCH（1，d_2，0）模型是最合适的，因为该模型的 4 个信息准则有 3 个信息准则值达到最小。同理对其他 7 只基金投资风格漂移日收益序列进行模型阶数的确定，得出相同的结论，具体计算结果略。

下面将采用 SKT - ARFIMA（1，d_1，0）- HYGARCH（1，d_2，0）模型对 8 只股票型基金投资风格漂移日收益序列进行分析。

3. 模型参数估计

利用上面一小节介绍的 6 种风险测度模型，在模型的参数估计方法上，这里不是采用极大似然估计法而是采用以数据说话的拟极大似然估计法，以提高参数估计精度。由于篇幅限制，仅列出这 8 只基金投资风格漂移日收益 SKT - ARFIMA（1，d_1，0）- HYGARCH（1，d_2，0）模型的拟极大似然法参数估计结果，见表 8-4。

表 8-4 投资风格漂移收益的 SKT - ARFIMA（1，d_1，0）- HYGARCH（1，d_2，0）模型参数估计

代码	cst（M）	d_1	AR（1）	cst（V）	d_2	β	$\ln\xi$	ν	$\ln\hat{\alpha}$
110003	0.0035 (0.8726)	-0.0145 (-0.7883)	0.1939 (0.0024)	-0.0398 (-0.4135)	0.2005 (0.0261)	0.1950 (0.0093)	0.1488 (0.0003)	7.6237 (0.0001)	0.3510 (0.1905)
200002	0.0028 (0.2814)	0.0108 (0.7576)	0.0975 (0.0361)	-0.0018 (-0.1097)	0.2658 (0.0080)	0.1400 (0.1708)	0.0266 (0.5029)	3.3886 (0.0000)	0.2867 (0.1347)
160605	0.0284 (0.0550)	-0.0319 (-0.5260)	0.1065 (0.0846)	0.0094 (0.0043)	1.0141 (0.0000)	0.8803 (0.0000)	0.1079 (0.0060)	8.0423 (0.0000)	-0.0175 (-0.0760)
320001	0.0101 (0.4492)	0.0042 (0.9050)	0.0929 (0.0451)	0.0066 (0.0059)	1.0256 (0.0000)	0.8372 (0.0000)	0.0499 (0.2081)	6.0584 (0.0000)	-0.0065 (-0.6868)
398001	0.0051 (0.7953)	-0.0012 (-0.9419)	0.1220 (0.0004)	0.0715 (0.1168)	1.0060 (0.0000)	0.6411 (0.0000)	-0.0262 (0.4700)	3.5276 (0.0000)	-0.0722 (-0.4558)

续上表

代码	cst（M）	d_1	AR（1）	cst（V）	d_2	β	$\ln\xi$	ν	$\ln\hat{\alpha}$
400001	-0.0027 (-0.8646)	-0.0686 (-0.0947)	0.0628 (0.2603)	0.0498 (0.3762)	0.2791 (0.0002)	0.0340 (0.6151)	0.0241 (0.5535)	6.5457 (0.0000)	0.1307 (0.3606)
100020	0.0147 (0.6246)	0.0249 (0.5051)	0.0872 (0.0838)	0.0967 (0.0055)	1.0215 (0.0000)	0.7171 (0.0000)	0.0437 (0.2643)	4.9216 (0.0002)	-0.0929 (-0.0619)
090004	0.0220 (0.1630)	-0.0516 (-0.1304)	0.1756 (0.0003)	0.1057 (0.0040)	0.9699 (0.0000)	0.5547 (0.0000)	0.0687 (0.0886)	4.2180 (0.0000)	-0.2442 (-0.0242)

注：在假定新生变量服从 skt 分布条件下采用拟极大似然估计得到，括号中的值为参数估计的 P-value。

由表 8-4 中的模型参数估计结果发现：刻画序列收益过程的长记忆性参数是 d_1，长城久泰中标普 300 指数、诺安平衡混合、富国天益价值股票 3 只基金满足 $0 < d_1 < 0.5$，说明这 3 只基金的投资风格漂移收益序列 $\{R_t\}$ 为长记忆平稳过程，另外 5 只基金满足 $-0.5 < d_1 < 0$，说明具有短记忆平稳过程；刻画序列波动过程的长记忆性参数是 d_2，8 只开放式基金均满足 $d_2 > 0$，说明序列 $\{R_t\}$ 的波动过程具有长记忆性，且易方达上证 50 指数、长城久泰中标普 300 指数、东方龙混合、大成精选增值混合 4 只基金还满足 $0 < d_2 < 1$，进一步表明指数型基金投资风格漂移收益序列波动过程的记忆长度随着 d_2 的增大而增加。

4. 模型检验

（1）残差检验。

为了对 SKT-ARFIMA（1，d_1，0）-HYGARCH（1，d_2，0）模型估计结果的可靠性进行论证，对其进行残差序列检验，包括相关性和 ARCH 效应两种检验，检验结果见表 8-5。

由表 8-5 中的残差检验结果容易发现：8 只开放式基金投资风格漂移日收益序列经 SKT-ARFIMA（1，d_1，0）-HYGARCH（1，d_2，0）模型估计后的残差序列在 0.03 的显著性水平下均不能拒绝"不存在序列相关"和"不存在 ARCH 效应"的原假设，即该模型能较好地刻画开放式基金投资风格漂移日收益序列的相关性和异方差性。

（2）VaR 风险测度模型回测检验与动态分位数测试。

为了对基金投资风格漂移风险进行有效控制，其关键问题就是对风格漂移风险进行准确测度，风险测度失效必然导致风险控制失败。根据 VaR 定义，在一定分位数下，若 $VaR \geq R_t$，那么该风险测度模型在第 t 天是有效的，否则就认为失效。下面运用 VaR 回测检验中的 LRT 与 DQR 两种方法对不同风险测度模型的准确性与精度进行检验。为了对比不同测度模型的精度，选择 0.05、0.025、0.01、0.005、0.0025 分位数，如果模型在某个显著性水平下能够同时通过两种方法检验，说明该模型是可靠的，LRT 和 DQR 检验结果分别见表 8-6 和表 8-7。

表 8-5　SKT-ARFIMA $(1, d_1, 0)$-HYGARCH $(1, d_2, 0)$ 模型估计的残差检验结果

基金代码	残差相关性检验：Q 统计量			残差平方相关性检验：Q^2 统计量			ARCH-LM 检验		
	Q(10)	Q(20)	Q(30)	Q^2(10)	Q^2(20)	Q^2(30)	ARCH(2)	ARCH(5)	ARCH(10)
110003	10.8749 (0.2844)	22.1582 (0.2765)	30.8859 (0.3708)	4.0189 (0.9102)	7.0544 (0.9939)	13.5514 (0.9934)	0.1022 (0.9029)	0.5729 (0.7208)	0.3967 (0.9485)
200002	3.5837 (0.9366)	19.2455 (0.4412)	24.0621 (0.7259)	0.4958 (0.9999)	0.6855 (1.0000)	0.8463 (1.0000)	0.1732 (0.8410)	0.0738 (0.9961)	0.0482 (1.0000)
160605	12.3483 (0.1944)	20.6541 (0.3562)	26.1120 (0.6195)	3.8103 (0.9235)	21.9631 (0.2861)	32.1895 (0.3116)	0.0822 (0.9211)	0.3194 (0.9015)	0.3926 (0.9503)
320001	6.0134 (0.7386)	14.7618 (0.7376)	23.2708 (0.7640)	1.1971 (0.9988)	1.4413 (1.0000)	1.7648 (1.0000)	0.3190 (0.7270)	0.1716 (0.9731)	0.1164 (0.9997)
398001	0.4555 (0.9999)	0.7794 (1.0000)	1.5090 (1.0000)	0.0099 (1.0000)	0.0200 (1.0000)	0.0289 (1.0000)	0.0009 (0.9991)	0.0009 (1.0000)	0.0010 (1.0000)
400001	11.5394 (0.2405)	31.2729 (0.0377)	43.6095 (0.0400)	10.9178 (0.2814)	24.0484 (0.1943)	29.3670 (0.4461)	0.3933 (0.6749)	0.4895 (0.7843)	1.0558 (0.3939)
100020	1.8442 (0.9937)	3.5074 (0.9999)	9.1121 (0.9998)	0.0152 (1.0000)	0.0319 (1.0000)	0.0443 (1.0000)	0.0013 (0.9987)	0.0015 (1.0000)	0.0015 (1.0000)
090004	2.4864 (0.9812)	4.8303 (0.9996)	7.3991 (0.9999)	0.0101 (1.0000)	0.0208 (1.0000)	0.0313 (1.0000)	0.0013 (0.9987)	0.0009 (1.0000)	0.0010 (1.0000)

注：括号中的数字为对应统计量的 P-value 值；$Q(i)$、$Q^2(i)$ 分别为标准残差与残差平方序列的滞后 i 阶的 Q 统计量；ARCH(k) 表示残差序列的滞后 k 阶的 ARCH-LM 统计量。

表 8-6 VaR 风险测度的 LRT 检验结果

基金/模型		多头 VaR 值							空头 VaR 值			
		0.05	0.025	0.01	0.005	0.0025	0.95	0.975	0.99	0.995	0.9975
110003	RiskMetrics	0.652	0.556	0.211	0.435	0.199	0.476	0.685	0.890	0.995	0.9975
	GARCH	0.823	0.974	0.479	0.203	0.199	0.718	0.461	0.072	0.435	0.582
	EGARCH	0.291	0.728	0.874	0.203	0.199	0.270	0.876	0.436	0.203	0.582
	FIGARCH	0.218	0.139	0.077	0.378	0.582	0.025	0.260	0.874	0.922	0.945
	FIAPARCH	0.718	0.556	0.890	0.435	0.582	0.654	0.461	0.148	0.435	0.582
	HYGARCH	0.718	0.685	0.479	0.203	0.582	0.718	0.121	0.148	0.069	0.582
200002	RiskMetrics	0.230	0.388	0.643	0.922	0.534	0.399	0.139	0.211	0.110	0.259
	GARCH	0.338	0.121	0.072	0.922	0.945	0.930	0.826	0.326	0.378	0.945
	EGARCH	0.000	0.000	0.003	0.069	0.199	0.138	0.121	0.072	0.203	0.000
	FIGARCH	0.618	0.028	0.436	0.922	0.945	0.218	0.260	0.326	0.052	0.109
	FIAPARCH	0.360	0.461	0.436	0.618	0.945	0.330	0.441	0.131	0.212	0.109
	HYGARCH	0.380	0.416	0.448	0.744	0.945	0.654	0.685	0.479	0.212	0.534
160605	RiskMetrics	0.218	0.192	0.326	0.435	0.582	0.654	0.260	0.131	0.618	0.534
	GARCH	0.752	0.260	0.072	0.203	0.582	0.524	0.826	0.643	0.744	0.534
	EGARCH	0.330	0.556	0.148	0.435	0.582	0.856	0.099	0.326	0.922	0.945
	FIGARCH	0.106	0.342	0.890	0.435	0.582	0.752	0.260	0.670	0.922	0.945
	FIAPARCH	0.476	0.441	0.874	0.435	0.582	0.823	0.441	0.643	0.922	0.945
	HYGARCH	0.470	0.556	0.148	0.435	0.582	0.930	0.460	0.890	0.744	0.945

续上表

基金	模型	多头 VaR 值					空头 VaR 值				
		0.05	0.025	0.01	0.005	0.0025	0.95	0.975	0.99	0.995	0.9975
320001	RiskMetrics	0.656	0.556	0.643	0.435	0.582	0.399	0.441	0.874	0.922	0.945
	GARCH	0.718	0.728	0.148	0.203	0.199	0.962	0.728	0.436	0.435	0.582
	EGARCH	0.654	0.826	0.436	0.203	0.000	0.360	0.349	0.148	0.203	0.582
	FIGARCH	0.476	0.441	0.890	0.203	0.199	0.399	0.826	0.670	0.435	0.534
	FIAPARCH	0.476	0.685	0.269	0.435	0.582	0.856	0.728	0.643	0.203	0.582
	HYGARCH	0.654	0.876	0.248	0.014	0.000	0.962	0.974	0.436	0.435	0.582
398001	RiskMetrics	0.399	0.349	0.543	0.069	0.199	0.034	0.556	0.890	0.922	0.945
	GARCH	0.103	0.078	0.072	0.014	0.199	0.270	0.685	0.874	0.435	0.000
	EGARCH	0.180	0.179	0.010	0.014	0.199	0.654	0.588	0.148	0.922	0.199
	FIGARCH	0.103	0.028	0.001	0.014	0.199	0.654	0.826	0.643	0.069	0.000
	FIAPARCH	NaN	NaN	NaN	NaN	NaN	NaN	NaN	NaN	NaN	NaN
	HYGARCH	0.438	0.421	0.603	0.014	0.199	0.706	0.556	0.874	0.203	0.000
400001	RiskMetrics	0.270	0.441	0.326	0.922	0.945	0.752	0.260	0.023	0.023	0.109
	GARCH	0.561	0.876	0.436	0.203	0.199	0.718	0.826	0.211	0.618	0.534
	EGARCH	0.399	0.588	0.643	0.203	0.000	0.360	0.876	0.077	0.378	0.534
	FIGARCH	0.856	0.588	0.436	0.069	0.199	0.524	0.974	0.131	0.110	0.534
	FIAPARCH	0.561	0.728	0.874	0.203	0.199	0.618	0.728	0.077	0.023	0.945
	HYGARCH	0.823	0.588	0.643	0.435	0.582	0.718	0.728	0.077	0.110	0.945

续上表

基金/模型		多头 VaR 值							空头 VaR 值	
		0.05	0.025	0.01	0.005	0.0025	0.95	0.975	0.99	0.9975
100020	RiskMetrics	0.270	0.974	0.436	0.203	0.945	0.476	0.349	0.269	0.582
	GARCH	0.730	0.179	0.029	0.435	0.582	0.618	0.461	0.269	0.199
	EGARCH	0.654	0.974	0.436	0.618	0.582	0.138	0.016	0.010	0.199
	FIGARCH	0.291	0.078	0.072	0.203	0.199	0.524	0.121	0.029	0.199
	FIAPARCH	0.476	0.461	0.269	0.922	0.945	0.524	0.008	0.029	0.582
	HYGARCH	0.823	0.955	0.472	0.435	0.582	0.823	0.728	0.269	0.199
090004	RiskMetrics	0.360	0.876	0.874	0.744	0.199	0.013	0.441	0.874	0.582
	GARCH	0.823	0.556	0.269	0.203	0.199	0.618	0.974	0.269	0.199
	EGARCH	0.962	0.974	0.269	0.203	0.199	0.718	0.826	0.148	0.000
	FIGARCH	0.291	0.461	0.003	0.014	NaN	0.231	0.179	0.010	0.000
	FIAPARCH	NaN	NaN	NaN	NaN	NaN	NaN	NaN	NaN	NaN
	HYGARCH	0.962	0.985	0.072	0.069	0.199	0.738	0.974	0.269	0.199

注：表中各模型均是基于 skt 分布下估计的，数据为失败率所对应的 Kupiec 似然比统计量的 P-value，NaN 为空值，其他模型的方差方程均设为 GARCH (1, 1) 形式，FIGARCH 和 FIAPARCH 采用的均是 BBM 模型。

表 8-7　VaR 风险测度的 DQR 检验结果

基金/模型		多头 VaR 值						空头 VaR 值			
		0.05	0.025	0.01	0.005	0.0025	0.95	0.975	0.99	0.995	0.9975
110003	RiskMetrics	0.495	0.595	0.870	0.991	0.737	0.106	0.508	0.328	0.995	0.9975
	GARCH	0.813	0.577	0.968	0.858	0.737	0.122	0.007	0.508	0.991	0.999
	EGARCH	0.688	0.436	0.997	0.858	0.737	0.337	0.311	0.982	0.858	0.999
	FIGARCH	0.599	0.081	0.687	0.989	0.999	0.098	0.588	0.997	0.991	1.000
	FIAPARCH	0.758	0.472	0.995	0.991	0.999	0.330	0.093	0.787	1.000	0.999
	HYGARCH	0.855	0.438	0.968	0.858	0.999	0.557	0.526	0.787	0.991	0.999
200002	RiskMetrics	0.535	0.452	0.100	1.000	0.999	0.129	0.106	0.547	0.310	0.985
	GARCH	0.579	0.344	0.508	1.000	1.000	0.006	0.007	0.188	0.893	1.000
	EGARCH	0.000	0.000	0.000	0.310	0.737	0.065	0.382	0.508	0.989	0.000
	FIGARCH	0.486	0.140	0.982	1.000	1.000	0.843	0.522	0.931	0.858	0.938
	FIAPARCH	0.632	0.104	0.982	0.999	1.000	0.511	0.646	0.787	0.799	0.938
	HYGARCH	0.622	0.169	0.787	1.000	1.000	0.781	0.598	0.968	0.957	0.999
160605	RiskMetrics	0.567	0.286	0.001	0.991	0.999	0.323	0.617	0.164	0.957	0.999
	GARCH	0.707	0.320	0.508	0.858	0.999	0.821	0.495	0.995	0.001	0.999
	EGARCH	0.736	0.634	0.000	0.991	0.999	0.464	0.407	0.188	1.000	1.000
	FIGARCH	0.515	0.668	0.006	0.991	0.999	0.528	0.696	0.446	1.000	1.000
	FIAPARCH	0.893	0.659	0.001	0.991	0.999	0.804	0.456	0.995	1.000	1.000
	HYGARCH	0.773	0.833	0.787	0.991	0.999	0.931	0.696	0.345	1.000	1.000

续上表

基金/模型		多头 VaR 值						空头 VaR 值			
		0.05	0.025	0.01	0.005	0.0025	0.95	0.975	0.99	0.995	0.9975
320001	RiskMetrics	0.947	0.774	0.995	0.991	0.999	0.061	0.202	0.011	0.995	0.9975
	GARCH	0.830	0.803	0.787	0.858	0.737	0.600	0.865	0.031	1.000	1.000
	EGARCH	0.890	0.854	0.982	0.858	0.000	0.497	0.741	0.787	0.991	0.999
	FIGARCH	0.911	0.565	0.995	0.858	0.737	0.358	0.672	0.432	0.858	0.999
	FIAPARCH	0.726	0.824	0.006	0.991	0.999	0.647	0.912	0.995	0.991	0.999
	HYGARCH	0.951	0.876	0.787	0.001	0.000	0.444	0.868	0.982	0.858	0.999
398001	RiskMetrics	0.872	0.250	0.995	0.310	0.737	0.037	0.476	0.995	0.991	1.000
	GARCH	0.206	0.359	0.508	0.001	0.737	0.024	0.620	0.997	1.000	0.000
	EGARCH	0.095	0.512	0.027	0.001	0.737	0.350	0.842	0.787	0.991	0.737
	FIGARCH	0.148	0.143	0.000	0.001	0.737	0.443	0.854	0.995	0.310	0.000
	FIAPARCH	NaN	NaN	NaN	NaN	NaN	NaN	NaN	NaN	NaN	NaN
	HYGARCH	0.290	0.526	0.000	0.001	0.737	0.430	0.609	0.997	0.858	0.000
400001	RiskMetrics	0.803	0.668	0.539	1.000	1.000	0.042	0.082	0.227	0.124	0.000
	GARCH	0.741	0.667	0.982	0.858	0.737	0.335	0.721	0.239	0.999	0.999
	EGARCH	0.808	0.905	0.995	0.858	0.000	0.089	0.104	0.291	0.000	0.000
	FIGARCH	0.902	0.905	0.982	0.310	0.737	0.046	0.403	0.539	0.063	0.000
	FIAPARCH	0.868	0.946	0.997	0.858	0.737	0.059	0.069	0.315	0.124	0.000
	HYGARCH	0.891	0.905	0.995	0.991	0.999	0.461	0.494	0.315	0.063	1.000

续上表

基金/模型		多头 VaR 值						空头 VaR 值			
		0.05	0.025	0.01	0.005	0.0025	0.95	0.975	0.99	0.995	0.9975
100020	RiskMetrics	0.527	0.998	0.000	0.858	1.000	0.313	0.003	0.000	0.995	0.9975
	GARCH	0.706	0.444	0.193	0.991	0.999	0.767	0.388	0.932	0.858	0.999
	EGARCH	0.635	0.751	0.000	0.000	0.999	0.019	0.016	0.027	0.991	0.737
	FIGARCH	0.623	0.203	0.508	0.858	0.737	0.932	0.040	0.193	0.310	0.737
	FIAPARCH	0.392	0.041	0.000	0.000	1.000	0.475	0.004	0.193	0.858	0.737
	HYGARCH	0.727	0.599	0.508	0.991	0.999	0.854	0.120	0.932	0.310	0.999
090004	RiskMetrics	0.921	0.617	0.017	1.000	0.999	0.012	0.058	0.210	0.989	0.737
	GARCH	0.915	0.512	0.932	0.858	0.737	0.095	0.762	0.932	0.310	0.737
	EGARCH	0.630	0.077	0.932	0.858	0.737	0.586	0.581	0.000	0.991	0.000
	FIGARCH	0.358	0.806	0.000	0.001	0.737	0.444	0.574	0.027	0.001	0.000
	FIAPARCH	NaN	NaN	NaN	NaN	NaN	NaN	NaN	NaN	NaN	NaN
	HYGARCH	0.989	0.679	0.508	0.310	0.737	0.147	0.762	0.932	0.858	0.737

注：表中各模型均是基于 skt 分布下估计的，数据为对应的 DQR 检验统计量的 $P-$value，NaN 为空值，其他模型的方差方程均设为 GARCH (1, 1) 形式，FIGARCH 和 FIAPARCH 采用的均是 BBM 模型。

综合表 8-6 与表 8-7 的 VaR 值的 LRT 和 DQR 回测检验结果，可得到以下四点结论：

1）从新生变量分布刻画能力上看：基于 skt 分布计算的 VaR 值，在不同分位数下，各种模型均能较好对基金投资风格漂移风险进行测度，且很少有模型拒绝原假设（除了 200002 的低分位数下的 EGARCH 模型、398001 和 090004 的 FIAPARCH 模型以及在 0.9975 高分位数下的一些空头 VaR 模型没有通过检验）。这也表明在我国新兴基金市场中，skt 分布能较好刻画基金收益率的分布特征，而以往基于正态等对称分布模型失效。

2）从测度效果上看：HYGARCH 模型的 $P-value$ 值总体都比其他模型要大，说明该模型的精度更高，风险测度精度更稳健，尤其在多头 0.05、空头 0.95 等低分位数下，该模型的拟合效果最佳；其次是 GARCH 模型，$P-value$ 值也基本都比另外 4 个模型要大。这也表明在实际运用中，在充分考虑收益率分布的偏度、尖峰厚尾特征之后，GARCH 模型也是一个足够精确的选择。该结论与 Hansen 和 Lunde（2005）通过比较分析 330 个 ARCH 族模型的条件波动率刻画能力之后得到的实证结果相一致。

3）从其他 4 种模型结果稳健性上看：在多头 0.01、0.005、0.0025 和空头 0.99、0.995、0.9975 等低分位数水平下，RiskMetrics、EGARCH、FIGARCH 和 FIAPARCH 模型都出现不同程度的低估风险现象，表明其他模型具有不稳定的风险测度效果。

4）从两种模型检验方法上看：LRT 回测检验和 DQR 动态分位数测试的结果大体一致，均表明 HYGARCH 模型比其他模型要稳健，检验统计量的 $P-value$ 值比其他模型都有所提高，该模型具有较好的风险测度能力；skt 分布能较好刻画基金投资风格漂移日收益率的分布特征。同时，也表明这两种方法具有一致的模型检验效果。

（3）skt 分布的 Person χ^2 吻合度检验。

Palm 和 Vlaar（1997）发现 Person χ^2 吻合度检验能够比较真实分布和理论分布的接近程度，检验步骤是将标准化残差序列 $\{e_t\}$ 按大小分成 g 个单元，n_i 是第 i 个单元观测数，在理论分布是真分布的原假设下，构建统计量 $P(g) = \sum_{i=1}^{g} \frac{(n_i - E(n_i))^2}{E(n_i)}$ 的渐进分布界于 $\chi^2(g-1)$ 与 $\chi^2(g-k-1)$ 之间，k 是参数个数，并指出对样本容量 $N=2252$，可设 $g=50$。对于本节研究样本容量 $N=1153$，我们大约取 $g=30$。Person χ^2 吻合度检验结果见表 8-8。

表 8-8 修正的 Personχ^2 吻合度检验

基金代码	Cells (g)	Statistic	P-value ($g-1$)	P-value ($g-k-1$)
110003	30	26.8352	0.5806	0.13996
200002	30	33.3400	0.2642	0.03095
160605	30	26.8873	0.5778	0.13847
320001	30	24.4935	0.7042	0.22150
398001	30	17.3643	0.9562	0.62921
400001	30	16.5317	0.9690	0.68314
100020	30	26.3669	0.6058	0.15403
090004	30	32.5074	0.2981	0.03818

注：k 表示参数的个数，这里 $k=9$。

从表 8-8 中的 Personχ^2 吻合度检验结果知道：在 0.03 显著性水平下均不能拒绝服从 skt 分布的原假设，即由 ARFIMA $(1, d_1, 0)$-HYGARCH $(1, d_2, 0)$ 模型所生成的新生变量的真分布是 skt 分布。

8.1.5 实证结论

本节运用 4 个信息准则选择 ARFIMA $(1, d_1, 0)$-HYGARCH $(1, d_2, 0)$ 模型来捕捉开放式基金投资风格漂移收益序列的双长记忆性与异方差性，引入 skt 分布对条件收益率有偏、尖峰和厚尾特征进行刻画，以此构建 SKT-ARFIMA $(1, d_1, 0)$-HYGARCH $(1, d_2, 0)$ 风格漂移风险测度模型来开展基金投资风格漂移风险（D-VaR）测度研究；最后运用回测检验中的 LRT 和 DQR 方法对不同漂移风险测度模型的准确性与精度进行检验。实证研究结果表明：就本节选择的 8 只开放式基金而言，基于 skt 分布计算的 VaR 值，在不同分位数下，各种模型基本能较好对基金投资风格漂移风险进行测度，而且很少有模型拒绝原假设；Personχ^2 吻合度检验也证实了 skt 分布适合刻画基金投资风格漂移收益的分布特征，具有较高的可靠性与精度；ARFIMA $(1, d_1, 0)$-HYGARCH $(1, d_2, 0)$ 模型展示出比其他 5 种模型具有一定优越的风险测度效果，但还不够稳健。同时还表明在实际运用中，在充分考虑收益序列存在有偏的尖峰厚尾特征之后，GARCH $(1, 1)$ 模型也具有较好的波动率刻画能力，该结论进一步验证了大量文献中普遍采用 GARCH $(1, 1)$ 模型刻画条件波动率的正确性。

需要指出的是，ARFIMA-HYGARCH 这种双长记忆性计量模型不能刻画投资风格漂移收益序列的多重分形特征。双长记忆性只是多重分形中的一个特征，无法刻画局部波动性，也就无法量化局部风险。因此，如何运用多重分形分析所得到的波动信息来构建一种更精确与稳健的基金投资风格漂移风险测度模型将是下一节重点研究的问题。

8.2 基于 MF – VaR 模型的投资风格漂移风险测度研究

8.2.1 问题的提出

事实上，风格投资本质上是一种量化投资策略，量化投资是指利用数学、统计学、信息技术等量化方法来管理投资组合，在国外已有 40 多年的发展历史，因其投资业绩稳定、风险可控，越来越得到投资者的追捧，量化投资大师西蒙斯的大奖章基金在 1998—2008 年间的平均年收益率为 38.5%，远高于巴菲特的 20%。我国证券市场早期盛行纯技术分析，前几年风行价值投资，现在数量化投资模式将使中国迎来量化基金时代，2004 年 8 月第一只量化基金"光大保德信量化核心"的发行，2005 年 10 月又发行了一只"上投摩根阿尔法"，中间连续 4 年没有再次发行，直到 2009 年，一年内就发行了 5 只量化基金①。量化基金时隔 4 年后的再次大量推出使数量化投资模式正逐步被国内机构投资者所认可，越来越多的基金经理开始使用量化投资模型进行资产配置、市场择时和选股等。因此，基金业绩的好坏往往跟基金经理的投资风格有很大关系，投资风格也成了投资者选择基金产品的主要筛选机制。但由于资本市场上的基金产品单一性制约了基金投资创新空间，大多基金在实际投资过程中难以坚守发行时宣称的投资风格，这也是发生风格漂移甚至随股市风格动向而发生轮换的原因之一②。正是这种风格漂移或轮换加剧了基金经理与投资者之间的信息不对称程度，这样一来发行时宣称的投资风格不但没有给投资者起到筛选机制，反而起到误导作用，大大损害了投资者利益；而对于基金经理来说，基金业绩的压力不得不迫使他随股市风格动向进行一定程度的风格漂移，以获取短期超额收益，从而达到扩大基金份额的目的。我国基金市场信息披露制度尚不完善以及分形市场的现实背景，为基金发生投资风格漂移提供了现实可行性，即投资风格是可适度漂移的，从而创新性地为基金经理提出适度风格漂移策略——是一种以风格特征进行资产配置的量化投资策略，其基本思想是从风险控制的角度重点关注风格资产历史价格波动信息，通过对经济周期、行业特征和股市风

---

① 2009 年一年之内共发行 5 只量化基金，分别是：嘉实量化阿尔法、中海量化策略、长盛量化红利策略股票型基金、富国沪深 300 增强基金和华商动态阿尔法基金。
② 主要原因是开放式基金产品风格的分化要有一定的市场基础，因为产品风格的设计具体落实到投资组合策略上，这就要求市场要有一定的深度和广度。目前，我国股票市场规模不大，债券市场发展严重滞后，这就制约了基金发行时宣称的投资风格有效实施，容易发生风格漂移现象。

格等进行分析形成对量化的补充，最后根据预先设定的风险容忍度水平构建风格资产投资组合，目的在于获取短期超额收益，同时有效控制投资风格漂移及其风险以保持风格鲜明一致性，从而保护投资者的利益。现在的问题是，投资风格漂移究竟会带来多大的风险，基金经理怎样才能构建一种有效的适度风格漂移量化投资策略。其核心问题在于对风格漂移风险进行准确量化。上节已经运用 VaR – GARCH 族模型对投资风格漂移风险进行了测度研究，但如何从分形的视角去构建一种多重分形波动率 MF – VaR 测度模型，以贴近现实市场的要求，达到对基金投资风格漂移风险更准确的测度，这是本节要尝试解决的问题。

8.2.2 分形理论应用研究的文献回顾

资产收益率序列存在着有偏的尖峰厚尾特征已是不争的事实，且资产价格在很长时间内保持一定程度的非线性自相关性，具有长记忆性等分形特征。自从 Mandelbrot（1999）进一步指出相对于单分形过程，多重分形理论是一种更好的定量刻画资本市场各种复杂波动特征的有力工具，具有更强的实用性，从此掀起了国内外学者运用多重分形理论对不同类型资本市场上的波动特征进行应用研究的一股热潮。

在分形理论引入到资本市场应用研究方面：分形理论之父 Mandelbrot（1963）在对棉花价格波动进行研究时发现价格收益具有尖峰厚尾特征，从而创造性地提出了资本市场收益序列服从分形分布。分形分布是一个具有统计意义上的自相似性的概率密度函数，对分形分布进行研究，包括分形分布参数估计、拟合资产收益分布曲线及对分形分布进行拟合优度检验。其中分形分布参数估计是一个复杂的问题，Geweke 和 Porter – Hudak（1983）提出了半参数方法，又被称为 GPH 估计方法，它把参数估计过程分为两个步骤：首先单独估计出分形差分参数；然后根据该估计值进行分形差分后再估计模型其余各项参数。目前普遍采用 Nolan（1997）提出并于 2006 年改进的一种基于数值程序编写的 Stable 4.0 软件中的极大似然方法对分形分布参数进行估计。后来国内外大量学者运用分形理论对资本市场的各种不同资产价格波动现象进行了实证分析，并构建了不同波动率与风险测度模型。其中，国内学者运用分形理论对风险测度进行较系统研究的是西南交通大学以魏宇教授为领头人的研究团队。魏宇和黄登仕（2005）以上证综指高频数据为例，建立了基于多重分形谱两个主要参数的市场风险测度指标 R_f，弥补了传统风险测度指标在非有效市场条件下的不足，并验证了该指标的有效性。魏宇（2006）以上证综指和标准普尔 500 指数收益序列为例，计算了不同收益分布假定模型下的 VaR 风险值，并进行了回测检验，实证结果表明：极值理论能够准确刻画实际市场的极端波动和风险状况，并分析了在不同显著性水平下各种收益分布假定的精度和适用范围。魏宇和余怒涛

(2007) 以上证综指的高频数据为例探讨了各类历史波动率模型以及实现波动率模型的构建方法,并实证计算了不同模型假定下的指数波动率预测值,还运用基于自举法的 SPA 检验,评估了各种波动率模型的预测精度。其结果表明:基于 ARFIMA 的实现波动率模型与 SV 模型具有更高的波动率预测精度。王鹏和王建琼(2008)提出了一种新型的金融市场多分形波动率测度 S_α,与传统测度 $\Delta\alpha$ 相比,S_α 充分利用了多分形分析过程中产生的对描述市场波动有益的统计信息,并以上证综指和深证成指的高频数据为例进行实证研究,结果表明:S_α 测度对市场真实波动率的估计较测度 $\Delta\alpha$ 更为精确。王鹏、魏宇和王建琼(2009)进一步利用该多分形波动率测度 S_α 对我国股票市场中的 4 只认购权证进行了实证研究,结果表明:在 B-S 定价模型框架下,该多分形测度 S_α 比常用的 GARCH、EGARCH 波动率测度都具有更好的权证定价精度。魏宇(2012)提出了基于多分形波动率的样本外动态风险价值预测法,结果表明:与 8 种主流的线性和非线性 GARCH 族模型相比,基于多分形波动率测度的 VaR 模型明显具有更高的样本外动态风险预测精度。Tang Yong 和 Huang Zhigang(2015)针对修正因子的不足,对多分形波动率进行了改进,建立了考虑跳跃、杠杆效应等典型特征的 HAR 类波动模型,以上证综指高频数据进行实证检验,研究表明修正的多分形波动率测度是更为有效的波动估计量。

综合以上研究文献不难发现:国内外学者把分形理论应用在股票市场风险测度方面取得了丰硕成果,但在以开放式基金为主的证券投资基金风险测度方面鲜有学者涉及,基金公司作为主要机构投资者之一,如果没有健全的风险管理系统,就难以健康持续发展,甚至最终面临被淘汰的局面,这已被一些金融机构、企业等在 20 世纪末与 21 世纪初发生的大型事件所证实[1]。近年来风险管理已逐渐引起我国基金公司的兴趣,并认识到风险控制的现实与理论意义。南方基金公司数量策略投资小组组长兼风控策略部总监刘治平(2009)指出基金公司的风险控制主要体现在非指数型基金品种上,而非指数型基金主要的风险有风格漂移、持股集中度过高等,但最大的风险还是风格漂移。因此,对基金投资风格漂移所带来的风险进行测度就显得尤为重要。而我国基金市场至今仅有 10 年的历史,整个基金市场还很不成熟与完善,呈现出长记忆性、标度不变性等复杂的分形特征,而现有的 VaR 模型并没有考虑到不同时间标度(日、周、月等)下的资产价格波动之间的联系,其中可能隐藏着许多非常重要的间接信息,这些间接信息对投资风格漂移风险管理、风格投资组合构建等具有非常重要的参考价值。资产收益序列呈标度不变性等分形特征使得二阶矩不一定存在

---

[1] 国外如 1995 年的英国巴林银行在新加坡的期汇交易发生损失约 14 亿美元引发破产,1998 年的美国长期资本管理公司(LTCM)因投机失利发生损失约 43 亿美元引发破产事件等;国内如 2004 年中航油新加坡公司做空石油期货导致损失约 5.5 亿美元,2005 年国储局交易员在 LME 做空铜导致损失约 5 亿美元事件等。

或无意义，从而导致用常规方差、VaR 等方法来测度基金投资风格漂移风险已变得不可行，研究和建立在分形分布下的新型基金风险测度理论模型与方法势在必行。

基于此，在分析基金投资风格漂移收益呈多重分形特征的基础上，建立基于多重分形波动率测度的 MF–VaR 模型来对投资风格漂移风险进行量化探索研究，其目的在于：首先，控制较严重的投资风格漂移，保持风格的鲜明一致性，以吸引更多的投资者追加投资本风格基金、壮大基金份额；其次，在挖掘新风格偏好投资者的基础上，通过发行新风格的基金产品而不是通过风格漂移来吸引不同风格的追捧者，以扩大基金品种和市场规模，避免引起基民的羊群效应；最后，防范基金公司发生不可控的风格漂移风险，有利于保护基民的利益，同时也为基金经理构建一种适度风格漂移量化投资策略提供方法基础，以提高基金公司的核心竞争力。这样，基民就有信心去相信基金发行宣称的投资风格，把投资风格作为选择基金产品的筛选机制；另外，基金产品的大量创新发行不但能加大市场广度促进市场成熟发展，还能从侧面避免较严重的投资风格漂移现象①。

8.2.3 基于日收益率的周内多重分形波动率测度构建及测算方法

由于基金最短是每日公布一次净值，本节构建的多重分形波动率测度并不是基于高频价格数据，而是采用基金日收益率数据。由于每周只有 5 个基金日净值，考虑到基金周收益率的计算公式利用到本周五的日净值与上周五的日净值，且基金净值数据具有长记忆性特征，即这周的净值会受上周净值数据的影响，对此本节采用滑动窗口的方法来进行刻画（图 8–1），即每周都向前滚动 1 个交易日，滚动到上周五的基金净值数据，这样每周都有固定窗口为 6 个交易日的基金投资风格漂移日收益数据（从上周五到本周五），用这 6 个基金投资风格漂移日收益来计算本周内基金投资风格漂移收益波动行为的多重分形谱，据此来构造多重分形波动率测度，使之能够全面准确地刻画一周内的风格漂移波动信息。具体计算步骤如下：

（1）借鉴 Wei 和 Wang（2008）的做法，采用盒子分形维法（box dimension）来计算每周基金投资风格漂移收益的多重分形谱。假定每周时间长度为标准化的 1，则无重复均匀覆盖每周 6 个风格漂移收益数据，盒子长度 δ 分别取为

---

① 国内学者大量实证研究表明：投资风格漂移的主要原因之一是由于我国基金市场还很不成熟，基金产品种类单一，导致基金经理的投资风格趋同，从而与宣称时的投资风格不一致，即发生了投资风格漂移现象。

1/6、1/3、1/2 和 1。意思表明，若盒子长度 $\delta = 1/3$ 时，则可用 3 个这样的盒子无重复均匀覆盖每周的 6 个数据，每个盒子中的数据个数为 $6/3 = 2$ 个。那么定义在第 i 个盒子中的归一化的概率测度为

$$p_i(\delta) = \frac{\sum_{j=1}^{N} R(i_j)}{\sum_{k=1}^{6} R(k)}, \quad i = 1, 2, \cdots, 6\delta$$

其中 $R(i_j)$ 表示第 i 个盒子中的第 j 个收益数据，$N_\alpha(\delta)$ 表示具有相同奇异指数 α 盒子长度为 δ 的盒子数。根据 Wei 和 Wang（2008）的研究结论，存在如下幂律关系：$p_i(\delta) \sim \delta^\alpha$，$N_\alpha(\delta) \sim \delta^{-f(\alpha)}$，这里的多重分形谱 $f(\alpha)$ 其实就是基金每周日收益序列的 Hausdorff 维数。

（2）在实际计算过程中，$f(\alpha)$ 与 α 可通过分割函数法来求得，$S_q(\delta) = \sum_{i=1}^{1/\delta} p_i^q(\delta)$，同样分割函数 $S_q(\delta)$ 也满足如下幂律关系：$S_q(\delta) \sim \delta^{\tau(q)}$，其中 q 的取值原则为使 $f(\alpha)$ 与 α 值趋于平稳饱和为止，$\tau(q)$ 为质量指数，它的取值就是 $\ln S_q(\delta) \sim \ln \delta$ 双对数曲线的斜率，然后通过下列勒让德（Legendre）变换①即可求得

$$\begin{cases} \alpha = \dfrac{\mathrm{d}\tau(q)}{\mathrm{d}q} \\ f(\alpha) = \alpha q - \tau(q) \end{cases} \tag{8-4}$$

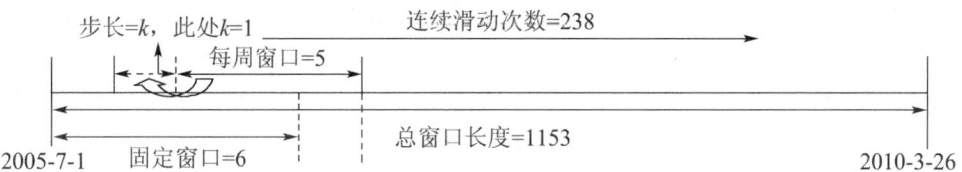

图 8-1 多重分形波动率测度模型构建的滑动窗口设计图

奇异指数的宽度：$\Delta\alpha = \alpha_{\max} - \alpha_{\min} = (\ln R_{\min} - \ln R_{\max})/\ln\delta$，它表示在标度不变情况下整个分形序列上的归一化收益分布的均匀程度（$R_{\max}/R_{\min} \propto \delta^{-\Delta\alpha}$），即刻画出漂移收益的波动程度。$\Delta\alpha$ 越大表示归一化收益分布越不均匀，漂移收益波动越剧烈；$\Delta\alpha = 0$ 表示收益分布完全均匀。若漂移收益运动规律不变，当收益波动的幅度变小时，奇异指数就有变窄的趋势；当收益无任何波动时，奇异指数将变成平面上的一个点，此时就是均匀分形。

多重分形谱的宽度：$\Delta f = f(\alpha_{\min}) - f(\alpha_{\max}) = (\ln N_{R_{\min}} - \ln N_{R_{\max}})/\ln\delta$，通过

---

① 勒让德（Legendre）变换是把一个物理不变量变为其对偶坐标下的不变量。其一条重要性质是如果在 x、y 平面上的两条曲线是相切的，那么变换到 u、t 平面也是相切的。

Δf 的大小可统计出最高的归一化收益的数目和最低的归一化收益的数目的比例，即漂移收益处于波峰（最高点）、波谷（最低点）位置数目的比例。$\Delta f > 0$ 表明收益更多地处于波峰，此时谱的顶部相对较圆滑；$\Delta f < 0$ 表明收益更多地处于谷底，此时谱的顶部相对较尖锐。显然，分形谱的形态是由风格漂移收益序列的内部动力学特征所决定的。

不同序列的波动过程会有不同的奇异指数 α，α 的离散程度能够刻画收益序列波动程度的大小，即 α 值越离散，波动程度越大；而 $f(\alpha)$ 实质上是序列波动的 Hausdorff 维数，魏宇和黄登仕（2005）发现该维数可用来刻画测度对象局部的复杂程度，即 Hausdorff 维数差别越大，表明测度对象的混乱程度越大。因此，多重分形 $f(\alpha) \sim \alpha$ 分布中蕴含了有关基金收益波动的丰富统计信息，比如波动程度越大，$\Delta\alpha$ 值越大。据此运用奇异指数 α 的极差 R_α 与标准差 S_α 两种指标来度量一周内的投资风格漂移收益序列的波动程度大小，并借鉴 Hansen 和 Lunde（2006）在定义波动率测度时考虑某种尺度参数 η 思想，构建第 t 周内的多重分形波动率测度 MF_t 为：$MF_t = \eta S_{\alpha,t}$，其中，$\eta = \dfrac{E(R_t^2)}{E(S_{\alpha,t})} = \dfrac{\dfrac{1}{N}\sum_{t=1}^{N} R_t^2}{\dfrac{1}{N}\sum_{t=1}^{N} S_{\alpha,t}}$。事实上，Andersen 和 Bollerslev（1998）指出若能正确设定波动率 σ_t 所服从的动力学模型，则有 $E(R_t^2) = E(\sigma_t^2 z_t^2) = \sigma_t^2$，即周收益率平方 R_t^2 是条件波动率 σ_t^2 的无偏估计。后来大量实证研究文献中常把 R_t^2 作为市场真实波动率的代理变量，据此可证明本节所构建的多重分形波动率 MF_t 也是条件波动率 σ_t^2 的无偏估计，即 $E(MF_t) = E(\eta S_{\alpha,t}) = \eta E(S_{\alpha,t}) = E(R_t^2) = \sigma_t^2$。Andersen，Bollerslev 和 Meddahi（2005）进一步指出由于潜在的真实市场波动率是不可观测的，用 R_t^2 作为市场真实波动率的代理变量将会面临严重的测量误差，因此，提出用收益率数据的实现波动率 RV 作为代理变量会更可靠。综合借鉴 Andersen，Bollerslev 和 Meddahi（2005）对实现波动率的定义以及 Andersen，Bollerslev，Frederiksen 和 Nielsen（2010）对日收益序列的实现波动率的定义，可定义出第 t 周内的实现波动率表示为第 t 周内的收益率平方和，即 $RV'_t = \sum_{i=1}^{6} R_{t,i}^2$，同样借鉴 Hansen 和 Lunde（2006）的思想，用某种尺度参数 η 来进行尺度变换，即对第 t 周内的实现波动率估计为 $RV_t = \eta RV'_t$，其中，$\eta = \dfrac{E(R_t^2)}{E(S_{\alpha,t})} = \dfrac{\dfrac{1}{N}\sum_{t=1}^{N} R_t^2}{\dfrac{1}{N}\sum_{t=1}^{N} RV'_t}$。

为了检验所构建的多重分形（MF）波动率模型的刻画精度，笔者选取 RiskMetrics – skt、GARCH – n、GARCH – t、GARCH – GED、GARCH – skt、EGARCH – skt、GJR – skt、FIGARCH – skt、FIAPARCH – skt 和 HYGARCH – skt

这 10 种模型作比较分析①，并选择 AIC、Shibata、Schwarz、HQ 这 4 个信息准则作为模型优劣的选择标准，信息准则值最小的模型将是最优模型②。在 GARCH 族模型中，常假设资产收益序列 $\{R_t\}$ 满足波动过程：$R_t = \mu_t + \varepsilon_t = \mu_t + \sigma_t z_t$③，其中，$\mu_t$ 为收益率的条件均值，ε_t 为误差项，σ_t 为条件波动率且是时变的，z_t 服从均值为 0、方差为 1 的标准白噪音过程，常假定其服从正态、t、GED 这 3 种对称分布形式。

在波动率模型的均值方程中，Andersen、Bollerslev、Diebold 和 Ebens (2001) 研究发现用 ARMA 模型难以准确刻画时间序列的长记忆过程，提出用自回归分整移动平均（ARFIMA）模型可较好对此进行刻画。ARFIMA(p, d, q) 允许对序列进行分数 d 阶差分，综合考虑了长记忆过程和短记忆过程，是用 $p + q$ 个参数描述短记忆过程，用参数 d 描述长记忆过程，可以较好模拟那些相关程度比 ARMA 过程强，但又比 ARIMA 过程弱的时间序列，因此既优于单纯描述短记忆过程的 ARMA(p, q) 模型，又优于单纯描述长记忆过程的 FDN 模型。我国基金市场呈分形特征，因此采用 ARFIMA 模型对基金投资风格漂移收益序列与多重分形波动率序列进行建模，同时引入 skt 分布对投资风格漂移收益的尖峰厚尾与有偏特征进行刻画。

8.2.4 各种模型的投资风格漂移风险测度比较实证研究

1. 样本选取和基金日、周收益率的计算

选取 2005 年 6 月底之前成立且已过封闭期的 79 只开放式股票型基金为实证样本，研究期间为 2005 年 7 月 1 日至 2010 年 3 月 26 日，共 19 个季度，包含大幅上涨、快速下跌和小幅回调的完整周期行情，具有较好的代表性，期间共有 1154 个日净值和 239 个周净值，可相应算出 1153 个日收益率和 238 个周收益率数据。分析工具采用 Matlab 10.0、OXmetrics 7.1 和 Eviews 9.0 等软件。

基金及其业绩比较基准风格指数日（周）收益率的计算公式分别为

$$r_{it} = \frac{NAV_{it} - NAV_{i,t-1} + D_{it}}{NAV_{i,t-1}}, \quad R_{it} = \ln(1 + r_{it}) \tag{8-5}$$

$$R_{it} = \ln(1 + r_{it}) = \ln(1 + p_{it}/p_{i,t-1}) \approx \ln(p_{it}/p_{i,t-1}) = \ln p_{it} - \ln p_{i,t-1} \tag{8-6}$$

式（8-5）中 r_{it}、R_{it} 分别表示基金 i 在第 t 日（周）的简单收益率与对数收

---

① 限于文章篇幅，只对 GARCH 模型讨论了服从正态、t、GED、skt 等 4 种分布，当然还可推广到其他模型。

② AIC、Shibata、Schwarz、HQ 为 4 个信息准则，如果出现判断不一致时，取满足任 3 个准则值同时达到最小的那个模型为最优模型。

③ 根据此公式与 VaR 定义可推导出：$VaR_t = \hat{\mu}_t - \hat{\sigma}_t z_\alpha$，可参见 Giot 和 Laurent（2003）的研究文献。

益率;NAV_{it}表示基金i在第t日(周)的单位净值;D_{it}表示基金i在第t日(周)的分红派息。式(8-6)中R_{it}、p_{it}分别表示比较基准风格指数i在第t日(周)的风格指数对数收益率与收盘价。

2. 数据描述性统计

针对这79只开放式股票型基金投资风格漂移收益序列,经计算发现,当$|q|\geqslant 50$时,$\Delta\alpha$和Δf的变化都很小,逐步趋向平稳(图8-2),因此本书q的最大取值为50,据此来测算多重分形波动率。

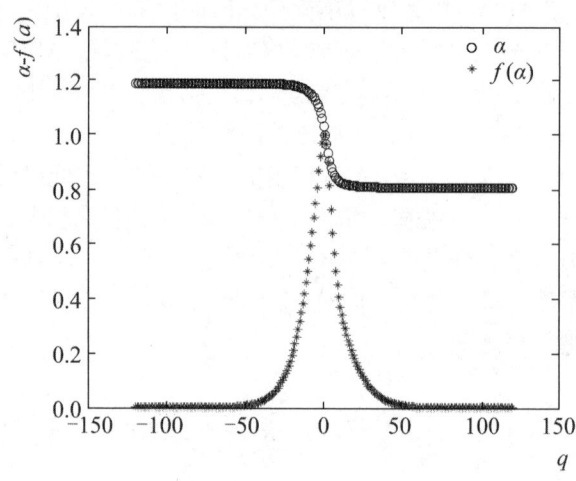

图8-2 博时精选基金2008-2-15至2008-2-22的
风格漂移收益奇异指数与多重分形谱波动图

表8-9列出了博时精选基金投资风格漂移周收益率R_t、收益率平方R_t^2、实现波动率RV_t以及两种多重分形波动率MF_t序列的描述性统计结果。

表8-9 博时精选基金(050004)风格漂移相关收益及多重分形波动率序列的描述统计

	R_t	R_t^2	RV_t	$R_\alpha - MF_t$	$S_\alpha - MF_t$
均值	0.1611	1.5609	1.5609	1.5609	1.5609
标准差	1.2415	3.4741	1.5646	2.8972	1.5862
偏度	0.7560	5.1797	2.5349	-1.3687	-1.1850
峰度	5.6403	38.5837	11.1946	5.1989	4.2039
JB	91.80***	13620.68***	920.80***	122.26***	77.6415***
Q(10)	18.925**	30.578**	102.69***	25.886**	30.954**
Q(20)	19.362**	32.936**	121.45***	25.997**	32.971**

续上表

	R_t	R_t^2	RV_t	$R_\alpha - MF_t$	$S_\alpha - MF_t$
Q (30)	19.635**	32.978**	125.84***	26.876**	36.628**
ADF	-15.38***	14.35***	-9.29***	-13.88***	-15.37***
PP	-15.70***	-14.54***	-9.56***	-13.81***	-15.37***

注：根据 Eviews 9.0 分析结果整理（***表示在 1% 显著性水平下显著，JB 统计量服从自由度为 2 的 χ^2 分布，1% 的临界值为 9.21，Q (i) 滞表示后阶数为 i 的 Ljung-Box Q 统计量，ADF、PP 为单位根检验）。

有效市场理论认为当资产价格遵循随机游走时，收益序列服从或近似服从正态或对数正态分布时，风险可用方差进行测度。对基金投资风格漂移周收益相关序列进行描述统计检验，从表 8-9 中的结果发现：投资风格漂移周收益序列 R_t、收益率平方 R_t^2、实现波动率 RV_t 以及两种多重分形波动率 MF_t 序列的偏度均不为 0，峰度均大于 3；JB 统计量在 1% 显著性水平下均拒绝正态分布的原假设。结果表明均不服从正态分布，具有明显的偏度、尖峰、厚尾特征，厚尾分布符合幂律关系，即分形的规律，从非线性 LB 检验的 Q 统计量也发现投资风格漂移收益序列呈长记忆性、自相关性等分形特征，这使得二阶矩不一定存在或无意义。ADF 与 PP 单位根检验均表明各序列显著拒绝了存在单位根的原假设，即都为平稳序列。当收益序列不服从正态分布时，用方差来测度风险会带来误差甚至失效，因此，有必要构建基于多重分形波动率的投资风格漂移 MF-VaR 风险测度模型来减少这些误差，以提高风险测量精度。

从图 8-3 中的多重分形谱呈弓形可以表明，基金投资风格漂移日收益的周内波动确实表现出明显的多重分形特征，同时发现不同周的漂移收益波动形式与波动幅度对应不同的多重分形谱的形状，2008-2-29 至 2008-3-07 的漂移收益波动越大、越剧烈，多重分形谱就越宽、波幅也越大，表明多重分形谱的极差与标准差是能够测度基金周内风格漂移收益波动率大小的定量指标。

从图 8-4 中的投资风格漂移周收益序列 R_t、收益率平方 R_t^2、实现波动率 RV_t 以及两种多重分形波动率 MF_t 序列的折线图发现，两种多重分形波动率与原始周收益序列在统计意义上具有极强的相似性；实现波动率与收益率平方序列具有极强相似性，但与原始周收益序列相似性较弱。这表明：两种多重分形波动率测度对投资风格漂移周收益序列波动特征具有较好的刻画能力，而实现波动率与收益率平方测度的刻画能力相对较差。

3. 多重分形波动率测度模型与各种 GARCH 波动率测度模型的比较实证分析

以博时精选基金（050004）投资风格漂移收益率序列为例，表 8-10 列出了本节所构建的各种波动率测度模型的参数估计结果。

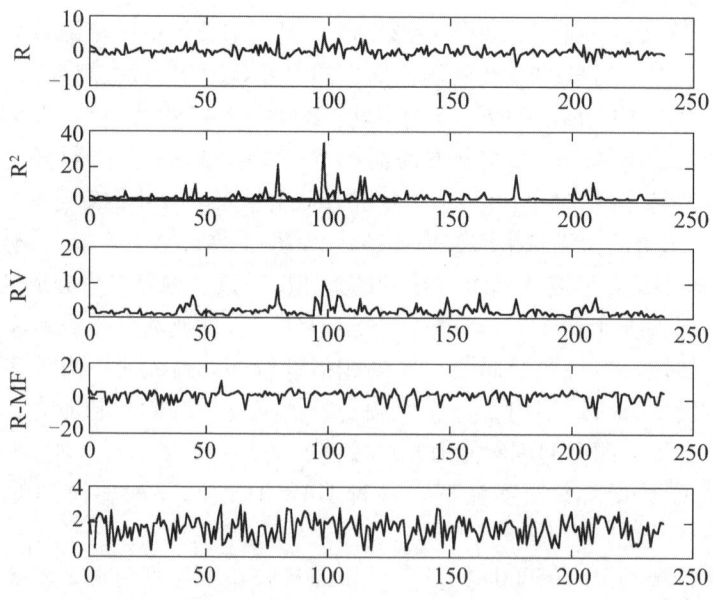

图 8-3 博时精选基金 2008-2-15 至 2008-2-22 与 2008-2-29 至 2008-3-7 的漂移收益波动及 $f(\alpha)-\alpha$ 分布图

图 8-4 博时精选基金风格漂移收益波动率及多重分形波动率测度序列的对比折线图

表 8-10　博时精选基金（050004）风格漂移收益序列的各波动率测度模型参数估计值

	ω	α	β	γ	$\ln L$	$Q(15)$	ARCH(15)	AIC	Shibata	Schwarz	HQ
RiskMetrics-skt	0.1148 (0.143)	0.06 (NaN)	0.94 (NaN)	0.1237 (0.1860)	-371.6	16.345 (0.708)	0.5699 (0.8957)	NaN	NaN	NaN	NaN
GARCH-n	0.1301 (0.122)	0.04 (0.253)	0.96 (0.000)	—	-388.8	16.866 (0.790)	0.4798 (0.9489)	3.293	3.292	3.336	3.310
GARCH-t	0.0695 (0.287)	0.05 (0.084)	0.96 (0.000)	3.3953 (0.000)	-371.9	16.762 (0.333)	0.5061 (0.9357)	3.159	3.158	3.217	3.183
GARCH-GED	0.1219 (0.000)	0.0419 (0.107)	0.9597 (0.000)	1.0516 (0.000)	-372.5	16.750 (0.334)	0.4989 (0.9438)	3.164	3.163	3.222	3.188
GARCH-skt	0.1274 (0.118)	0.0496 (0.083)	0.9569 (0.000)	0.1211 (0.215)	-371.0	16.683 (0.338)	0.5088 (0.9342)	3.160	3.159	3.233	3.189
EGARCH-skt	0.1448 (NaN)	1.5497 (NaN)	0.9507 (NaN)	4.5436 (NaN)	-358.6	21.095 (0.134)	0.5964 (0.8759)	3.073	3.071	3.175	3.114
GJR-skt	0.1148 (0.157)	0.0798 (0.227)	0.9564 (0.000)	-0.0732 (0.230)	-369.2	18.501 (0.237)	0.6006 (0.8726)	3.153	3.151	3.240	3.188
FIGARCH-skt	0.1066 (0.182)	0.3855 (0.053)	0.6785 (0.003)	0.1228 (0.184)	-371.3	15.790 (0.396)	0.5102 (0.9335)	3.171	3.170	3.258	3.206
FIAPARCH-skt	NaN	NaN	NaN	NaN	-366.7	NaN	NaN	3.149	3.147	3.266	3.196

续上表

	ω	α	β	γ	$\ln L$	$Q(15)$	ARCH(15)	AIC	Shibata	Schwarz	HQ
HYGARCH-skt	0.1236 (0.123)	0.320 (0.294)	0.380 (0.213)	0.1259 (0.211)	-370.0	16.504 (0.349)	0.5033 (0.9372)	3.168	3.167	3.271	3.210
ARFIMA-RV	1.6877 (0.000)	0.1329 (0.000)	11.504 (0.620)	0.9068 (0.000)	-321.2	50.467 (0.400)	1.7473 (0.0443)	2.741	2.740	2.814	2.771
ARFIMA-R-MF	1.5995 (0.000)	0.0489 (0.012)	5997.9 (0.000)	-0.4276 (0.000)	-534.5	17.100 (0.313)	1.3729 (0.1629)	2.533	2.533	2.606	2.563
ARFIMA-S-MF	1.5652 (0.000)	0.0166 (0.009)	0.3453 (0.000)	-0.2546 (0.000)	-207.7	15.129 (0.242)	1.1395 (0.3230)	1.787	1.786	1.860	1.817

注：括号内的值是参数估计的标准误差，$\ln L$ 是模型参数估计的对数极大似然函数值，— 为不存在，NaN 为空值，AIC、Shibata、Schwarz、HQ 为 4 个信息准则。

从表 8-10 中的参数检验结果发现：在各种 GARCH 族模型中，对基金投资风格漂移收益序列的波动特征均具有较好的刻画能力，Person χ^2 吻合度检验也证实了 skt 分布能较好刻画投资风格漂移周收益序列的分布。同时，两种多重分形波动率测度模型也有较好的波动率刻画能力。根据 AIC、Shibata、Schwarz、HQ 4 个信息准则易知，多重分形波动率测度模型比 GARCH 族波动率测度模型的信息准则值都小，进一步说明多重分形波动率测度具有更好的刻画能力；另外，GARCH 波动率测度模型族只考虑了每周末的漂移收益，忽略了每周内收益率剧烈波动所带来的风险，而多重分形波动率测度模型正好能够克服这个缺点，据此来测度基金投资风格漂移风险将具有更高的精度。为了进一步对该结论进行证实，下面将对各种波动率测度的 VaR 模型的风险测度能力进行回测检验。

4. 各种 VaR 模型的回测检验

借鉴 VaR 的概念来定义基金投资风格漂移风险值（$D-VaR$）：在给定 $C=1-\alpha$ 置信水平下，在未来特定时期内因投资风格漂移所导致的可能最大损失。用数学语言表示为：Prob（$\Delta P > D-VaR$）$= 1-C$，其中，ΔP 为某一基金产品发生风格漂移的损失，$D-VaR$ 就是置信水平 C 下的风格漂移风险值。由于 $D-VaR$ 这个量化指标比较直观，所以便于基金管理者控制风格漂移风险，也便于投资者了解基金公司的投资风格一致性情况。它明确给出了在一定置信水平 C 下、一定的持有期内，基金因发生投资风格漂移所导致的可能最大损失。关于 $D-VaR$ 的计算，将各种波动率测度模型所测算出来的波动率值代入到 VaR 公式可计算出 $D-VaR$ 值，即为基金投资风格漂移风险值。为了比较各种投资风格漂移风险测度模型的精度，根据 VaR 定义，在一定分位数下，若 VaR $\geq R_t$，则该风险测度模型在第 t 天是有效的，否则就认为失效。下面运用 VaR 回测检验中的 LRT 与 DQR 两种方法对各种 VaR 测度模型的准确性与精度进行检验。选择 0.05、0.025、0.01、0.005、0.0025 五个分位数，如果模型在某个显著性水平下能够同时通过两种方法检验，说明该模型是可靠的。限于文章篇幅，仅列出博时精选基金（050004）风格漂移风险测度的 LRT 和 DQR 检验结果，分别见表 8-11 和表 8-12。

表 8-11 博时精选基金 (050004) 风格漂移风险 VaR 测度的 LRT 检验结果

基金		多头 VaR 值						空头 VaR 值			
		0.05	0.025	0.01	0.005	0.0025	0.95	0.975	0.99	0.995	0.9975
050004	RiskMetrics	0.7864	0.4183	0.6979	0.8575	0.6322	0.0275	0.4183	0.1369	0.4978	0.9975
	GARCH-n	0.2186	0.3898	0.7991	0.4978	0.6322	0.9763	0.2385	0.0479	0.0426	0.6322
	GARCH-t	0.2186	0.3898	0.3093	0.0000	0.0000	0.0141	0.1249	0.3362	0.4978	0.0036
	GARCH-GED	0.2186	0.3898	0.7991	0.8575	0.0000	0.3747	0.2385	0.3362	0.4978	0.0000
	GARCH-skt	0.5617	0.9835	0.7991	0.8575	0.0000	0.4456	0.4183	0.6979	0.4978	0.1524
	EGARCH	0.3683	0.3898	0.7991	0.0000	0.0000	0.3747	0.6852	0.7991	0.0000	0.0000
	GJR	0.3683	0.6714	0.7991	0.4978	0.0000	0.2456	0.4183	0.3362	0.4978	0.0000
	FIGARCH	0.9763	0.2385	0.7991	0.8575	0.0000	0.0511	0.0603	0.1369	0.4978	0.6322
	FIAPARCH	NaN	NaN	NaN	NaN	NaN	NaN	NaN	NaN	NaN	NaN
	HYGARCH	0.7864	0.6852	0.7991	0.8575	0.6322	0.5430	0.2385	0.7991	0.4978	0.6322
	ARFIMA-RV	0.0000	0.4183	0.0000	0.0000	0.0000	0.5430	0.9835	0.6979	0.0000	0.0000
	ARFIMA-R-MF	0.2186	0.0576	0.7991	0.0000	0.0000	0.3683	0.1763	0.7991	0.0000	0.0000
	ARFIMA-S-MF	0.5430	0.3898	0.6979	0.4978	0.6322	0.9763	0.4183	0.7991	0.8575	0.6322

注：表中各模型无特别注明均是基于 skt 分布下估计的，数据为对应的 Kupiec 检验统计量的 $P-value$，NaN 为空值，模型的方差方程均设为 GARCH (1, 1) 形式，FIGARCH 和 FIAPARCH 采用的均是 BBM 模型。

表 8-12 博时精选基金 (050004) 风格漂移风险 VaR 测度的 DQR 检验结果

基金		多头 VaR 值						空头 VaR 值			
		0.05	0.025	0.01	0.005	0.0025	0.95	0.975	0.99	0.995	0.9975
050004	RiskMetrics	0.2485	0.0239	0.0000	1.0000	0.9999	0.1699	0.1954	0.1256	0.9987	0.9975
	GARCH – n	0.0021	0.0178	0.9999	0.9987	0.9999	0.4744	0.3533	0.0321	0.9987	0.9999
	GARCH – t	0.0021	0.0178	0.9255	0.0000	0.0000	0.0560	0.4590	0.0199	0.0114	0.0077
	GARCH – GED	0.0021	0.0178	0.9999	1.0000	0.0000	0.6433	0.3533	0.0199	0.9987	0.0000
	GARCH – skt	0.1087	0.4749	0.9999	1.0000	0.0000	0.6494	0.3954	0.9993	0.9987	0.9822
	EGARCH	0.0256	0.9684	0.9999	0.0000	0.0000	0.7873	0.1912	0.9999	0.0000	0.0000
	GJR	0.0000	0.1749	0.9999	0.9987	0.0000	0.0496	0.1954	0.9837	0.9987	0.0000
	FIGARCH	0.3903	0.0244	0.9999	1.0000	0.0000	0.3704	0.5139	0.1256	0.9987	0.0000
	FIAPARCH	NaN	NaN	NaN	NaN	NaN	NaN	NaN	NaN	NaN	NaN
	HYGARCH	0.2485	0.1925	0.9999	1.0000	0.9999	0.7507	0.3533	0.9999	0.9987	0.9999
	ARFIMA – RV	0.4145	0.9087	0.0000	0.0000	0.0000	0.6253	0.3287	0.9996	0.0000	0.0000
	ARFIMA – R – MF	0.4980	0.2406	0.9999	0.0000	0.0000	0.4857	0.7891	0.9999	0.0000	0.0000
	ARFIMA – S – MF	0.6161	0.9684	0.9993	0.9987	0.9999	0.9338	0.7240	0.9999	1.0000	0.9999

注：表中各模型无特别注明均是基于 skt 分布下估计的，数据为对应的 DQR 检验统计量的 P – value，NaN 为空值，模型的方差方程均设为 GARCH (1, 1) 形式，FIGARCH 和 FIAPARCH 采用的均是 BBM 模型。

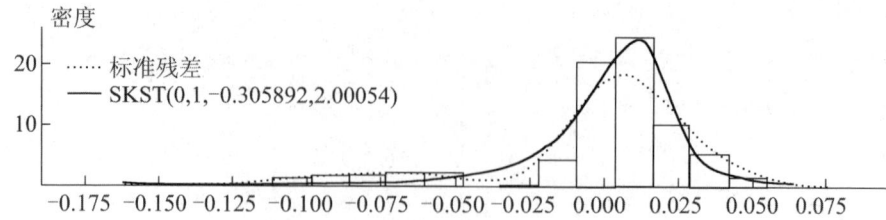

图 8-5 博时精选基金（050004）的投资风格漂移收益序列的分布拟合图

综合表 8-11 与表 8-12 的各 VaR 模型的 LRT 和 DQR 检验结果，得到以下 4 点结论：

（1）从新生变量分布刻画能力上看：在 4 种分布下的 GARCH 模型中，在不同分位数下 GARCH-skt 模型均比其他 3 种模型具有较好的投资风格漂移风险测度能力，说明 skt 分布能够较好刻画新生变量的分布，从图 8-5 也可看出，该结论与 Person χ^2 吻合度检验证实了 skt 分布能较好刻画投资风格漂移收益序列的分布相吻合。这也表明在我国新兴的基金市场中，基金收益率序列具有尖峰、厚尾与有偏特征，用以往基于正态、GED、t 等对称分布的模型失效。

（2）建立了 10 种不同的 GARCH 族模型，从各种模型测度效果上看：首先是 HYGARCH 与 FIGARCH 模型总体都表现出较优越的风险测度能力，但多头 VaR 模型中的 FIGARCH 在 0.0025 高分位数下不如 HYGARCH，即 HYGARCH 模型相对来说更稳定；其次是 skt 分布下的 RiskMetrics 模型的风险测度能力较强，其 P-value 值总体比其他 GARCH 模型要大，说明改进后的 RiskMetrics 模型具有更高、更稳定的测度精度，尤其在多头 VaR 模型中，该模型的拟合效果表现出一定的优越性；最后是 GARCH-skt 模型，P-value 值也基本都比另外 5 个模型要大，这也表明在实际应用中，在考虑收益分布的偏度、尖峰厚尾特征之后，GARCH 也是一个足够精确的模型。该结论与 Hansen 和 Lunde (2005) 通过比较分析了 330 个 ARCH 族模型的条件波动率刻画能力之后得到的实证结果相一致。最差的是刻画条件波动率非对称结构杠杆效应的 FIAPARCH 模型，其 P-value 均为空值。

（3）从其他 3 种模型测度效果上看：ARFIMA-RV、ARFIMA-R-MF 模型基本都有较好的风险测度能力，但在多头 0.005、0.0025 和空头 0.995、0.9975 等高分位数水平下，两种模型均表现较差的测度能力，在多头 0.01 分位数下 ARFIMA-RV 模型不如 ARFIMA-R-MF 模型，表明该两种模型在高分位数下风险测度效果较差，会出现不同程度的低估风险现象。而 ARFIMA-S-MF 模型能够克服这个缺点，在高分位数下同样表现较好的风险测度能力。

（4）从两种模型回测检验结果上看：LRT 回测检验和 DQR 动态分位数测试的结果大体一致，表明两种方法具有一致的模型检验效果，在低分位数下 ARFIMA-RV、ARFIMA-R-MF、ARFIMA-S-MF 模型要比其他模型的检验统计

量的 P - value 值都有所提高，说明具有更精确的风险测度。但 ARFIMA – S – MF 模型的 P - value 值更大，在高分位数下也表现出更优越的测度能力，表明该模型要比其他两种模型更精确、更稳定。

综合以上分析结果给予我们的启示是：ARFIMA – S – MF 模型在高分位数下表现出显著的优越性，表明多重分形波动率测度对基金市场的大幅度波动具有优越的刻画能力，这使得基金公司、基金经理能够全面深入地把握投资风格漂移收益的波动特征，进而增强对投资风格漂移极端风险的测度与预测能力。因此，下节将采用基于多重分形波动率所构建的 MF – VaR 模型对我国 79 只开放式股票型基金投资风格漂移风险进行测度分析。

8.2.5 基于 MF – VaR 模型的基金投资风格漂移风险测度实证分析

根据 D – VaR 的定义与计算公式，将本书所构建的多重分形波动率测度模型所测算出来的波动率值代入到 VaR 公式即可计算出基金投资风格漂移风险（D – VaR）值。为了便于比较，以 95% 与 99% 的置信水平为例，计算出两种多重分形波动率的 D – VaR 值，这 79 只开放式股票型基金的投资风格漂移风险值具体测算结果见图 8 – 6。

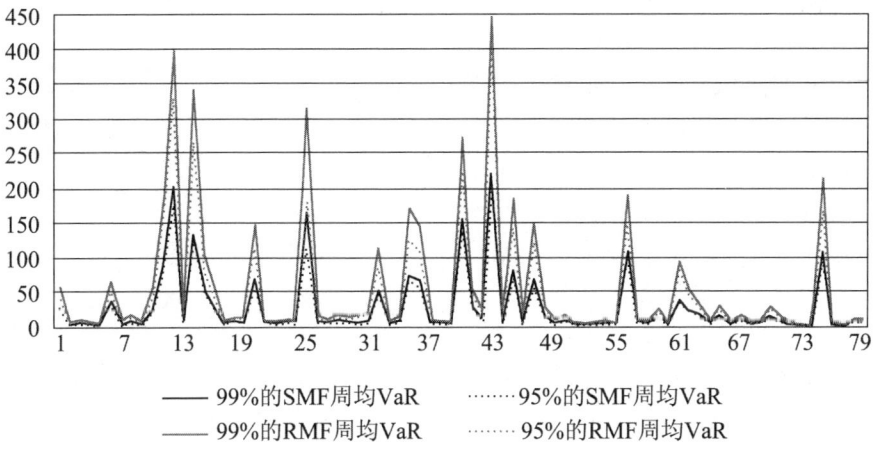

图 8 – 6 两种多重分形波动率模型下的 79 只基金投资风格漂移风险测度值折线图

通过对图 8 – 6 的分析可以得出以下 3 点结论：

（1）针对投资风格漂移收益序列的尖峰、厚尾和波动的非对称性，假定序列残差服从 skt 分布，建立了在 2 种多重分形波动率下的 VaR 模型来估计投资风格漂移风险值，发现这两种模型的风险测度效果比较好，且 RMF – VaR 模型的风险值要大于 SMF-VaR 模型的风险值,这表明 SMF 波动率测度考虑了样本期内的所有可能值能更好地量化基金投资风格漂移风险值,避免极端值所带来的极端风险,RMF-VaR 模型放大了基金投资风格漂移风险,当然,基金公司在做压力测试时,该模型表现出一定的优越性,因为能更好地量化极端风险的发生。

(2) 通过对我国 79 只样本基金的投资风格漂移风险进行测度,研究发现我国基金市场很不成熟,股票型基金发生投资风格漂移现象已成常态,带来的风格漂移风险值也很不相同,普遍都较大,在 95% 置信水平下的漂移风险值超过 1 的基金有 75 只,达 94.9%,其中最大的漂移风险可达 450。

(3) 通过比较 95% 和 99% 置信水平下的投资风格漂移风险 VaR 值,发现在 99% 置信水平下的周平均 VaR 显著大于 95% 置信水平下的周平均 VaR,说明置信水平越高,求得的周平均 VaR 值越大,这是因为对应的左尾概率越小,发生第二类错误的概率就会大大提高,极端风险发生的概率也小,对分布尾部的准确刻画也越困难,所要求的风险补偿就会越大。

8.2.6 我国开放式基金的未来发展模式与投资风格监管

通过本节的基金投资风格漂移风险测度研究,据此对我国开放式基金的未来发展模式做以下几点探索,以规范基金产品发行与投资行为,避免投资风格漂移过大所带来的一系列不可控的风险。

(1) 投资风格的市场定位要明确。一只基金应该只有并坚守一种风格,投资风格是基金产品设计与发行考虑的主要因素,也是投资者选择基金产品考虑的首要因素。基金在发行时宣称投资风格本身就暗含了应该具有鲜明一致性,是不可改变的。一类风格基金吸引一类投资者,如果挖掘到新风格偏好的投资者,应通过发行新风格的基金产品而不是采取风格漂移策略来吸引该类投资者,这样一方面增加了基金产品种类,加大了资本市场的广度,促进了资本市场效率的提高,另一方面基金产品的增加提升了基金投资策略创新空间,避免发生投资风格趋同与较严重的漂移现象,保持投资风格鲜明一致性。这两个方面不是相互独立的,而是具有相互影响、相互促进的良性循环关系。

(2) 中国证券业协会、基金公司可尝试分别设立投资风格监管部门与风格管理经理。投资风格监管部门可定期对基金投资风格进行检查,对基金经理风格的稳健性进行评级与排名;同时基金公司也可在基金经理与基金管理人之间增设一个投资风格管理经理来对基金经理的投资风格进行监管,避免基金经理发生较严重的投资风格漂移现象①，规范基金经理投资行为与基金产品设计及发行理念，保护投资者利益，促进资本市场的持续、健康、快速发展。

（3）建立一个较客观的基金业绩评价指标。结合本章提出的 MF – VaR 模型所测出的风格漂移风险 D – VaR 值来构建风险调整资本收益指标，$RAROC_i = (\bar{r}_i - \bar{r}_f)/(D - VaR_i)$，相对传统三大基金业绩评价指标，考虑了分形市场的现实背景，会具有更客观的评价效果。

（4）规范与完善基金信息披露制度。齐晓楠、赵秀娟、王一鸣和汪寿阳（2009）从信息披露的及时性、深入性、全面性等3个维度比较分析了中国大际地区开放式基金与英国、美国，以及中国香港地区等发达基金市场在信息披露制度方面存在的差异，结果发现：我国基金信息披露制度存在很多差距与不足，其主要原因是我国基金市场尚处于初级发展阶段，相关法律法规不健全，从而导致资本市场效率低下。目前，我国基金信息披露制度最短周期是季度，基金经理要想成功构建适度风格漂移策略，就必须在季度内进行风格漂移，这样才不会被监管层与投资者观察到。我国基金信息披露制度的不完善及分形市场条件下的投资风格漂移风险监管面临着严峻挑战，如何把握基金产品创新设计与投资风格漂移监管的平衡成为关键。因此，证监会应加大信息披露频率（如每月披露一次），加强投资风格信息的透明度，让监管层与投资者共同对基金经理的投资风格漂移行为进行监督。

（5）大量创新发行不同风格基准指数与基于它们的金融衍生产品。目前市场上的风格基准指数比较有限，这也限制了基金投资策略的创新空间，导致投资风格发生漂移。通过不断发行新风格基准指数，增加市场的深度与广度，提高市场效率，从而促进基金投资风格的鲜明一致性。例如，上海证券交易所和中证指数公司于 2010 年 11 月 29 日发布了上证 380 指数，该指数主要集中于成长性新兴蓝筹股，以反映传统蓝筹股之外的一批规模适中、成长性好、盈利能力强的上市公司股票的整体表现，以 2003 年 12 月 31 日为基日，基点为 1000 点。不同风格基准指数表现出不同的风险收益特征，基金经理可据此根据投资者的风险偏好设计出不同风格的基金产品，这也意味着还可尝试发行以投资风格指数为基准的指数化基金。国外基于投资风格指数开发的交易所交易基金、风格指数期货和期权等金融衍生产品已经崛起，随着我国基金风格化投资行为越来越明显，市场上的基金产品不断大量创新发行，可借鉴国外成功经验设计出与基金投资风格相适应的投资风格指数期货和期权等金融衍生产品，这在促进基金市场成熟的同时大大减少了主动发生投资风格漂移的机会，从而在一定程度上控制了基金发生投资风格漂移现象。

---

① 由于我国基金都是契约型而不是公司型的，因此监管部门要对基金发行时宣称的投资风格进行大力监管。

8.3　本章小结

基金投资风格漂移是把双刃剑，即在获取短期超额收益的同时，其背后也折射出巨大的漂移风险。在运用 VaR 进行投资风格漂移风险管理时，VaR 测量的准确性主要取决于收益波动率模型的选取与收益率序列分布的假定。因此，本章以投资风格漂移风险为研究主题，选取一个能准确刻画收益率序列的概率分布与反映收益率波动的模型，无疑将为我国开放式基金投资风格漂移风险管理提供一个良好的量化技术；同时为基金公司规范基金产品创新设计与发行和基金经理控制较严重的投资风格漂移构建出一种获取短期超额收益的适度风格漂移量化投资策略，从而击败竞争对手以扩大基金份额，这无疑对促进基金业的良性循环发展具有重要的理论价值与现实意义。

8.1 节选择 2004 年成立的 8 只开放式股票型基金为研究样本，量化了基金投资风格漂移收益，在分析其序列存在有偏的尖峰厚尾特征的基础上，通过引入 skt 分布来刻画新生变量的分布，运用 ARFIMA – HYGARCH – VaR 模型来测度基金投资风格漂移风险值，并与 skt 分布下的 RiskMetrics 及 GARCH 族等 5 种 VaR 模型的风险测度能力做了比较实证分析，同时对各种 VaR 风险测度模型进行失败频率回测检验与动态分位数测试。研究表明：在不同显著性水平下，skt 分布下的各种模型基本都有较好的风险测度能力，但 ARFIMA – HYGARCH 模型的 VaR 风险测度更加精确与稳定；Person χ^2 吻合度检验也证实了 skt 分布能较好刻画投资风格漂移日收益序列的真分布。

8.2 节在分析我国 79 只开放式基金投资风格漂移收益序列呈多重分形特征的基础上，运用多重分形理论来捕捉投资风格漂移收益率的波动规律，在充分挖掘周内基金投资风格漂移日收益序列多重分形谱信息的基础上提炼出多重分形（MF）波动率测度，并把它应用于 VaR 模型，构建出 MF – VaR 模型对基金投资风格漂移风险进行测度，同时与 skt 分布下的传统 RiskMetrics 及 GARCH 族等 10 种模型的 VaR 风险测度能力及其适用范围做了比较实证分析，计算了不同模型下的 VaR 值，并对各种 VaR 模型进行失败频率回测检验与动态分位数测试。实证结果表明：我国开放式基金均有不同程度的风格漂移现象，投资风格漂移风险较大；在不同显著性水平下，skt 分布下的各种模型基本上都有较好的漂移风险测度能力，但 MF – VaR 模型的风险测度更加精确与稳定，多重分形波动率测度均表现出对投资风格漂移收益波动更为精确的刻画，证实了运用多重分形理论测度基金投资风格漂移风险的优越性。Person χ^2 吻合度检验也证实了 skt 分布能较好刻画投资风格漂移收益序列的真分布。最后，对我国开放式基金的创新发展模式与投资风格漂移监管策略进行了一些有益探讨。

迄今为止，国内外学者对股票市场综合指数的多重分形特征进行了大量理论与实证研究，也取得了一些有价值的成果，在基金投资风格领域鲜有学者涉及。基金投资风格漂移收益序列的分形特征揭示出我国基金投资风格漂移的非线性本质，应当以非线性科学观为指导理念来制定有利于控制基金投资风格漂移的对策，但是该如何充分运用多重分形分析所得到的统计信息来指导基金公司对投资风格漂移风险的管理工作，仍是一个值得深入研究的重大前沿课题，本章只是在这一领域做了一些有益的探索，希望起到抛砖引玉的作用，为基金投资风格漂移的深入系列研究提供重要的方向。

第 9 章

结论与展望

通过以上各章节的研究成果归纳得出研究结论,并指出研究存在的一些不足及未涉及之处,据此提出未来可进一步深入研究的地方。

9.1 结论与启示

9.1.1 研究结论

随着开放式基金的不断大量发行,投资风格已成为不同基金间的主要标识,这暗含投资风格具有鲜明一致性,一只基金应该固守一种风格,但在实际投资过程中,基金经常发生风格漂移现象,这对基金公司与投资者都将带来不可预期的风格漂移风险。本书以我国 2005 年 6 月底成立且已过封闭期的 79 只开放式股票型基金为研究对象,以投资风格漂移为研究主题,运用分形市场理论系统研究了基金投资风格漂移及其所带来的风险测度问题。投资风格体现了基金投资的价值判断,投资策略的运作特点和基金产品的市场细分。在我国资本市场呈分形特征的基础上,通过引入分形理论这种非线性研究范式对我国股市风格资产收益序列的分形特征进行了实证检验,量化了基金投资风格漂移,得到了投资风格漂移收益的计算公式,最后对基金投资风格漂移收益序列的多重分形特征及其风险测度进行了系统研究。主要得出了以下 5 点研究结论。

(1) 在研究内容上:跟以往基于有效市场理论线性研究范式下的基金投资风格理论研究不同的是,本研究通过引入非线性科学中的分形理论实证了我国风格资产存在长记忆性、标度不变性等分形特征,据此构建了分形市场背景下的基金投资风格理论分析框架。

(2) 在基金投资风格识别方法上:首先在比较分析两种主流投资风格识别

方法的基础上，提出基于岭回归、EGARCH – M、TGARCH – M 识别模型；然后结合我国资本市场的分形特征，提出了基于盒子分形维的基金投资风格识别方法 FDSR 与投资风格漂移程度的量化指标 CIS；这种方法相比以往的风格识别方法能够避免风格资产存在多重共线性、缺乏 T 统计量显著性检验等缺陷，得出我国基金普遍存在漂移现象，识别效果更加符合分形市场的现实背景。

（3）在基金投资风格漂移分析方法上：提出了基于弹性分形维的基金投资风格漂移分析方法，进一步得出我国开放式股票型基金大部分存在风格漂移现象，与基于分形维的投资风格识别结果相吻合。并推导出了弹性分形维的计算公式，通过挖掘出其经济含义给出了基金投资风格漂移的阈值。

（4）在基金投资风格漂移收益量化及其分形特征上：对基金投资风格漂移收益进行了量化，得到了投资风格漂移收益的计算公式。通过运用滑动窗口 MF – DFA 方法对我国开放式基金投资风格漂移收益进行了多重分形分析，得出基金投资风格漂移收益具有多重分形特征，进一步得出我国基金市场是非完全有效的，呈一定的分形特征，这为基金发生投资风格漂移提供了理论支持与现实可行性。

（5）在基金投资风格漂移风险测度上：基金投资风格漂移是把双刃剑，即在获取短期超额收益的同时，其背后也折射出巨大的风格漂移风险。通过构建 GARCH 族高级计量模型与 MF – VaR 风险测度模型对基金投资风格漂移风险进行量化测度，结果得出我国开放式基金普遍存在较大的风格漂移风险，这为证券监管部门进一步控制较严重的风格漂移现象，规范基金产品发行与投资行为提供了理论支持。

9.1.2 政策启示

研究结论对基金投资管理实践无疑具有重要的指导作用：对于机构投资者来说，有利于从基金投资风格漂移中观察基金经理的投资风格稳健性，有助于从同类风格基金中选拔优秀的基金经理；对基金公司来说，能够根据基金经理的投资理念进行风格管理，以保持基金投资风格的稳健性；对证券监管部门来说，可以为控制他们发生较严重的投资风格漂移现象提供决策依据，以规范基金投资行为与基金产品设计发行，从而促进基金市场效率的提高。具体政策启示主要有以下 8 点。

（1）在分形市场的现实背景下，建立新的基金投资风格理论体系以为投资者提供投资建议是促进我国基金市场成熟发展的重要环节。从国内外已有应用研究成果来看，尽管基于收益的风格识别法应用较为广泛，但该方法并没有考虑分形市场的现实条件，因此构建分形市场条件下的基金投资风格理论分形分析框架显得非常有必要。

（2）大量创新发行不同基准风格指数与基于它们的金融衍生产品。现代基金市场的发展实质上是一个基金产品不断快速创新的过程，目前市场上的基准风格指数比较有限，这也限制了基金投资策略的创新空间，导致了投资风格发生漂移。通过不断发行新风格基准指数与相应的基金产品，增加市场的深度与广度，从提高市场效率来促进基金投资风格的鲜明一致性。如上交所和中证指数公司于 2010 年 11 月 29 日发布了上证 380 指数，该指数主要集中于成长性新兴蓝筹股，以反映传统蓝筹股之外的一批规模适中、成长性好、盈利能力强的上市公司股票的整体表现，以 2003 年 12 月 31 日为基日，基点为 1000 点。不同风格基准指数表现出不同的风险收益特征，基金经理可据此根据投资者的风险偏好设计出不同风格的基金产品，这也意味着还可尝试发行以投资风格指数为标的的指数化基金。国外基于投资风格指数开发的交易所交易基金、风格指数期货和期权等金融衍生产品已经崛起，随着我国基金风格化投资行为越来越明显，基金市场上的产品不断大量创新发行，可借鉴国外成功经验设计出与基金投资风格相适应的投资风格指数期货和期权等金融衍生产品。这在促进基金市场成熟的同时大大减少了主动发生投资风格漂移的机会，从而在一定程度上也控制了基金投资风格漂移现象。

（3）大力发展机构投资者，鼓励产品创新，进一步加快我国基金业的发展，推进资本市场上的基金产品创新，开发出不同风格的基金产品，以满足市场的多样化需求，在规范基金投资行为的同时，维护投资风格的稳健性。证券监管部门应当减少对资本市场的行政干预，加大市场监管，建立有效的市场退出机制，提高基金公司之间的相互竞争，促使基金公司迎合投资者的市场要求，增大基金产品的差异化程度，形成具有不同投资风格的基金，扩大投资者的可选择范围。

（4）规范基金产品的设计与发行。基金名称从来不是乱起的，投资者应该能够从中了解基金的特点、投资标的、投资风格等重要的信息，所以要想让投资者相信并根据基金名称或宣称的投资风格来选择基金品种，就必须保持投资风格的鲜明一致性。新基金发行存在"好发不好赚，好赚不好发"的现象，行为金融学者对其原因分析发现，个体投资者在做短期市场风格判断时主要依据历史价格的波动，从而形成一种正反馈交易策略（即追涨杀跌行为）：市场行情上涨时，基金申购如潮，但因市场已到达高位，短期内继续大幅上涨的空间有限，反而不一定赚钱；反之，市场行情下跌时，大多投资者对基金的申购兴趣会降至低点，但是此时反弹的机会增大，获利空间增大。因此，在不同的市场行情下，基金公司应设计出不同行情下的风格基金，而不是根据市场风格转换发生投资风格漂移来吸引投资者，并在基金经理与基金管理人之间增加一个投资风格管理经理来对基金经理的投资风格进行监管，规范基金产品发行，促进基金业平稳较快发展。

（5）投资者应建立一个明确的基金投资选择标准。在国外成熟资本市场中，对选择基金产品有个通行且有效的"4P"标准：第一个"P"为"Philosophy"，是指投资哲学与理念，投资者首先要看其理念是否成熟且有效，其次看自己是否认可这一理念进而认可该基金公司的投资管理模式，这也是决定一家基金公司投资管理有效的关键要素；第二个"P"为"People"，是指研究团队，团队研究能力的强弱是基金业绩的一项重要决定因素；第三个"P"为"Process"，是指管理流程，单纯靠人做投资难免会产生因主观因素造成的风格漂移现象，这时严密科学的管理流程就显得十分必要，投资依靠流程的约束和执行可以规范基金经理的投资行为，使基金经理的投资风格具有鲜明一致性，能够复制优秀基金的能力，保持基金业绩的持续性。第四个"P"为"Performance"，是指基金业绩，这是最简单也是最直观的指标，但投资者需要注意获取业绩的本质是依赖于前面三个标准。用"4P"标准基本就可以选择优秀的基金公司、基金经理和基金产品。

（6）建议成立基金投资风格评价机构。虽然每只基金在招募说明书中都会宣称自身的投资风格，但这并不能说明实际投资风格就如其所述，实际的投资风格应当由独立的第三方依据基金实际投资行为来判断。但是目前我国资本市场上还没有一家权威性的基金投资风格评价机构，这有赖于资本市场的进一步发展和政府的大力支持。鉴于基金投资风格评价应当是独立第三方完成，所以本书建议对基金投资风格评价机构的设立应当借鉴国外的模式，形成以民间机构为主的评价主体，保证风格评价结果的客观性。

（7）完善基金信息披露机制，积极开发基金投资风格分析工具，提高分析方法的可操作性。当前每个季度披露一次信息的时间间隔过长，证券监管部门应当加大基金公司信息披露的频率，将目前每季度披露一次变更为每月披露一次，同时要求在信息披露中详细说明基金所持有的股票，提高信息透明程度，保证投资风格分析的及时性。同时应当通过当前的网络和软件等技术手段为投资者提供便利的分析。目前国外已经在使用基于收益的风格识别方法分析软件，这方面的经验值得我们借鉴。

（8）鼓励创新发行FOF基金产品，逐步完善资本市场的发展。从西方成熟资本市场的发展来看，FOF以分散投资风险和稳健的投资风格，赢得越来越多投资者的青睐，呈现出迅猛发展的态势。根据美国投资公司协会（ICI）统计，截至2015年底，FOF数量从1990年的20只增加至1404只，资产管理规模达1.72万亿美元，占美国投资公司净资产总额的10%左右。我国鹏华基金公司也于2010年8月23日发行旗下首只QDII基金——鹏华环球发现，该基金以60%～95%的基金资产投资于全球市场的共同基金，在成熟市场和新兴市场资产配置的比例各为50%，并可在一定范围内浮动。作为我国首只均衡兼顾全球成熟市场和新兴市场的类FOF产品，得到投资者与基金业的普遍关注。直到

2016年被称为我国的"FOF元年",2015年以后,我国私募证券FOF产品进入了快速发展期,截至2017年11月底,私募证券类FOF共2990只,其中存续的有2099只,已清盘的有891只。由于我国证券市场的投资法则和海外市场还有很大差异,海外基金大多经历了几十年的运营,具有非常稳健的投资风格和业绩表现,这将有利于FOF基金在追求分散投资风险与减少投资风格漂移风险的前提下,最大限度地实现资本的长期增值,稳健的投资风格不但有利于吸引投资者,还能促进资本市场的成熟发展。

9.2 不足之处与研究展望

9.2.1 不足之处

本研究通过引入非线性科学中的分形理论对基金投资风格理论体系进行了修正探索研究,采取了比较科学与合理的研究方法,得出了一些有益的研究结论,但由于是探索性的研究,由于作者水平与研究时间等限制,难免存在不足与局限,主要有以下3点。

(1) 研究样本的局限性:本研究是以2005年6月底成立且已过封闭期的79只开放式股票型基金为研究对象;2005年至今,我国开放式基金的大量创新发行取得了飞速发展,截至2018年6月底开放式基金已有5104只,且基金品种在日益丰富;相比之下,样本基金数只占1.55%左右,样本容量不足以说明所有基金的问题,如果能够采用非平衡数据吸收每年新发行的基金作为研究样本,无疑将提高研究结论的可靠性。且由于我国开放式基金发行比较晚,仅采用了基金几年的历史数据来研究基金投资风格漂移及其风险测度等问题,所得结论显然有些局限。理论上,研究时期越长,越能得出更加客观与稳健的研究结论。因此,随着基金产品的不断大量发行,可获得的历史数据增加,今后可采用本研究方法进一步检验研究结论的稳健性。

(2) 研究方法的局限性:跟以往基于有效市场理论线性研究范式下的基金投资风格体系研究不同的是,本研究通过引入分形理论这种非线性研究范式对基金投资风格领域做探索性研究,构建了基金投资风格的分形分析框架。本研究提出的基于分形维的投资风格识别模型,只是通过比较基金收益序列与风格资产指数序列之间的分形维数是否存在显著性差异来对基金投资风格进行识别,本质上也属于"透过现象看本质",还需要进一步探讨其中的理论内涵,对其中分形维、多重分形谱以及多重分形波动率内涵的进一步挖掘等系列问题都有待进一步研究。

(3) 研究内容的局限性:本研究基于基金管理的视角,系统研究了开放式基金投资风格漂移及其风险测度等内容。显然，投资风格漂移风险测度与控制之间存在着密切的联系，测度是为控制服务的，笔者只是对前者进行了研究，尚未对控制进行系统研究，这将是基金投资风格漂移的下一个重点研究方向。此外，目前关于投资风格的学术定义较多，至今无法达成一致。本研究在运用分形维进行风格识别时主要局限于规模型（大、中、小盘）和价值成长型两类投资风格，属于狭义的投资风格，而对于资本市场存在的其他多种多样的广义投资风格并不在研究范围内，随着我国基金产品设计与发行的不断规范、投资风格的市场定位不断明确、基金经理的投资理念以及基金业的发展不断成熟，这使得本书研究结论的可靠性与持续性有待未来基金数据的进一步检验与扩展。

9.2.2 研究展望

目前，开放式股票型基金发生投资风格漂移是个普遍的现象，根据基金特点及行情的不同，风格漂移风险有大有小，如果我们不提前加以防范与控制，带来的后果有可能是灾难性的。对基金投资风格漂移风险进行测度与控制研究至今仍是空白，也是当前一个非常重要而紧迫的课题，笔者只是在投资风格漂移风险测度方面做了初步研究，在投资风格漂移控制方面还未涉及。在分形市场背景下，如何挖掘出基金净值波动背后的有用信息，构建出更完美的风格漂移风险测度模型及投资风格漂移控制模式是未来重点研究的方向。未来需要深入研究的方向主要有以下4点：

（1）通过对我国基金投资风格漂移异象进行理论与实证研究，虽然得出了一些定性和定量的研究结论，但还无法从中得出更多相应的定量金融监管指导信息，因此如何从对市场异象的研究中提炼出具有可操作性的金融监管指导信息具有重大现实意义。

（2）笔者主要是对基金投资风格漂移及其风险测度进行了研究，但还没有对投资风格漂移做进一步的分解，即把它分解成带来风险的负向漂移（价格弹性分形维小于1）和带来收益的正向漂移（价格弹性分形维大于1），若经过分解后再对投资风格漂移风险进行测度，将会使研究结论更加准确客观，对实际投资策略具有更强的指导意义。

（3）笔者主要研究的基金投资风格漂移及其风险测度，但风险控制才是基金投资的立足之本，如何基于分形的视角对导致发生投资风格漂移的原因进行论述及对其有效控制等还未涉及。因此，构建一种投资风格漂移风险传导成因模型与投资风格漂移有效控制模式无疑具有重要的理论与现实意义，这将是未来重点研究的方向。

（4）分形无处不在，美国著名物理学家惠勒曾说过："可以相信，今后谁不熟悉分形，谁就不能被称为是科学上的文化人。"如何把分形的思想引入到基金公司的管理领域，在公司战略的层面上提出基金公司的分形管理模式是一个有待开发的新领域。分形管理的实质是将整个公司中的各个部门甚至每个职工都看作一个分形单元，在竞争战略的层面上运用分形几何中的"局部与整体自相似性，整体是由局部按某种规律的组合"的基本思想进行有效管理的一种模式，开发出具有核心竞争力的基金产品，以实现公司价值的最大化。运用分形管理模式对基金投资风格漂移进行有效控制，规范基金产品的设计与发行，促进基金公司的健康、持续、快速发展。

参 考 文 献

[1] 苏木亚,杨晓光,郭崇慧. 基于多尺度谱映射的基金投资风格显著特征识别方法 [J]. 管理评论, 2018, 30 (3): 3-14.

[2] 彭耿. 基金投资风格漂移识别——基于收益和风险双维度 [J]. 财经理论与实践, 2014, (3): 38-43.

[3] 许林,邱梦圆,吴栩. 基于TGARCH-M模型的股票型基金投资风格漂移动态识别及原因分析 [J]. 金融评论, 2016, (1): 99-115.

[4] 魏宇. 基于多分形理论的动态VaR预测模型研究 [J]. 中国管理科学, 2012, 20 (5): 7-15.

[5] 孟庆斌,卫星,于上尧. 基金经理职业忧虑与其投资风格 [J]. 经济研究, 2015, (3): 117-132.

[6] 王鹏. 基于多标度分形理论的金融资产收益非对称性测度方法研究 [J]. 数量经济技术经济研究, 2013, (3): 114-127.

[7] 魏宇,等. 多分形波动率预测模型及其MCS检验 [J]. 管理科学学报, 2015, 18 (8): 61-72.

[8] 郭文伟,宋光辉,许林. 基金经理个人特征对基金风格漂移的影响研究 [J]. 软科学, 2010, 24 (2): 123-128.

[9] 许启发,张金秀,蒋翠侠. 基于非线性分位数回归模型的多期VaR风险测度 [J]. 中国管理科学, 2015, (3): 56-65.

[10] 顾海峰,吴剑明. 基金投资风格漂移加剧了我国股市波动风险吗?——来自2006年至2016年期间沪深股市的证据 [J]. 金融监管研究, 2018, (1): 20-37.

[11] 唐勇,黄志刚. 多分形视角下的金融市场波动建模研究 [J]. 系统科学与数学, 2015, (6): 667-684.

[12] 施锡铨,艾克凤. 股票市场风险的多重分形分析 [J]. 统计研究, 2004, (9): 33-36.

[13] 许林,宋光辉,郭文伟. 基于SKT-ARFIMA-HYGARCH模型的开放式基金投资风格漂移收益及其波动分形研究 [J]. 统计与信息论坛, 2011, 26 (3): 56-62.

[14] 许林,宋光辉,郭文伟. 基于滑动窗口MF-DFA的股票风格资产收益多重分形分析 [J]. 系统工程理论与实践, 2012, 32 (9): 1891-1899.

[15] 许林,宋光辉,郭文伟. 基于SKT-ARFIMA-HYGARCH-VaR模型的股票型基金投

风格漂移风险测度研究 [J]. 中国管理科学, 2011, 19 (5): 10-20.

[16] 许林, 吴栩. 动量生命周期演进透视及引入分形理论的研究探索 [J]. 经济与管理研究, 2015, 36 (8): 30-37.

[17] 许林, 宋光辉. 基于分形维的基金投资风格识别及漂移量化研究 [J]. 商业经济与管理, 2011, (4): 63-71.

[18] 宋光辉, 吴栩, 许林. 贝塔系数变动性的多重分形特征及其量化方法 [J]. 数理统计与管理, 2015, 34 (5): 65-74.

[19] 郭文伟, 宋光辉, 许林. 风格漂移、现金流波动与基金绩效之关系研究 [J]. 管理评论, 2011, 23 (12): 3-9.

[20] 陈健, 曾世强. 基于风险定价角度的基金投资风格趋同性和差异性研究 [J]. 上海金融, 2014, (8): 77-81.

[21] 刘维奇, 牛奉高. 沪深两市多重分形特征的成因及其变化 [J]. 经济管理, 2009, 31 (12): 138-143.

[22] 周炜星. 上证指数高频数据的多重分形错觉 [J]. 管理科学学报, 2010, 13 (3): 81-86.

[23] 苑莹, 庄新田, 金秀. 基于 MF-DFA 的中国股票市场多标度特性及成因分析 [J]. 管理工程学报, 2009, 23 (4): 96-99.

[24] 王鹏, 魏宇, 张蕾. 中国交易所债券市场分形特征的实证研究 [J]. 数理统计与管理, 2009, 28 (2): 324-330.

[25] 陈丽. 基于分形维的经济均衡理论研究 [J]. 经济经纬, 2010, (2): 1-4.

[26] 许林, 王昊英. 开放式基金投资风格漂移与股市波动性实证研究 [J]. 金融管理研究, 2014, (2): 177-189.

[27] 许林, 宋光辉, 郭文伟. 基金投资风格理论演进透视及引入分形理论的研究探索 [J]. 金融理论与实践, 2010, (12): 11-18.

[28] 林宇, 卫贵武, 魏宇, 等. 基于 Skew-t-FIAPARCH 的金融市场动态风险 VaR 测度研究 [J]. 中国管理科学, 2009, 17 (6): 17-24.

[29] 唐勇, 朱鹏飞. 基于分形视角下的沪港股市投资组合策略 [J]. 系统工程理论与实践, 2018, 38 (9): 2188-2201.

[30] 王鹏, 王建琼. 中国股票市场的多分形波动率测度及其有效性研究 [J]. 中国管理科学, 2008, 16 (6): 9-15.

[31] 王鹏, 魏宇, 王建琼. 基于多分形波动率测度的权证定价方法研究 [J]. 管理科学, 2009, 22 (2): 106-113.

[32] 牛丽静. 揭密基金风格漂移 [N]. 财经时报, 2006-08-21 (B04).

[33] 高清海. 基金投资风格漂移带来了什么 [N]. 中国证券报, 2007-06-04 (A13).

[34] 付建利, 刘治平. 基金投资最大问题是风格漂移 [N]. 证券时报, 2009-11-09 (B04).

[35] 刘朝晖. 开放式基金产品风格剖析 [N]. 上海证券报, 2003-03-05 (B04).

[36] 常仙鹤. 机构客户改变公募基金投资风格 [N]. 中国证券报, 2016-09-03 (A05).

[37] 赵建明. 基金投资风格与实证对照 [N]. 金融时报, 2001-09-19 (B05).

[38] 王彭. 有效把握市场风格轮动, 适时调整基金投资组合 [N]. 上海证券报, 2014-06

−24（A03）.

[39] 郭文伟. 开放式基金投资风格漂移及风格资产轮换策略研究［M］. 广州：广东人民出版社，2013.

[40] 曹广喜. 基于分形分析的我国股市波动性研究［M］. 北京：经济科学出版社，2008.

[41] Falconer Kenneth. 分形几何——数学基础及其应用［M］. 曾文曲，译. 北京：人民邮电出版社，2007.

[42] 保罗·勃兰迪马特. 金融学与经济学中的数值方法——基于 MATLAB 编程［M］. 郑志勇，李洋，陈杨龙译. 北京：机械工业出版社，2017.

[43] 杨朝军. 金融投资风格与策略［M］. 北京：中国金融出版社，2005.

[44] Sharpe W F. Asset allocation：management style and performance measurement［J］. Journal of Portfolio Management，1992，18（2）：7−19.

[45] Fama E F，French K R. Common risk factors in the returns on bonds and stocks［J］. Journal of Financial Economics，1993，33（2）：3−56.

[46] Mandelbrot B B. A multifractal walk down wall street［J］. Scientific American，1999，280（2）：70−73.

[47] Matteo T D. Multi−scaling in finance［J］. Quantitative Finance，2007，7（1）：21−36.

[48] Idzorek T M，Bertsch F. The Style Drift Score［J］. Journal of Portfolio Management，2004，31（1）：76−83.

[49] Fama E F. Efficient capital market：a review of theory and empirical work［J］. Journal of Finance，1970，25（2）：384−417.

[50] Peters E E. A chaotic attractor for the S&P 500［J］. Financial Analysts Journal，1991，47（2）：55−62.

[51] Chan K，Chen H，Lakonishok J. On mutual fund investment styles［J］. Review of Financial Studies，2002，15（5）：1407−1437.

[52] Laurens S，Liam T. Can mutual funds time investment styles？［J］. Journal of Asset Management，2007，8（2）：123−132.

[53] Huang J，Sialm C，Zhang H. Risk shifting and mutual fund performance［J］. Review of Financial Studies，2011，24（8）：2575−2616.

[54] Jiang H，Verbeek M，Wang Y. Information content when mutual funds deviate from benchmarks［J］. Management Science，2014，60（8）：2038−2053.

[55] Giot P，Laurent S. Value−at−Risk for long and short trading positions［J］. Journal of Applied Econometrics，2003，18（6）：641−663.

[56] Tang T L，Shieh S J. Long−memory in stock index futures markets：a value−at−risk approach［J］. Physica A，2006，366（1）：437−448.

[57] Yuan Y，Zhuang X T，Jin X. Measuring multifractality of stock price fluctuation using multifractal detrended fluctuation analysis［J］. Physica A，2009，388（11）：2189−2197.

[58] Mandelbrot B B. Statistical methodology for non−periodic cycles：from the covariance to R/S analysis［J］. Annals of Economics and Social Measurement，1972，（1）：257−288.

[59] Wermers R. Mutual fund performance：an empirical decomposition into stock−picking talent，style，transaction costs and expenses［J］. Journal of Finance，2000，（4）：1655−1703.

[60] Hurst H E. The long – term storage capacity of reservoirs [J]. Transcactions of the American Society of Civil Engineers, 1951, (116): 770 – 799.

[61] Mandelbrot B B, Wallis J R. Robustness of the rescaled range R/S in the measurement of non-cyclic long – run statistical dependence [J]. Water Resource Research, 1969, (5): 967 – 988.

[62] Lo A W. Long – term memory in stock prices [J]. Econometrica, 1991, 59 (5): 1279 – 1313.

[63] Ramirez J A, Paredes G E, Vazquez A. Detrended fluctuation analysis of the neutronic power from a nuclear reactor [J]. Physica A, 2005, 351 (2 – 4): 227 – 240.

[64] Hansen P R, Lunde A. A forecast comparison of volatility models: does anything beat a GARCH (1, 1)? [J]. Journal of Applied Econometrics, 2005, 20 (7): 873 – 889.

[65] Wei Y, Wang P. Forecasting volatility of SSEC in Chinese stock market using multifractal analysis [J]. Physica A, 2008, 387 (7): 1585 – 1592.

[66] Andersen T G, Bollerslev T, Meddahi N. Correcting the errors: volatility forecast evaluation using high – frequency data and realized volatilities [J]. Econometrica, 2005, 73 (1): 279 – 296.

[67] Cao C, Iliev, Velthuis R. Style drift: evidence from small-cap mutual funds [J]. Journal of Banking&Finance, 2017, 78 (5): 42 – 57.

附 录

附录1 基于盒子分形维的基金投资风格识别结果及风格漂移量化指标值

79只开放式基金盒子分形维数、CIS指标值与投资风格识别结果汇总表

基金代码	基金名称	宣称时的投资风格	盒子分形维数				CIS指标	各期实际投资风格
			整个时期(238个)	大幅上涨(112个)	快速下跌(51个)	小幅回调(75个)		
040001	华安创新股票	稳健成长型	1.2941	1.5112	1.2413	1.4718	0.045	c→e→e→f
202001	南方稳健成长	稳健成长型	1.5389	1.4693	1.4847	1.4481	0.012	c→d→a→e
000001	华夏成长混合	成长型	1.5558	1.5053	1.4361	1.4508	0.017	e→e→f→e
020001	国泰金鹰增长	成长型	1.5786	1.4942	1.4477	1.4633	0.018	b→b→d→d
206001	鹏华行业成长	平衡型	1.3041	1.4998	1.2862	1.4850	0.037	c→b→e→f
100016	富国天源平衡	平衡型	1.5793	1.4922	1.4634	1.5188	0.015	b→b→c→f
110001	易基平稳增长	平衡型	1.5894	1.5127	1.4591	1.5212	0.016	b→e→c→f
161601	融通蓝筹混合	平衡型	1.5866	1.5293	1.5096	1.5146	0.010	b→e→a→f
080001	长盛成长价值	平衡型	1.5973	1.5443	1.4496	1.4692	0.021	b→c→d→f
213001	宝盈鸿利收益	收益型	1.4692	1.4958	1.3826	1.4302	0.016	c→b→e→a
050001	博时价值增长	平衡型	1.5573	1.4523	1.4711	1.4520	0.014	e→d→a→e
070001	嘉实成长收益	平衡型	1.4390	1.5188	1.3419	1.4909	0.025	c→a→e→f
040002	华安中国A股	指数型	1.4044	1.4966	1.3108	1.4391	0.026	c→b→e→c
090001	大成价值增长	价值型	1.5884	1.4994	1.4560	1.4948	0.017	b→b→c→f
180001	银华优势企业	平衡型	1.5987	1.5255	1.4477	1.4975	0.020	b→c→d→f
519180	万家180指数	指数型	1.5777	1.4986	1.4326	1.4632	0.020	b→b→e→d
162203	泰达荷银稳定	价值型	1.5933	1.4978	1.4659	1.4668	0.017	b→b→c→f
162202	泰达荷银周期	价值型	1.5774	1.5216	1.4698	1.5069	0.014	b→a→c→f
162201	泰达荷银成长	价值型	1.5529	1.5054	1.4534	1.4687	0.014	e→e→d→f
217001	招商安泰股票	成长型	1.3785	1.5332	1.2743	1.5115	0.040	c→c→e→f
210001	金鹰成份优选	收益型	1.4238	1.4721	1.3492	1.4397	0.017	c→f→e→c

续上表

基金代码	基金名称	宣称时的投资风格	盒子分形维数				CIS 指标	各期实际投资风格
			整个时期(238个)	大幅上涨(112个)	快速下跌(51个)	小幅回调(75个)		
070003	嘉实稳健混合	稳健成长型	1.4091	1.3439	1.4436	1.4583	0.017	c→d→d→b
070002	嘉实增长混合	成长型	1.5576	1.4958	1.4477	1.5000	0.014	e→b→d→f
160603	鹏华普天收益	收益型	1.5605	1.5091	1.4224	1.4793	0.019	d→e→a→f
240002	华宝兴业配置	稳健成长型	1.5774	1.5226	1.4356	1.4399	0.021	b→a→f→c
240001	华宝兴业消费	成长型	1.3813	1.3100	1.4452	1.4818	0.026	c→f→d→f
151001	银河稳健混合	稳健成长型	1.4891	1.4982	1.3778	1.4904	0.015	c→b→e→f
255010	国联德胜稳健	平衡型	1.5553	1.4994	1.4568	1.4723	0.013	e→b→c→e
519011	海富通精选	积极成长型	1.3337	1.2741	1.4635	1.4638	0.032	c→d→c→d
050002	博时裕富300	指数型	1.5848	1.4987	1.4461	1.4573	0.019	b→b→d→b
002001	华夏回报混合	分红型	1.5332	1.4695	1.4715	1.5151	0.010	c→b→a→f
161605	融通蓝筹成长	稳健成长型	1.5907	1.5316	1.5058	1.5230	0.011	b→a→a→f
161604	融通深证100	指数型	1.5960	1.5309	1.4443	1.4397	0.023	b→c→d→c
260103	景顺长城动力	平衡型	1.5825	1.4934	1.4752	1.4683	0.015	b→b→a→f
260101	景顺长城优选	成长型	1.4069	1.3145	1.4570	1.4447	0.021	c→d→c→c
200001	长城久恒平衡	平衡型	1.5805	1.4960	1.4805	1.4832	0.013	b→b→a→f
270001	广发聚富混合	平衡型	1.5707	1.5155	1.4497	1.4592	0.017	a→a→d→b
020003	国泰精选基金	稳健成长型	1.3302	1.5038	1.3014	1.4448	0.032	b→b→e→c
110002	易基策略成长	积极成长型	1.5503	1.4972	1.4517	1.5015	0.013	f→b→d→f
519003	海富通收益增	收益型	1.5815	1.4880	1.4702	1.4967	0.014	b→b→c→f
288001	华夏经典配置	增值型	1.5954	1.4931	1.4551	1.4844	0.018	b→b→c→f
110003	易基上证50	指数型	1.5672	1.4845	1.4509	1.4632	0.016	a→f→d→d
233001	大摩基础行业	增值型	1.5359	1.4914	1.4167	1.3819	0.023	c→b→e→a
150103	银河银泰混合	收益型	1.5731	1.4821	1.4773	1.5297	0.014	b→d→a→f
070006	嘉实服务增值	增值型	1.5779	1.5041	1.4514	1.5048	0.016	b→e→d→f
310308	申万巴黎盛利	增值型	1.5699	1.5032	1.4539	1.4997	0.015	a→b→d→f
257010	国联德胜小盘	积极成长型	1.5548	1.4836	1.4450	1.4441	0.016	e→f→d→c
161606	融通行业景气	稳健成长型	1.5780	1.4944	1.4648	1.4540	0.017	b→b→c→e

续上表

基金代码	基金名称	宣称时的投资风格	盒子分形维数				CIS 指标	各期实际投资风格
			整个时期(238 个)	大幅上涨(112 个)	快速下跌(51 个)	小幅回调(75 个)		
121002	国投瑞银景气	积极成长型	1.5806	1.4784	1.4573	1.4683	0.016	b→f→c→f
240005	华宝兴业策略	积极成长型	1.3842	1.4919	1.2619	1.5216	0.039	c→b→e→f
160605	鹏华中国 50	平衡型	1.5781	1.5249	1.4354	1.5014	0.019	b→c→f→f
510081	长盛动态精选	稳健成长型	1.5872	1.5089	1.4548	1.4871	0.017	b→e→c→f
320001	诺安平衡混合	平衡型	1.5952	1.4992	1.4526	1.5179	0.018	b→b→d→f
200002	长城标普 300	指数型	1.5878	1.5155	1.4455	1.4544	0.020	b→a→d→e
162102	金鹰中小盘	稳健成长型	1.5828	1.5214	1.4348	1.4685	0.021	b→a→f→f
217005	招商先锋混合	增值型	1.5833	1.5035	1.4304	1.5370	0.020	b→b→e→f
090003	大成蓝筹稳健	稳健成长型	1.5776	1.4840	1.4384	1.4953	0.018	b→f→d→f
100020	富国天益价值	价值型	1.4248	1.3920	1.4376	1.4650	0.010	c→d→d→d
020005	国泰金马稳健	稳健成长型	1.3530	1.3013	1.4377	1.4410	0.023	c→d→d→c
050004	博时精选股票	稳健成长型	1.6044	1.5335	1.4675	1.4833	0.019	b→c→c→f
260104	景顺长城增长	增值型	1.5836	1.5236	1.4541	1.5228	0.016	b→a→c→f
290002	泰信先行策略	稳健成长型	1.4308	1.3403	1.4331	1.4863	0.019	c→d→b→f
350001	天治财富增长	稳健成长型	1.5652	1.5134	1.4294	1.4446	0.020	a→e→e→c
162204	泰达荷银精选	增值型	1.5748	1.5075	1.4509	1.4855	0.016	b→b→a→f
270002	广发稳健增长	稳健成长型	1.5968	1.4968	1.4785	1.4914	0.015	b→b→a→f
180003	银华道琼 88	指数型	1.5860	1.4913	1.4657	1.4984	0.015	b→b→c→f
000011	华夏大盘精选	增值型	1.5424	1.4810	1.4459	1.4707	0.013	c→f→d→f
040004	华安宝利配置	收益型	1.5545	1.4909	1.4258	1.4541	0.018	e→b→e→e
360001	光大保德量化	稳健成长型	1.3963	1.3185	1.4411	1.4413	0.018	c→d→d→c
110005	易基积极成长	积极成长型	1.3760	1.3126	1.4694	1.4896	0.028	c→d→c→f
375010	上投摩根优势	增值型	1.5453	1.4672	1.4350	1.4192	0.017	c→d→f→a
398001	中海优质成长	成长型	1.3680	1.4765	1.2983	1.4968	0.031	c→f→e→f
400001	东方龙混合	成长型	1.5478	1.4663	1.4360	1.3774	0.023	f→d→f→a
090004	大成精选增值	价值型	1.4233	1.3609	1.4507	1.5071	0.020	c→d→d→f
350002	天治品质优选	稳健成长型	1.5784	1.5067	1.4323	1.5004	0.018	b→e→e→f

续上表

基金代码	基金名称	宣称时的投资风格	盒子分形维数				CIS 指标	各期实际投资风格
			整个时期(238个)	大幅上涨(112个)	快速下跌(51个)	小幅回调(75个)		
519996	长信银利精选	价值型	1.5687	1.4788	1.4686	1.4522	0.015	a→f→c→e
580001	东吴嘉禾精选	成长型	1.5678	1.4825	1.4836	1.4817	0.011	a→f→a→f
410001	华富竞争优选	成长型	1.4649	1.3508	1.4392	1.4547	0.016	c→d→d→e
213002	宝盈沿海增长	稳健成长型	1.4483	1.3338	1.4478	1.5020	0.022	c→d→d→f

数据来源：笔者经 Matlab 10.0 软件计算结果整理（注：a 表示大盘纯成长，b 表示大盘纯价值，c 表示中盘纯成长，d 表示中盘纯价值，e 表示小盘纯成长，f 表示小盘纯价值）。

附录2 基于 R/S 分析法的 Matlab 源程序

```
function [logRS,logERS,V] = RSana(x,n,method,q)
%   V 是 V 统计量
%   x 是时间序列
%   n 是子时期向量
%   method 为可以采用以下几种方法对方差进行计算
%       'Hurst' for the Hurst-Mandelbrot variation.
%       'Lo' for the Lo variation.
%       'MW' for the Moody-Wu variation.
%       'Parzen' for the Parzen variation.
%   q can be either
%       a (non-negative) integer.
%       'auto' for the Lo's suggested value.

if nargin < 1 | isempty(x) = =1
    error('You should provide a time series.');
else
    % x 必须是个向量
    if min(size(x)) >1
        error('无效的时间序列');
    end
    x = x(:);
    % N 代表时间序列的长度
    N = length(x);
end
if nargin < 2 | isempty(n) = =1
    n = 1;
else
    % n 必须是个标量或者向量
    if min(size(n)) >1
        error('n must be either a scalar or a vector.');
    end
    % n 必须是整数
    if n - round(n) ~ =0
```

```
            error('n 必须是整数');
        end
        % n 必须是正数
        if n < =0
            error('n 必须是正数');
        end
    end

    if nargin <4 | isempty(q) = =1
        q =0;
    else
        if q = ='auto'
            t = autocorr(x,1);
            t = t(2);
            q = fix(((3*N/2)^(1/3)) *(2*t/(1 -t^2))^(2/3));
        else
            % q 必须是个标量
            if sum(size(q)) >2
                error('q 必须是个标量');
            end
            % q 必须是整数
            if q -round(q) ~ =0
                error('q 必须是整数');
            end
            % q 必须是正数
            if q <0
                error('q 必须是正数');
            end
        end
    end
    for i =1:length(n)
        % 计算子时期
        a = floor(N/n(i));
        % 创建子时期矩阵
        X = reshape(x(1:a*n(i)),n(i),a);
        % 估计每个子时期的均值
```

```
ave = mean(X);
% Remove the mean from each sub-period
cumdev = X - ones(n(i),1) *ave;
% 估计累积离差
cumdev = cumsum(cumdev);
% 估计标准离差
switch method
case 'Hurst'
    % Hurst - Mandelbrot variation
    stdev = std(X);
case 'Lo'
    % Lo variation
    for j = 1:a
        sq = 0;
        for k = 0:q
            v(k+1) = sum(X(k+1:n(i),j)' *X(1:n(i) -k,j))/(n(i) -1);
            if k > 0
                sq = sq + (1 - k/(q+1)) *v(k+1);
            end
        end
        stdev(j) = sqrt(v(1) + 2 *sq);
    end
case 'MW'
    % Moody - Wu variation
    for j = 1:a
        sq1 = 0;
        sq2 = 0;
        for k = 0:q
            v(k+1) = sum(X(k+1:n(i),j)' *X(1:n(i) -k,j))/(n(i) -1);
            if k > 0
                sq1 = sq1 + (1 - k/(q+1)) *(n(i) -k)/n(i)/n(i);
                sq2 = sq2 + (1 - k/(q+1)) *v(k+1);
            end
        end
        stdev(j) = sqrt((1 + 2 *sq1) *v(1) + 2 *sq2);
    end
```

```
case 'Parzen'
    % Parzen variation
    if mod(q,2) ~ =0
        error('For the "Parzen" variation q must be dived by 2.');
    end
    for j = 1:a
        sq1 =0;
        sq2 =0;
        for k =0:q
            v(k +1) = sum(X(k +1:n(i),j)' *X(1:n(i) -k,j))/(n(i) -1);
            if k >0 & k < = q/2
                sq1 = sq1 + (1 -6 *(k/q)^2 +6 *(k/q)^3) *v(k +1);
            elseif k >0 & k > q/2
                sq2 = sq2 + (1 - (k/q)^3) *v(k +1);
            end
        end
        stdev(j) = sqrt(v(1) +2 *sq1 +2 *sq2);
    end
otherwise
    error('You should provide another value for "method".');
end
% 估计重标极差
rs = (max(cumdev) - min(cumdev))./stdev;
clear stdev
% Take the logarithm of the mean R/S
logRS(i,1) = log(mean(rs));
if nargout >1
    % Initial calculations for the log(E(R/S))
    j =1:n(i) -1;
    s = sqrt((n(i) -j)./j);
    s = sum(s);
    
    % The estimation of log(E(R/S))
    logERS(i,1) = log(s/sqrt(n(i) *pi/2));
    % Other estimations of log(E(R/S))
    % logERS(i,1) = log((n(i) -0.5)/n(i) *s/sqrt(n(i) *pi/2));
```

```
        % logERS(i,1) = log(sqrt(n(i)*pi/2));
    end
    if nargout > 2
        % Estimate V
        V(i,1) = mean(rs)/sqrt(n(i));
    end
end
```

附录3 计算时间序列盒子分形维数的 Matlab 源程序

```
function D = FractalDimension(y,cellmax)
% 此函数为计算一维时间序列的盒子分形维数
%   y 是一维时间序列的列向量
%   cellmax:方格子的最大边长,一般取2的偶数次幂次(1,2,4,8...),取大于数据长度的偶数
%   D 是 y 的计盒子分形维数(一般情况下 D >= 1),D = lim(log(N(e))/log(k/e)),
y = xlsread('050002','周收益','f4:f241'); % 读取 EXCEL 文件中的数据
cellmax = 2^[ceil(log2(length(y)))];
plot(y);
if cellmax < length(y)
error('cellmax must be larger than input data series!')
end
L = length(y); % 输入时间序列的数据个数
y_min = min(y);
% 移位操作,将 y_min 移到坐标0点
y_shift = y - y_min;
% 重采样,使总点数等于 cellmax + 1
x_ord = [0:L-1]./(L-1);
xx_ord = [0:cellmax]./(cellmax);
y_interp = interp1(x_ord,y_shift,xx_ord);
% 按比例缩放 y,使最大值为2^c
ys_max = max(y_interp);
factory = cellmax/ys_max;
yy = abs(y_interp*factory);
t = log2(cellmax)+1; % 迭代次数
for e = 1:t
Ne = 0; %  累计覆盖时间序列的格子总数
cellsize = 2^(e-1); %  每次的格子大小
NumSeg(e) = cellmax/cellsize; %  横轴划分成的段数
for j = 1:NumSeg(e)    %  由横轴第一个段起通过计算纵轴跨越的累计格子数 N(e)
begin = cellsize*(j-1)+1; %  每一段的起始
```

```
tail = cellsize *j + 1;
seg = [begin:tail]; % 段坐标
yy_max = max(yy(seg));
yy_min = min(yy(seg));
up = ceil(yy_max/cellsize);
down = floor(yy_min/cellsize);
Ns = up - down; % 本段曲线占有的格子数
Ne = Ne + Ns; % 累加每一段覆盖曲线的格子数
end
N(e) = Ne;% 记录每 e 下的 N(e)
end
% 对 log(N(e))和 log(k/e)进行最小二乘的一次曲线拟合,斜率就是 D
r = -diff(log2(N)); % 去掉 r 超过2和小于1的野点数据
id = find(r <= 2&r >= 1); % 保留的数据点
Ne = N(id);
e = NumSeg(id);
P = polyfit(log2(e),log2(Ne),1); % 一次曲线拟合返回斜率和截距
D = P(1);
```

附录4 滑动窗口多重分形消除趋势波动分析（MF-DFA）的 Matlab 源程序

```
function DFA = MFDFA(X,S,q)
% 此函数为对时间序列 X 进行多重分形消除趋势波动分析
% 定义一个划分时间序列的间隔数组:S,一般取 S = [2j+2:N/4];
% 计算波动函数时所用到的 q 值数组
clear
X = xlsread('大盘纯成长总收益指数','日收益','H4:H1033');
N = length(X);
q = [10 8 6 4 2 1 -1 -2 -4 -6 -8 -10];
S = (4:1:floor(N/4));
figure(1),plot(X),xlabel('天数'),ylabel('日对数收益率'),title('原始时间序列走势图');

% 对原始序列预处理生成新的序列
averageX = sum(X)./N;
Y = [];
for i = 1:N
    temp = 0;
    for k = 1:i
        temp = temp + (X(k) - averageX);    % 对原始数据进行预处理
    end
    Y(i) = temp;
end
figure(2),plot(Y),xlabel('天数'),title('经过预处理的时间序列走势图');
% 以上对原始序列进行了预处理

% 位置重构
for i = 1:100*N
m = [];
m = ceil(N*rand(1,2));    % 产生[1,N]之间的随机数组
a = Y(m(1));
b = Y(m(2));
Y(m(1)) = b;
```

```
        Y(m(2)) = a;
    end

% 构造 N-S+1 个子期间
hq = [];
for j = 1:length(q)
    Fqs = [];
    for k = 1:length(S)
        Ns = N - S(k) + 1;
        Fv1 = [];
        for i = 1:Ns
            z = [];
            xp = i:i+S(k)-1;
            p = polyfit(xp,Y(i:i+S(k)-1),1);    % 其中1为拟合阶数,可以改变它进
行不同阶数的拟合
            p2 = polyval(p,xp);
            z = (Y(i:i+S(k)-1) - p2).^2;
            Fv = [sum(z)./S(k)].^(q(j)/2);
            Fv1(i) = Fv;
        end
        Fq = (sum(Fv1)./Ns).^(1/q(j));
        Fqs(k) = Fq;
    end
    xishu = polyfit(log2(S),log2(Fqs),1);
    hq(j) = xishu(1);
end
hq
figure(3),plot(q,hq,'^b'),xlabel('q'),ylabel('h(q)')
% 以上做出了 h(q) 与 q 的关系图

% 下面分析质量指数 T(q) 与 q 的关系,可以利用公式:T(q) = q*h(q) - 1
% 具体说,当 T(q) 与 q 满足非线性关系(在图像上一般是上凸函数),则说明
序列具有多重分形特征
T = [];
for i = 1:length(q)
    T(i) = q(i).*hq(i) - 1;
```

```
end
figure(4),plot(q,T,'^b'),xlabel('q'),ylabel('T(q)')

% 下面计算所对应的多重分形谱,利用公式:alpha = h(q) + q*h'(q)与f(alpha) = q*[alpha - h(q)] + 1
DHurst = [ ];
DHurst = diff(hq)./diff(q);    % diff 表示符号微分
alpha = [ ];
f = [ ];
for i = 1:length(DHurst)
    alpha(i) = hq(i) + q(i).*DHurst(i);
    f(i) = (q(i).^2).*DHurst(i) + 1;
end
Alpha = [ ];F = [ ];j = 1;
for i = 1:length(f)
    if f(i) > 0            % 去掉数组 f 中的负值
        F(j) = f(i);
        Alpha(j) = alpha(i);
        j = j + 1;
    end
end
figure(5),plot(Alpha,F,'bo'),xlabel('alpha'),ylabel('f(alpha)')

% 非线性拟合函数
fun = inline('1./q - (log(A(1).^q + A(2).^q))./(log(2).*q)','A','q');
format short g
[A,R,J] = nlinfit(q,hq,fun,[0.45 0.45])   % [ ]中为拟合系数的初始值,初始值取得越好效果越好
R2 = 1 - sum(R.^2)./sum((hq - mean(hq).*ones(1,length(hq))).^2)   % 求拟合优度 R²
xx = 10:0.1:-10;
y = 1./xx - (log(A(1).^xx + A(2).^xx))./(log(2).*xx);
plot(q,hq,'o',xx,y)
da = (log(A(2)) - log(A(1)))/log(2)    % 求多重分形强度△α
```

附录5　基金投资风格漂移收益周内多重分形波动率测度构建的 Matlab 源程序

```matlab
function MF = MFV(X,S,q)
% 此函数为对投资风格漂移收益序列 X 进行多重分形波动率测度构建
% 定义一个覆盖一周内漂移收益序列的盒子长度:S,这里取 S = [1/6 1/3 1/2 1];
% 计算分割函数时所用到的 q 值数组
clear
X = xlsread('基金投资风格漂移日收益序列','投资风格漂移日收益','D2:D1429');
N = length(X);
q = [-50:50];
S = [1/6 1/3 1/2 1];
figure(1),plot(X),xlabel('天数'),ylabel('投资风格漂移日收益率'),title('原始收益序列走势图');

alpha = []; f = [];
    for k = 1:N./6
        Tq = [];
        for m = 1:length(q)
Y = []; Sq = [];
Y = X((6*k-5):6*k);
for y = 1:4
p = [];
for j = 1:1./S(y)
    T = 6*S(y);
        p(j) = sum(Y((j*T-T+1):j*T))./sum(Y(1:6));    % 计算归一化的概率测度
    end
Sq(y) = sum(p.^q(m));
end
xishu = polyfit(log2(S),log2(Sq),1);
Tq(m) = xishu(1);
        end
        Tq;
```

％ 下面利用质量指数 T(q)与 q 的关系,通过勒让德(Legendre)变换来计算所对应的奇异指数

％ 与多重分形谱参数,公式为:alpha = diff(T(q))./diff(q)与 f(alpha) = q * alpha − T(q)

Alpha = [ ];F = [ ];
Alpha = diff(Tq)./diff(q); ％ diff 表示符号微分
q1 = [−49:50]; ％ 经过微分后,数据减少了一个
F = q(2:length(q)).* Alpha − Tq(2:length(q));
alpha(k) = std(Alpha);f(k) = std(F); ％ std 表示标准差,range 表示极差
figure(2),plot(q1,Alpha,'bo',q1,F,'g *'),xlabel('q'),ylabel('Alpha − F(alpha)'),

％ 以上作出了 q,alpha 与 f 的关系图
figure(3),plot(Alpha,F,'bo'),xlabel('alpha'),ylabel('f(alpha)')

％ 以上作出了 alpha 与 f 的关系图
end
alpha;f;
xlswrite('1',alpha,'sheet1','a1:a238') ％ alpha'表示对向量 alpha 进行转置,然后存入1.xls 文件
xlswrite('1',F,'sheet1','b1:b238')

后 记

自 2001 年我国第一只开放式基金发行以来，基金业取得了迅速发展。2012 年大资管时代的来临，中国的资产管理行业迎来了一轮监管放松、业务创新的浪潮。特别是 2013 年 6 月新基金法的实施以及 2018 年 4 月资管新规的发布，助推了基金产品的大量创新发行，截至 2018 年 9 月底，发行基金产品数共 5459 只，基金规模达到 13.36 万亿元，基金业已成了我国资本市场上一道亮丽的风景线。

随着基金业的大力发展，该领域的理论与实证研究也取得了丰硕的成果，特别是在基金投资风格领域，无论是在广度还是深度上都值得长期持续跟踪研究。岁月如梭，我博士毕业已有七个年头，本书的出版源自我的博士论文研究工作，后期相关成果得到了教育部高校博士点专项科研基金（20120172120050）、广东省哲学社会科学"十二五"规划项目（GD13YGL05）、广东省自然科学基金项目（2018A030310370）华南理工大学中央高校基本科研业务费专项资金（2013ZB0016、2015ZM086、2017XZD11）以及华南理工大学出版基金等项目的资助。本书对开放式股票型基金投资风格管理领域中的基金投资风格漂移识别及其对股市波动性的影响、投资风格漂移风险测度等方面进行了初步的探索，通过引入分形市场理论触发学者们继续深入研究该领域很多有意义的学术问题。

回首过去，感慨颇多，尤其是电脑前一个个的程序运行窗口，在分形这个新兴非线性科学研究领域，我真正体会到研究的艰辛与快乐，期间有过心理恐慌和焦急的痛苦，也有过因一个新颖的构思或程序的成功而喜悦。

书稿的完成离不开无数关心和帮助我的人，我心里充满了深深的感激。

首先，衷心感谢我的博士生导师宋光辉教授。宋老师广博深厚的知识、前瞻的思想、严谨的治学态度以及卓越的逻辑推理与想象能力深深地影响了我，是他把我引入分形领域，运用该理论探讨基金投资风格问题，每次与他进行分形思想的讨论和交流，我都受益匪浅。从宋老师身上，我学会很多做人做事的深刻道理，这些都成为我人生的宝贵财富。博士毕业后我留校工作，一直与宋老师保持着师生的情谊。师生情深，师恩难忘，感恩之心，定当永怀！

其次，要感谢我的硕士生导师张彩江教授，是他以睿智的思想和高尚的师德把我引入学术研究的殿堂，逐渐引发我的研究兴趣，并不断激发我的研究潜能，这些使我终身受益。从张老师身上我学到了刻苦钻研的精神，恩师之情，难以回报！

论文答辩期间还得到了华南理工大学工商管理学院的张卫国教授、李荣钧教授、梁彤缨教授，数学学院的吴敏教授、王晓天教授，经济与贸易学院的杨春鹏教授、王仁曾教授，中山大学岭南学院的陈平教授和暨南大学经济学院的王斌会教授等老师的悉心指导，他们深刻的学术见解使我受益颇多。陈文玲老师、郑霞老师在学生工作方面也给予我很大帮助，在此一并表示衷心感谢。同时感谢这几年和我一起学习与工作的夏明会、肖万、龚玉策、柴曼昕、郭文伟、周育红、周瑜胜、王晓晖、刘广、吴栩、钱崇秀、董永琦等校友，平时与他们的学术讨论给了我很多研究启发，使我受益匪浅。

最后，感谢我的所有家人，尤其是我的妻子桂清铭女士、宝贝女儿许哲雅以及我刚出生的儿子许文博，是他们一直以来的默默支持与理解构成了我不断前进的动力和精神支柱。没有他们的理解与细心照顾，专著难以顺利完成。

谨以此专著献给所有关心和帮助过我的人，我将怀着感恩的心不断前行！科学研究是一个不断发现的过程，随着研究的深入，我切身地体会到学术是永无止境的，究其越深，爱之越深。分形，具有以非整数维形式充填空间的形态特征，分形市场理论是一个极富有想象力的非线性科学，它既令人兴奋又令人好奇：兴奋的是我们可以逐步放宽有效市场假说去研究更加贴近现实的非线性复杂市场；好奇的是只要有足够的想象力，这将值得我们终生去研究。

许　林

2018 年 10 月于广州华南理工大学大学城校区